深圳改革创新丛书
（第六辑）

Research on Including R&D Expenditures
in GDP Accounting Method

R&D 支出纳入 GDP 核算方法研究

杨新洪 著

中国社会科学出版社

图书在版编目（CIP）数据

R&D 支出纳入 GDP 核算方法研究 / 杨新洪著. —北京：中国社会科学出版社，2019.6

（深圳改革创新丛书. 第六辑）

ISBN 978－7－5203－4485－2

Ⅰ.①R… Ⅱ.①杨… Ⅲ.①中国经济—国民经济核算—研究 Ⅳ.①F123.1

中国版本图书馆 CIP 数据核字（2019）第 095254 号

出 版 人	赵剑英
责任编辑	王 茵　马 明
责任校对	王福仓
责任印制	王 超

出　　版	中国社会科学出版社
社　　址	北京鼓楼西大街甲 158 号
邮　　编	100720
网　　址	http://www.csspw.cn
发 行 部	010－84083685
门 市 部	010－84029450
经　　销	新华书店及其他书店

印　　刷	北京明恒达印务有限公司
装　　订	廊坊市广阳区广增装订厂
版　　次	2019 年 6 月第 1 版
印　　次	2019 年 6 月第 1 次印刷

开　　本	710×1000　1/16
印　　张	19
插　　页	2
字　　数	283 千字
定　　价	79.00 元

凡购买中国社会科学出版社图书，如有质量问题请与本社营销中心联系调换
电话：010－84083683
版权所有　侵权必究

《深圳改革创新丛书》
编委会

顾　　问：王京生
主　　任：李小甘　吴以环
执行主任：陈金海　吴定海

总序：突出改革创新的时代精神

王京生[*]

在人类历史长河中，改革创新是社会发展和历史前进的一种基本方式，是一个国家和民族兴旺发达的决定性因素。古今中外，国运的兴衰、地域的起落，莫不与改革创新息息相关。无论是中国历史上的商鞅变法、王安石变法，还是西方历史上的文艺复兴、宗教改革，这些改革和创新都对当时的政治、经济、社会甚至人类文明产生了深远的影响。但在实际推进中，世界上各个国家和地区的改革创新都不是一帆风顺的，力量的博弈、利益的冲突、思想的碰撞往往伴随改革创新的始终。就当事者而言，对改革创新的正误判断并不像后人在历史分析中提出的因果关系那样确定无疑。因此，透过复杂的枝蔓，洞察必然的主流，坚定必胜的信念，对一个国家和民族的改革创新来说就显得极其重要和难能可贵。

改革创新，是深圳的城市标识，是深圳的生命动力，是深圳迎接挑战、突破困局、实现飞跃的基本途径。不改革创新就无路可走、就无以召唤。30多年来，深圳的使命就是作为改革开放的"试验田"，为改革开放探索道路。改革开放以来，历届市委、市政府以挺立潮头、敢为人先的勇气，进行了一系列大胆的探索、改革和创新，使深圳不仅占得了发展先机，而且获得了强大的发展后劲，为今后的发展奠定了坚实的基础。深圳的每一步发展都源于改革创新的推动；改革创新不仅创造了深圳经济社会和文化发展的奇迹，而且使深圳成为引领全国社会主义现代化建设的"排头兵"。

---

[*] 王京生，现任国务院参事。

从另一个角度来看，改革创新又是深圳矢志不渝、坚定不移的命运抉择。为什么一个最初基本以加工别人产品为生计的特区，变成了一个以高新技术产业安身立命的先锋城市？为什么一个最初大学稀缺、研究院所几乎是零的地方，因自主创新而名扬天下？原因很多，但极为重要的是深圳拥有以移民文化为基础，以制度文化为保障的优良文化生态，拥有崇尚改革创新的城市优良基因。来到这里的很多人，都有对过去的不满和对未来的梦想，他们骨子里流着创新的血液。许多个体汇聚起来，就会形成巨大的创新力量。可以说，深圳是一座以创新为灵魂的城市，正是移民文化造就了这座城市的创新基因。因此，在特区30多年发展历史上，创新无所不在，打破陈规司空见惯。例如，特区初建时缺乏建设资金，就通过改革开放引来了大量外资；发展中遇到瓶颈压力，就向改革创新要空间、要资源、要动力。再比如，深圳作为改革开放的探索者、先行者，向前迈出的每一步都面临着处于十字路口的选择，不创新不突破就会迷失方向。从特区酝酿时的"建"与"不建"，到特区快速发展中的姓"社"姓"资"，从特区跨越中的"存"与"废"，到新世纪初的"特"与"不特"，每一次挑战都考验着深圳改革开放的成败进退，每一次挑战都把深圳改革创新的招牌擦得更亮。因此，多元包容的现代移民文化和敢闯敢试的城市创新氛围，成就了深圳改革开放以来最为独特的发展优势。

30多年来，深圳正是凭着坚持改革创新的赤胆忠心，在汹涌澎湃的历史潮头上劈波斩浪、勇往直前，经受住了各种风浪的袭扰和摔打，闯过了一个又一个关口，成为锲而不舍地走向社会主义市场经济和中国特色社会主义的"闯将"。从这个意义上说，深圳的价值和生命就是改革创新，改革创新是深圳的根、深圳的魂，铸造了经济特区的品格秉性、价值内涵和运动程式，成为深圳成长和发展的常态。深圳特色的"创新型文化"，让创新成为城市生命力和活力的源泉。

2013年召开的党的十八届三中全会，是我们党在新的历史起点全面深化改革做出的新的战略决策和重要部署，必将对推动中国特色社会主义事业发展、实现民族伟大复兴的中国梦产生重大而深远的影响。深圳面临着改革创新的新使命和新征程，市委市政府打出全面深化改革组合拳，肩负起全面深化改革的历史重任。

如果说深圳前30年的创新，主要立足于"破"，可以视为打破旧规矩、挣脱旧藩篱，以破为先、破多于立，"摸着石头过河"，勇于冲破计划经济体制等束缚；那么今后深圳的改革创新，更应当着眼于"立"，"立"字为先、立法立规、守法守规，弘扬法治理念，发挥制度优势，通过立规矩、建制度，不断完善社会主义市场经济制度，推动全面深化改革，创造新的竞争优势。特别是在党的十八届三中全会后，深圳明确了以实施"三化一平台"（市场化、法治化、国际化和前海合作区战略平台）重点攻坚来牵引和带动全局改革，推动新时期的全面深化改革，实现重点领域和关键环节的率先突破；强调坚持"质量引领、创新驱动"，聚焦湾区经济，加快转型升级，打造好"深圳质量"，推动深圳在新一轮改革开放中继续干在实处、走在前列，加快建设现代化国际化先进城市。

如今，新时期的全面深化改革既展示了我们的理论自信、制度自信、道路自信，又要求我们承担起巨大的改革勇气、智慧和决心。在新的形势下，深圳如何通过改革创新实现更好更快的发展，继续当好全面深化改革的排头兵，为全国提供更多更有意义的示范和借鉴，为中国特色社会主义事业和实现民族伟大复兴的中国梦做出更大贡献，这是深圳当前和今后一段时期面临的重大理论和现实问题，需要各行业、各领域着眼于深圳全面深化改革的探索和实践，加大理论研究，强化改革思考，总结实践经验，作出科学回答，以进一步加强创新文化建设，唤起全社会推进改革的勇气、弘扬创新的精神和实现梦想的激情，形成深圳率先改革、主动改革的强大理论共识。比如，近些年深圳各行业、各领域应有什么重要的战略调整？各区、各单位在改革创新上取得什么样的成就？这些成就如何在理论上加以总结？形成怎样的制度成果？如何为未来提供一个更为明晰的思路和路径指引？等等，这些颇具现实意义的问题都需要在实践基础上进一步梳理和概括。

为了总结和推广深圳当前的重要改革创新探索成果，深圳社科理论界组织出版了《深圳改革创新丛书》，通过汇集深圳市直部门和各区（新区）、社会各行业和领域推动改革创新探索的最新总结成果，希图助力推动深圳全面深化改革事业的新发展。其编撰要求主要包括：

首先，立足于创新实践。丛书的内容主要着眼于新近的改革思维与创新实践，既突出时代色彩，侧重于眼前的实践、当下的总结，同时也兼顾基于实践的推广性以及对未来的展望与构想。那些已经产生重要影响并广为人知的经验，不再作为深入研究的对象。这并不是说那些历史经验不值得再提，而是说那些经验已经沉淀，已经得到文化形态和实践成果的转化。比如说，某些观念已经转化成某种习惯和城市文化常识，成为深圳城市气质的内容，这些内容就不必重复阐述。因此，这套丛书更注重的是目前行业一线的创新探索，或者过去未被发现、未充分发掘但有价值的创新实践。

其次，专注于前沿探讨。丛书的选题应当来自改革实践最前沿，不是纯粹的学理探讨。作者并不限于从事社科理论研究的专家学者，还包括各行业、各领域的实际工作者。撰文要求以事实为基础，以改革创新成果为主要内容，以平实说理为叙述风格。丛书的视野甚至还包括为改革创新做出了重要贡献的一些个人，集中展示和汇集他们对于前沿探索的思想创新和理念创新成果。

最后，着眼于解决问题。这套丛书虽然以实践为基础，但应当注重经验的总结和理论的提炼。入选的书稿要有基本的学术要求和深入的理论思考，而非一般性的工作总结、经验汇编和材料汇集。学术研究须强调问题意识。这套丛书的选择要求针对当前面临的较为急迫的现实问题，着眼于那些来自经济社会发展第一线的群众关心关注或深入贯彻落实科学发展观的瓶颈问题的有效解决。

事实上，古今中外有不少来源于实践的著作，为后世提供着持久的思想能量。撰著《旧时代与大革命》的法国思想家托克维尔，正是基于其深入考察美国的民主制度的实践之后，写成名著《论美国的民主》，这可视为从实践到学术的一个范例。托克维尔不是美国民主制度设计的参与者，而是旁观者，但就是这样一位旁观者，为西方政治思想留下了一份经典文献。马克思的《法兰西内战》，也是一部来源于革命实践的作品，它基于巴黎公社革命的经验，既是那个时代的见证，也是马克思主义的重要文献。这些经典著作都是我们总结和提升实践经验的可资参照的榜样。

那些关注实践的大时代的大著作，至少可以给我们这样的启示：哪怕面对的是具体的问题，也不妨拥有大视野，从具体而微的实践探索中展现宏阔远大的社会背景，并形成进一步推进实践发展的真知灼见。《深圳改革创新丛书》虽然主要还是探讨本市的政治、经济、社会、文化、生态文明建设和党的建设各个方面的实际问题，但其所体现的创新性、先进性与理论性，也能够充分反映深圳的主流价值观和城市文化精神，从而促进形成一种创新的时代气质。

前　言

R&D（Research and Development），指在科学技术领域，为增加知识总量（包括人类文化和社会知识的总量），以及运用这些知识去创造新的应用进行的系统的创造性的活动，包括基础研究、应用研究、试验发展三类活动。国际上通常采用 R&D 活动的规模和强度指标反映一国的科技实力和核心竞争力。一个地区的 R&D 水平体现着该地的政治经济实力，一个企业的 R&D 水平体现着该企业的竞争力。早在 2009 年，国际上就修订了 GDP 核算方法，将能够为所有者带来经济利益的研发成果，视为知识产权产品列入固定资产，该研发支出由中间投入修订为固定资本形成计入 GDP。我国在 2016 年借鉴国际做法，研究形成将研发支出计入 GDP 的方法。深圳作为统计改革创新计划单列市，改革项目上不封顶，于 2014 年先于全国进行 R&D 纳入 GDP 先行先试，为国家层面探索积累了深圳案例与全国核算方法。经过 3 年多的方法制度改革创新实践，2017 年 7 月全国统一 R&D 纳入 GDP 核算方法，深圳市跃升全国第三大城市经济体，意义非凡，充分体现创新增长在经济发展中的主引擎作用。

本书是深圳开展研发支出纳入 GDP 核算试点研究的成果。将 R&D 产出作为资本形成纳入 GDP，不再作为中间消耗处理，研究的直接意义在于：与国际接轨，遵循 SNA 2008，使得中国核算具有国际可比性；可以测算出 R&D 支出的纳入对 GDP 的贡献率；可以为国家早日将 R&D 纳入国民账户体系进行一系列探索性研究。研究还有更深远的意义：只有将 R&D 纳入 GDP 核算后，R&D 支出才成为 GDP 的一部分，R&D 经费占 GDP 的比重才具有真正的统计意义（分子才是分母的一部分）；鼓励研发创新发展的今天，将R&D研发纳入GDP核算，将有力地肯定创新对经济产生的效应，将更好地解释当前创新驱动的经济发展模式；引导全社会提升研发对于经济发展的认识，有利于全社会加大R&D投入力度，推动技术进步。

本书在对R&D资本化核算基本范畴研究的基础上，着重采用数量方法对R&D资本化进行系统的定量研究，具体包括：通过对资本化测度方法、矩阵与非参数方法设计来对R&D资本化进行测算；在对已有方法比较与现有研究成果的基础之上，对关键参数进行设定。

全书共十一章，各章主要要点如下。

本书开篇首先提出研究的问题，同时在系统评述R&D纳入GDP核算研究成果的基础上，梳理国内外R&D投入变化趋势。紧接着对R&D资本化纳入GDP核算的基本范畴与理论基础进行研究。分别对R&D活动、R&D资本化核算的核算主体与核算范围进行界定，并对R&D资本化核算产生的影响进行详细的理论阐述。

在此基础上，提出研究R&D资本化核算的基本方法。分别对R&D资本存量测度方法、矩阵方法以及非参数统计方法进行系统设计。同时，对R&D资本化核算中关键参数进行研究。根据相关研究成果，结合中国经济核算实践，分别对初始资本存量、初始增长率、R&D折旧率以及R&D支出价格指数和私人收益率进行科学设定。

本书以科技创新引领经济增长的深圳市为案例，进行相关R&D支出纳入GDP测算方法的探索，并借鉴利用美国BEA核算方法、Goldsmith核算方法以及组合法〔（Goldsmith核算方法＋美国BEA核算方法）/2〕对深圳R&D支出纳入GDP进行测算，运用同样方法利用全国和各地区数据进行测算。通过多视角下各种测算方法的对比分析，运用组合法测算，其结果较为平稳，发展趋势较符合深圳市实际情况。同时对深化对深圳和全国R&D资本化影响程度进行测度，具体包括对GDP、投资、消费的影响度进行测算。R&D资本化之后，深圳市消费率和投资率都发生了比较明显的变化。

本书从核算范围、核算主体、核算思路和核算方法等方面探索了国家现行 R&D 支出纳入 GDP 核算方法，按此方法对全国数据进行测算并与国家统计局发布的测算，从生产法、收入法、支出法三个视角系统梳理了企业自研自用、企业外购、非企业自研自用、非企业外购等四种 R&D 活动的资本化核算对 GDP 核算和相关主要变量的影响。R&D 支出纳入 GDP 的基本核算主要路径：Δ 增加值 = 企业自研自用 R&D 产出 + 企业外购 R&D 资产价值 + 非企业自研自用 R&D 资产消耗量 + 非企业外购 R&D 资产消耗量。R&D 支出资本化纳入 GDP 部分由企业 R&D 产出和非企业 R&D 资产消耗量两部分构成。在对 R&D 支出资本化纳入 GDP 部分进行测算的过程中，主要包括对 R&D 产出和 R&D 资产消耗进行测算。

以此路径，本书按国家现行 R&D 支出纳入 GDP 核算方法进行了深圳测算实证。结果显示，实施研发支出核算方法改革后，2002—2015 年深圳市 GDP 总量有所增加。2002—2015 年，改革后现价 GDP 总量年均增加 2.17 个百分点，R&D 纳入 GDP 部分占 R&D 经费支出平均比重为 68.67%。深圳 R&D 数据质量较高，企业 R&D 支出占比大、无效支出少，有 R&D 支出的企业效益显著高于同业，R&D 支出成效大。

在我国现行科技统计体系下，规模以下企业的研发活动无法纳入科技统计范围，探索开展规模以下企业 R&D 统计调查方法与路径很有必要。本书进一步以深圳为例，设计了规模以下企业研发统计调查试点的工作思路、原则、内容、抽样方案并开展了实证调查和数据评估，客观真实地反映规模以下企业研发投入的规模、构成以及分布情况，为国家层面研发统计改革提供有价值的参考。

本书进行了深圳 R&D 相关分析。从科技投入、科技产出、企业科技创新情况等角度，基于 2009—2016 年统计数据，对 R&D 投入、变化趋势以及存在问题进行深入研究，分析深圳科技创新存在的优势与劣势，提出针对深圳建设国际化创新城市的相关对策。建议在国家层面实施地方 R&D 核算时，应充分考虑各地 R&D 支出的结构、特点，进行差异化核算，出台可操作的 R&D 核算细则，统一各地科学规范使用，真正发挥 R&D 纳入 GDP 核算的科学度量作用。

目 录

第一章 绪论 ………………………………………………… (1)
  第一节 研究背景和意义 ………………………………… (1)
  第二节 国内外研究现状综述 …………………………… (3)
  第三节 主要研究内容 …………………………………… (6)

第二章 R&D 资本化核算的基本范畴与理论基础 ………… (11)
  第一节 概念界定与核算范围 …………………………… (12)
  第二节 R&D 经费投入现状分析 ………………………… (19)
  第三节 核算的主体 ……………………………………… (30)
  第四节 纳入核算后的影响 ……………………………… (31)
  第五节 资本化核算的理论基础 ………………………… (42)

第三章 R&D 资本化核算的基本方法 ……………………… (46)
  第一节 R&D 资本基本测度方法设计 …………………… (48)
  第二节 R&D 资本化核算的矩阵分析方法设计 ………… (55)
  第三节 R&D 资本化核算的非参数统计方法设计 ……… (58)
  第四节 R&D 资本化核算的生产函数分析法 …………… (62)

第四章 R&D 资本化核算中关键参数确定 ………………… (66)
  第一节 初始增长率和初始资本存量的确定 …………… (66)
  第二节 折旧率确定 ……………………………………… (67)
  第三节 价格指数确定 …………………………………… (72)
  第四节 私人收益率的确定 ……………………………… (75)

第五章　深圳市 R&D 支出纳入 GDP 的测算方法 …………（76）

第一节　美国 BEA 核算方法的分析 ………………………（76）

第二节　Goldsmith 核算方法的分析 ………………………（86）

第三节　组合法核算分析 ……………………………………（95）

第四节　全国数据测算结果 …………………………………（102）

第五节　中国各地区数据测算结果 …………………………（119）

第六章　深圳及全国 R&D 资本化对 GDP 影响程度测算 ……………………………………………………（138）

第一节　深圳 R&D 资本化对 GDP 影响的分析 ……………（138）

第二节　深圳 R&D 资本化对投资消费比例的变化分析 …………………………………………（139）

第三节　深圳 R&D 资本化收益分析 ………………………（142）

第四节　深圳 R&D 资本化收益增长对经济增长的贡献率分析 ………………………………………（143）

第五节　全国 R&D 资本化对 GDP 影响度测算 ……………（145）

第六节　全国 R&D 资本化对投资影响度测算 ……………（149）

第七节　全国 R&D 资本化对消费影响度测算 ……………（153）

第八节　采用生产函数理论来看全国 R&D 资本化的影响 ………………………………………（156）

第七章　国家现行 R&D 支出纳入 GDP 核算方法 …………（163）

第一节　核算范围与核算主体 ………………………………（163）

第二节　核算思路 ……………………………………………（164）

第三节　测算方法 ……………………………………………（168）

第四节　全国测算结果 ………………………………………（170）

第五节　国家统计局发布的测算结果 ………………………（173）

第八章　按国家现行 R&D 支出纳入 GDP 核算方法 深圳测算实践 ……………………………………………（175）

 第一节　深圳核算思路 ………………………………………（175）
 第二节　深圳测算方法 ………………………………………（179）
 第三节　深圳测算结果 ………………………………………（187）
 第四节　对测算结果的简要分析 ……………………………（189）

第九章　探索开展规模以下企业 R&D 统计调查 方法与路径——深圳案例与建议 ……………………（192）

 第一节　调查思路、内容与组织实施 ………………………（192）
 第二节　调查的方法与抽样方案 ……………………………（193）
 第三节　调查的主要结果 ……………………………………（207）
 第四节　调查数据分析 ………………………………………（211）
 第五节　启示及相关建议 ……………………………………（215）

第十章　深圳 R&D 相关分析 …………………………………（217）

 第一节　深圳 R&D 经费支出总体情况 ……………………（217）
 第二节　深圳 R&D 投入指标分析 …………………………（220）
 第三节　科技创新产出情况分析 ……………………………（224）
 第四节　企业科技创新情况分析 ……………………………（225）
 第五节　深圳 R&D 投入存在的问题分析 …………………（226）
 第六节　深圳加快建设国际化创新型城市的 政策建议 ……………………………………………（227）

第十一章　结论和启示 …………………………………………（229）

附录一　全国 R&D 支出纳入 GDP 核算基础数据 （深圳方法） …………………………………………（231）

附录二 美国 BEA 的 R&D 卫星账户的相关表格 ………… (255)
附录三 2009—2014 年中国各地 R&D 转化比例调整
　　　　系数测算 …………………………………………… (266)

参考文献 ……………………………………………………… (279)

R&D 纳入 GDP 源于核算方法的破冰（代后记） ………… (284)

第一章 绪论

第一节 研究背景和意义

2008年,由联合国统计署(UNSTAT)发起,世界银行(WB)、国际货币基金组织(IMF)、经济合作与发展组织(OECD)、欧洲经济共同体委员会(Commission of the European Economic Community)等多个国际组织参与,共同对《1993年国民账户体系》(System of National Accounts 1993,简称SNA 1993)进行了更新,形成了《2008年国民账户体系》(System of National Accounts 2008,简称SNA 2008)。2009年初,现行国民账户的国际统计标准《2008年国民账户体系》在联合国的统计委员会第40届会议上得以通过,虽然延续了该账户体系SNA 1993的基本框架和思路,但在许多方面也进行了修订和进一步完善。2008年国民经济核算体系对生产资产分类进行了较大幅度的修订,并扩展了资产边界,主要包括:生产资产不再区分为有形资产和无形资产,将SNA 1993中固定资产下的无形资产更改为知识产权产品,将该类资产划分为研究与发展(Research and Development,简称R&D)、矿藏勘探与评估、计算机软件与数据库以及娱乐文学或艺术原作等。其中在R&D资本化方面,SNA 1993中已提出R&D具有改进效率或生产率,并为其设置一个相对独立的基层单位。但SNA 1993并未将R&D纳入生产资产分类中,并在生产账户中将R&D作为中间消耗处理且作为固定资本形成计入国内生产总值(Gross Domestic Product,简称GDP)。而SNA 2008对R&D有了新的界定,将R&D产出作为资本形成纳入GDP核算,不再作为中间消耗处理。

多年来，许多 OECD 国家，如美国、加拿大、澳大利亚、荷兰、芬兰等，已编制了 R&D 卫星账户，通过卫星账户测算 R&D 支出资本化对经济产生的影响，为将 R&D 列入国民核算核心账户做好了先期准备工作。2012 年底，加拿大对国民核算账户进行修订，将 R&D 支出列入固定资本。2013 年 7 月，美国 BEA（U.S. Bureau of Economic Analysis，美国商务部经济分析局，简称美国 BEA）公布国民收入和生产账户（NIPA）的全面修订结果，其中一个重大的修订是将 R&D 作为资本形成纳入 GDP。2013 年，欧盟统计局也要求欧盟国家从 2014 年开始提供基于 2008 年 SNA 计算的新数据。欧美国家的一系列率先举措表明各国进行国民账户体系的修订，启用 SNA 2008，以便于世界各国 GDP 口径一致，统一可比，已成为当务之急。

R&D 是指研究和发展。根据 SNA 2008 中对 R&D 的定义，R&D 是指一项有计划有步骤地进行的创造性活动，其目的在于增加知识存量，并利用这些知识存量发现或开发新产品——包括改进现有产品的版本和质量，或是发现和开发新的或更有效的生产工艺。

SNA 2008 对 R&D 的新界定，将 R&D 产出作为资本形成纳入 GDP，不再作为中间消耗处理。其研究的直接意义：第一，与国际接轨，遵循 SNA 2008，使得中国核算具有国际可比性；第二，可以测算出 R&D 支出的纳入对 GDP 的贡献率；第三，可以为国家早日将 R&D 纳入国民账户体系进行一系列探索性研究。

研究还有更深远的意义。第一，只有将 R&D 纳入 GDP 核算后，R&D 支出才成为 GDP 的一部分，R&D 经费占 GDP 的比重才具有真正的统计意义（分子才是分母的一部分）；第二，鼓励研发创新发展的今天，将 R&D 研发纳入 GDP 核算，将有力地肯定创新对经济产生的效应，将更好地解释当前创新驱动的经济发展模式；第三，引导全社会提升研发对于经济发展的认识，有利于全社会加大 R&D 投入力度，推动技术进步。

第二节 国内外研究现状综述

在1968年修订SNA体系的时候，修订者就已经意识到R&D活动的资本属性。在SNA 1968中就已经考虑将R&D产出作为资本形成纳入SNA体系中。但由于界定的困难，最终没能将R&D产出作为资本形成进行处理。直到20世纪90年代，随着统计技术和手段的不断发展与完善，国际上对于R&D活动的认识也日趋统一，2002年，经济合作与发展组织（OECD）编辑出版了《弗拉斯卡蒂手册》（研究与试验发展调查实施标准），文中正式提出了R&D统计的标准与规范。在修订SNA 2008时，克服了R&D统计方面的困难，把R&D产出视为资本形成纳入核算。

首先来看国际上的研究状况，先来看看其他发达国家在将R&D纳入GDP后对GDP的影响。在数据测算上，国外的研究者已经做过大量的工作，通过测算，澳大利亚将R&D支出资本化，导致2002—2008年其GDP现价总量平均增加1.43%。加拿大将R&D支出资本化，导致2006—2011年其GDP现价总量平均增加1.29%。在美国，将R&D支出资本化，导致2002—2012年其GDP现价总量平均增加2.38%。OECD国家在2011年底对OECD国家实施SNA 2008的情况及可能带来的影响做了一个问卷调查，据OECD成员国对问卷的回应，R&D支出资本化将使GDP现价总量平均增加0.3%—3.5%，且平均值为1.5%左右，影响的大小取决于R&D活动占整体经济的比重。

再从测算方法和资本化理论等技术细节上来看国际上的研究状况。一是初始资本存量的计算。该指标的选择对后续资本存量有着重要影响，尤其是在数据资料的时间序列较短情况下，影响比较大；随着时间的延长，初始资本存量对后续年份的影响会越来越小。早些年，对初始资本存量的研究主要采取经验比例的定性方法。如美国的BEA就采用过几何平均法和线性回归法来测算初始存量和初试增长率，美国的经济学家Griliches（1984）则提出了真实

R&D 投资的增长率与 R&D 资本存量的增长率相等来推算初始的 R&D 存量。尤其还有一些国外学者对中国的数据做过分析和测算，比如 Chow（1993）利用一些私人可得的数据进行经验推算，得出中国 1952 年资本产出比为 2.58 的假设。Perkins（1998）通过经验估算，得出中国 1953 年资本产出比为 3 的假设。后来发展到数学模型测算的定量方法，如 Young（2000）利用初始年份投资额与投资增长的几何平均数加上折旧率进行对比的基本思路，对中国的固定资本存量进行了定量测算。

二是看价格指数。对于 R&D 资本存量测算来讲，各国或地区统计部门普遍缺乏相应的价格指数，这就使得在测算不变价格 R&D 存量时，不得不用其他指数代替或借助其他价格指数进行构造。如 Jaffe（1972）、Griliches（1980a）、Jensen（1987）采用非金融企业的工资价格指数和 GNP 价格指数的加权平均构造 R&D 支出价格指数，二者的权重分别为 0.49 和 0.51；Loeb and Lin（1977）采用 R&D 人员工资价格指数和设备投资的 GNP 价格指数进行加权平均，权重分别为 0.55 和 0.45；美国 BEA 则在 2007 年的卫星账户中，采用了 R&D 产出综合价格指数。

三是看折旧率。Lev and Sougiannis（1996）的研究是建立在假定 R&D 资本的摊销率与资产的收入存在某种关系的基础上的，试图将 R&D 资本在某个期限内进行摊销而推算出折旧率。根据 Griliches 和 Lichtenbegr（1984）等学者的研究，在计算 R&D 资本存量时，提出资本折旧率固定值可以定为 15%。关于折旧率的计算方法，主要有：生产函数法、分期摊销模型、专利展望模型和市场估计模型（Mead C.，2007）。还有学者采用知识生产函数，在一定的假设条件下，进行折旧率水平的估计。但这种方法由于采用生产函数而需要满足的基本条件恰巧不符合 R&D 折旧活动特征。在美国商务部经济分析局的实务统计工作中，在折旧率上选择了区间测定的方法：首先基于不同的研究人员研究得出的各种折旧率数据，确定相关行业的折旧率的区间，然后在区间内对相关行业的 R&D 资本折旧率进行设定。具体设为：运输行业折旧率为 18%，计算机和电子行业折旧率为 16.5%，化学行业为 11%，其他行业为 15%。根据 Wendy

(2012)的研究结果,企业部门中美国R&D密集度高的10大行业的平均R&D折旧率为25.8%;而美国政府部门中R&D平均折旧率为13.6%(Marissa et al.,2014)。

相比于国际,国内专门研究R&D支出资本化理论和方法文献不多见,有代表性的研究成果主要有:王俊(2009)、吴延兵(2006、2008)等对R&D进行了资本化。王孟欣(2011)分析了R&D资本存量测算中存在的困难,并对BEA关于R&D资本存量测算方法进行了介绍与分析,同时指出我国R&D资本存量测算需要进一步改进的工作。魏和清(2012)依据SNA 2008对R&D资本化核算的相关问题进行理论探讨,包括R&D资本化核算可能对国内生产总值、资本存量与结构、经济增长率等宏观经济指标的影响。倪红福等(2014)以北京地区为例,测算了R&D资本化对GDP和经济增长的影响,结果表明:资本化R&D将使北京地区的GDP提高大约3.4%;2002—2011年,R&D资本拉动了GDP增长幅度达0.56%,对经济增长的贡献率达5%左右。朱发仓(2014)研究了R&D投入价格指数和产出价格指数的构造方法,并给出了我国大中型工业企业的R&D指数。许宪春阐述了一些重点修订内容,包括引入知识产权产品概念,将研发支出计入GDP。

总的来说,我国近年来的研究动向主要集中在两个方面:一是对一些发达国家测算或者实施情况进行的研究;二是对中国如何应对所展开的探索。对于第二点,研究者除了陈述R&D资本化这一问题外,主要还对GDP的影响、所面临的问题及对我国今后的核算工作的启示做出了分析。

在对资产结构的影响上,专家学者们均认为,SNA 2008对于资产边界的重新划分,使得专利实体从非生产资产中消失,被重新归为固定资产下的R&D,这必将导致市场资产在非金融资产中的比重加大,结构发生变化。其中,魏和清(2012)还从国民经济行业和机构部门等角度讨论了资产结构的变化情况,结果是:知识密集型行业资产占比较大,创新活跃地区的资产比重不断上升,企业部门的资产比重大于其他部门。

但在对资产规模的影响上,专家学者们却持不同意见。刘伟

（2010）认为在宏观上，总体的资产规模保持不变；而魏和清（2012）却持反对意见，认为规模也会发生一定的变化，但两人都没有展开详述。而在对 GDP 的影响方面，大家都持一致的观点，认为 R&D 资本化后，GDP 会增加。其中魏和清（2012）分别利用 GDP 的多种测算方法做了分析，并以美国经济分析局和欧盟学者的实证研究结果为例进行了说明。中国国家统计局的"SNA 的修订与中国国民经济核算体系改革"课题组则从机构部门角度做了阐述，他们认为，不论政府部门、非营利机构还是企业，都会在 R&D 支出资本化后，增加其所在部门的 GDP。应该说，资产增加则 GDP 增加，资产减少则 GDP 减少，资产的增或减，取决于 R&D 支出资本化带来资产增加值和专利实体消失造成的资产减少的差额。

在国内展开的 R&D 估值和存量测算方面，在估价问题上，我国 R&D 交易市场匮乏，估价没有标准可循，很难准确定价（王孟欣，2011）。魏和清（2012）则指出可以根据生产者的类型对 R&D 支出进行估价。在价格指数问题上，王孟欣（2011）参考了我国在《中国科技统计年鉴》中公布的 1995—2007 年全国层面可比价 R&D 经费指数，而魏和清（2012）指出用劳动用工价格指数、原材料价格指数及固定资产价格指数来加权合成 R&D 价格指数。

前述显示：①学术界的相关成果均散见于一些文章，鲜有系统论述 R&D 资本化核算理论与方法的专著；②无论在理论还是在实践上，中国 R&D 资本化核算还很欠缺，面临着许多亟待解决的问题。基于以上研究背景，探索 SNA 2008 下 R&D 支出纳入 GDP 核算方法、测算其对经济影响程度有利于加大 R&D 投入力度、推动技术进步；为各地区测度 R&D 对经济增长的影响关系提供相应的理论依据，从而为政府、企业部门提供决策和管理方面的支持。因此，全面系统地研究中国 R&D 资本化核算理论和方法在理论和实践上均具有重要意义。

第三节 主要研究内容

本书主要目标是提供一个全面讨论中国和深圳 R&D 支出纳入

GDP 核算的方法论系统。该系统以一定的理论为基础，明确规定 R&D 资本化核算的基本范畴、重要概念、测度方法及对经济的影响，为中国 R&D 资本化并纳入 GDP 核算实践提供借鉴和参考。因此，本书研究属于方法论研究，把 R&D 资本化核算放在中国 SNA 2008 的框架下，其基本研究思路与技术线路图如图 1—1 所示。

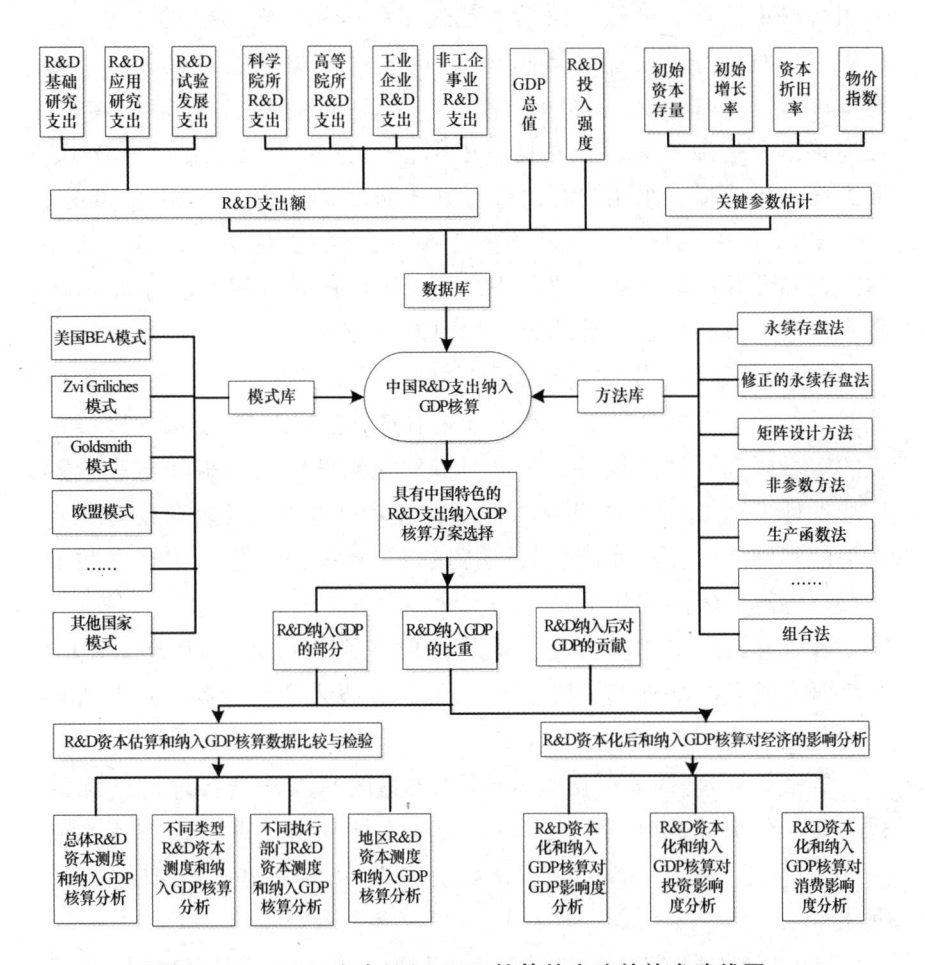

图 1—1　R&D 支出纳入 GDP 核算的方法的技术路线图

从图 1—1 所给出的技术路线图可以看出，整个研究体需要三个方面的基础支撑：第一方面是完整丰富的数据，需要大量的数据整理和预处理工作，具有较大的工作量，这也是展开研究的基础。本书需要整理的数据包含：R&D 支出额及其细分类型、支出主体等方面；国内生产总值（GDP）；R&D 投入强度；初始资本存量、初始增长率、资本折旧率、物价指数等关键参数。第二方面是运用多种研究的方法，科学测算 R&D 资本存量。本书主要涉及永续存盘法、修正的永续盘存法、矩阵设计法、非参数检验方法、生产函数法以及组合决策法等。第三方面是考虑采用和国际接轨的模式方法，运用美国、欧盟等多个经济体测算 R&D 纳入 GDP 核算的模式，主要有美国 BEA 模式、Zvi Grilches 模式、Goldsmith 模式、欧盟模式等。在完善三个基础方面后，对具有中国特色的 R&D 支出纳入 GDP 核算方案进行选择，采用组合决策等方式测算 R&D 纳入 GDP 的部分、R&D 纳入 GDP 的比重、R&D 纳入后对 GDP 的贡献率等，最后通过非参数和参数经验比对各种方法，并采用生产函数等方法分析 R&D 资本化对经济的影响。具体思路如图 1—2 所示。

从图 1—2 所给出的研究思路中可以看出：在对 R&D 资本化核算基本范畴研究的基础上，着重采用数量方法对 R&D 资本化进行系统的定量研究，具体包括：通过对资本化测度方法、矩阵与非参数方法设计来对 R&D 资本化进行测算；在对已有方法比较与现有研究成果的基础之上，对关键参数进行设定。根据研究思路，全书共十一章，各章具体内容如下。

第一章提出本书研究的问题，同时在系统评述 R&D 纳入 GDP 核算研究成果的基础上，梳理国内外 R&D 投入变化趋势，并提出本书的研究思路。

第二章对 R&D 资本化纳入 GDP 核算的基本范畴与理论基础进行研究。分别对 R&D 活动、R&D 资本化核算的核算主体与核算范围进行界定，并对 R&D 资本化核算产生的影响进行详细的理论阐述。

第三章研究 R&D 资本化核算的基本方法。分别对 R&D 资本存量测度方法、矩阵方法以及非参数统计方法进行系统设计。

第四章对 R&D 资本化核算中关键参数进行研究。根据相关研究成果，结合中国经济核算实践，分别对初始资本存量、初始增长率、折旧率以及价格指数进行科学设定。

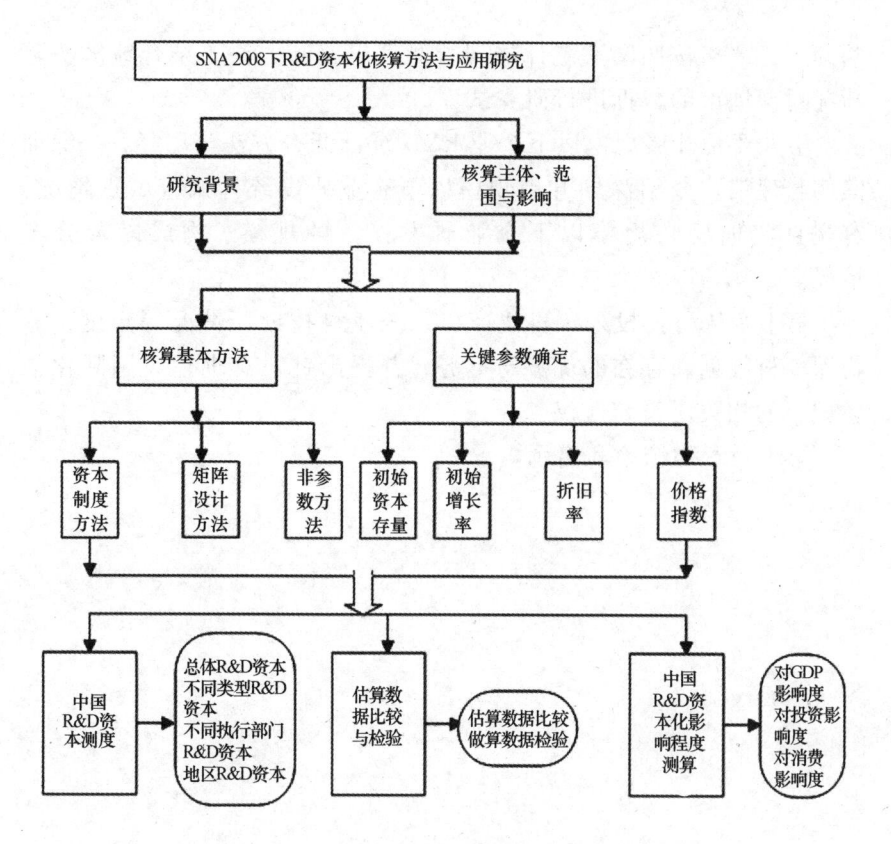

图1—2　R&D资本化核算研究基本思路

第五章是深圳市 R&D 支出纳入 GDP 的测算方法。利用美国 BEA 核算方法、Goldsmith 核算方法以及组合法 [（Goldsmith 核算方法+美国 BEA 核算方法）/2] 对深圳市 R&D 支出纳入 GDP 进行测算，并运用同样方法利用全国和各地区数据进行测算。

第六章对深圳和全国 R&D 资本化影响程度进行测度，具体包括对 GDP、投资、消费的影响度进行测算。

第七章从核算范围、核算主体、核算思路和核算方法等方面介绍了国家现行 R&D 支出纳入 GDP 核算方法，按此方法对全国数据进行测算并与国家统计局发布的测算结果进行了比较。

第八章是按国家现行 R&D 支出纳入 GDP 核算方法进行的深圳测算实践。深圳市在前期开展 R&D 支出纳入 GDP 核算方法研究的基础上，严格按照国家统计局现行测算思路和方法，结合地区实际情况对深圳市的数据进行研究试算。

第九章是开展规模以下企业 R&D 统计调查方法与路径——深圳案例与建议。介绍深圳开展规模以下企业研发统计调查试点情况，客观真实地反映规模以下企业研发投入的规模、构成以及分布情况。

第十章从科技投入、科技产出、企业科技创新情况等角度，分析深圳科技创新存在的优势与劣势，并提出针对深圳建设国际化创新城市的相关对策与建议。

第十一章为结论和启示。

第二章　R&D 资本化核算的基本范畴与理论基础

古典经济学家把资本积累看作是经济增长的驱动力，同时，由于边际报酬递减规律的作用，将对经济增长的前景产生悲观的预期，即经济增长终将停止。但是，这似乎并不符合当前经济增长的现实。日本"二战"后的经济腾飞、亚洲"四小龙"的迅速崛起、改革开放后中国经济的飞速发展无不表明经济在持续不断地增长，至少现在看来，仍没有停滞的迹象。随着内生增长理论的出现，给这一现象以较好的解释，该理论认为技术进步将为经济增长提供源源不断的动力。特别是在高度发达的知识经济时代，技术进步与创新式经济发展将成为经济发展的驱动力，没有创新就没有经济发展。而在创新的过程中，研究与发展（R&D）是核心，是创新的源头和核心。当今世界，经济社会的发展越来越依赖于科学技术的研究创新，国际竞争越来越依赖于科学技术和研究创新，国际竞争越来越取决于不同国家研究创新能力的竞争。提高一个国家的研究创新能力，前提是其研发活动要保持在较高水平上，一个国家的 R&D 水平，体现着其一国的综合实力。所以研究 R&D 资本化核算，用以衡量其对经济的影响，意义重大。

R&D 活动界定、核算主体与核算范围是研究 R&D 资本化核算方法的前提。基于此，本章将对其进行系统探讨，同时对 R&D 资本化核算的影响与理论基础进行详细阐述。

第一节 概念界定与核算范围

一 R&D 的定义及界定

OECD 在《弗拉斯卡蒂手册》中这样界定 R&D 活动:"在科学和技术领域,增加了人类知识的总量,并运用这些知识创造新的应用程序和系统创造性的工作。"

SNA 2008 中对 R&D 活动也有界定。R&D 是指为增加知识的总量,包括人类、文化和社会方面的知识,以及运用这些知识去创造新的应用而进行的系统的、创造性的工作,R&D 是指一项有计划有步骤地进行的创造性活动,其目的在于增加知识存量,并利用这些知识存量发现或开发新产品——包括改进现有产品的版本和质量,或是发现和开发新的或更有效的生产工艺。R&D 活动的基本特征是:创造性、新颖性、运用科学方法、产生新的知识或创造新的应用。R&D 不是一项辅助性活动,应当尽可能为此单独设立一个基层单位。

二 R&D 活动与非 R&D 活动的本质区别

出于调查的目的,我们必须将 R&D 活动能够与那些范围广泛而又与科学技术有联系的其他活动区别开来。一般来讲,R&D 活动与非 R&D 活动的本质区别在于,R&D 活动的目的是探索和完善知识或技术以及探索知识或技术的新应用,因而具有创造性和新颖性,常常导致新的发现或发明,对预定目标的实现存在技术上的不确定性;而非 R&D 活动只涉及技术的一般性应用或是一些常规性活动。与科技教育与培训和科技服务的概念不同,以下四种活动的定义是专门排除在 R&D 活动之外的:①教育与培训。大学、高等和中等专科以上教育的全部人员在自然科学、工程技术、医学、农学、社会科学和人文科学方面进行的教育与培训活动。②其他有关的科学技术活动。科技信息服务、通用资料收集、测试和标准化、可行性研究、专科医疗保健、专利和许可证工作、政策研究和常规的应用软件开发、计算机的日常维护、质量保证、日常数据收集和市场调查。③其他工业活动。所有除 R&D 以外的那些科学、技术、商业和金融活动，这些活动都是新的或改进的产品或服务的实现，以及新的或改良工艺的商业化应用所必需的。④管理和其他辅助活动。

SNA 2008 中要求将 R&D 支出做资本化处理，但并不意味着一切的 R&D 支出都是资本，它是有条件的资本化。SNA 2008 指出，关于 R&D 的资本价值应该按照它未来预期可提供的经济利益来决定。也就是说，不向所有者提供经济收益的 R&D，不能形成固定资产，只能作为中间消耗处理。并不是一切的 R&D 都是资本，它是有条件的资本化，R&D 的资本价值应该按照它未来预期可提供的经济利益来决定，也就是说不向所有者提供经济收益的 R&D，不形成固定资产，只能作为中间消耗处理，如何界定一项活动是否会为研究者未来带来经济收益呢，这是 R&D 资本化面临的首要问题，现实中对一项 R&D 活动能否为研究者的未来带来收益很难界定，本书将从 R&D 活动的性质和目的出发，以界定 R&D 是否为资本。

三 R&D 三种活动类型及特点

上述提到对 R&D 的界定，需要从 R&D 活动的性质和目的出发。R&D 活动根据其性质和目的分为基础研究、应用研究和试验发展三种类型。

（一）基础研究

基础研究是对所要研究方面的一种探索，通过了解事物的客观现象，对现实中各种问题提出假设，以及对各种理论或者定律进行分析、验证，以求寻找内在事物运动的规律，为获得观察事实的基本原理的新知识而进行的实验性或理论性的工作，它不以任何特定的应用或使用为目的。

基础研究的特点是：以认识现象、发现和开拓新的知识领域为目的，即通过实验分析或理论研究，对事物的性质、结构和各种关系进行分析，加深对客观事物的认识，解释现象的本质，揭示物质运动的规律，或者提出和验证各种设想、理论或定律。基础研究没有任何特定的应用或者使用目的，在进行研究时对实际的研究前景并不清楚，只是一种理论的认识。其一般是科学家或科研人员进行研究，研究成果具有普遍的适用性与正确性。科学家在确定研究专题以及安排工作上有很大的自由，研究结果通常表现为一般的原则、理论或规律，并以论文的形式在期刊上发表或在学术会议交流探讨。

(二) 应用研究

应用研究是指为获得新的知识，针对某一特定的实际目的而进行的创造性研究，其成果是某一专门用途的新知识或模型。应用研究的特点是具有特定的实际目的或应用目标，如为了发现基础研究成果可能的用途，或是为达到预定的目标探索应采取的新方法（原理性）或新途径。其与基础研究的根本不同之处就在于应用研究是在解决实际问题的前提下进行的，是为了达到某种应用目标，是可以带来收益的，其研究结果一般只影响科学技术的有限范围，并具有专门的性质，针对具体的领域、问题或情况，表现为科学论文、专著、原理性模型或发明专利等形式。

(三) 试验发展

应用研究一旦获得成功，就可以迅速进入试验发展阶段。试验发展是指利用现有的科学知识或实际经验，为了生产新的材料、产品和装置，建立新的工艺、系统和服务，或对已生产或建立的上述各项进行实质性的改进所进行的系统性的工作。试验发展的特点是运用基础研究、应用研究的知识或实际经验，以开辟新的应用为目的，如提供新材料、新产品和装置，新工艺、新系统和新服务，或对已有的上述各项进行实质性的改进，其成果形式主要是专利、专有知识、具有新产品基本特征的产品原型或具有新装置基本内特征的原始样机等。新产品开发出来一旦进入市场，就可以获得收益。

在上述三类 R&D 活动中，基础研究与研究者未来的经济收益不直接相关，它的资金来源以政府为主，政府是基础研究的主体，而企业则是应用研究和试验发展领域的主体。在实际 R&D 核算中，是否要将基础研究费用化处理，而将应用研究与试验发展做资本化处理，是值得探讨的问题。

四 R&D 活动的类别与核算范围

SNA 2008 中要求 R&D 作为资本化处理，而判断 R&D 活动是否形成资本的一个重要标准是能否向所有者提供经济利益，现实中对一项 R&D 活动能否为所有者的未来带来利益很难界定。从 R&D 活动的性质和目的出发，R&D 活动可以分为基础研究、应用研究和试验发展三种类型。其中，基础研究是为了获得新知识而进行的实验性或理论性研究，是对研究过程认知的一种活动，所研究内容对于实际应用的前景并不明确，没有任何特定和预设的应用及目的，在某种程度上也谈不上为研究者带来经济收益，其研究成果更多地表现为一种理论形态，具有一定的公益性；应用研究是为了确定基础研究成果可能的用途，或是为达到预定的目标探索应采取的新方法（原理性）或新途径，它是为了获得新知识，针对某一特定的实际目的而展开的创造性研究，其成果是为某一专门领域的新知识或模型，应用研究一旦获得成果，则可以迅速进入试验发展阶段，从而为企业开发新产品，使企业获得商业收益；试验发展指利用从基础研究、应用研究和实际经验所获得的现有知识，为产生新的产品、材料和装置，建立新的工艺、系统和服务，以及对已产生和建立的上述各项做实质性改进而进行的系统性工作，试验发展就是利用已获得的科学知识，或者在已有的产品基础上通过整合再创造开发出的新产品，新产品一旦进入市场就会带来商业收益。

因此，在上述三类 R&D 活动中，基础研究与资本的收益关系不直接，它一般由政府承担，政府是基础研究投入的主体，而企业则更多的是偏向投入应用研究和试验发展。一般来讲，基础研究与研究者未来的经济收益不直接相关（魏和清，2012），认为其支出不能产生直接的经济效益，因此将其做费用化处理。但是在实际处理过程中，常常将基础研究纳入 R&D 资本化范围。这是因为：一方面，基础研究占全部 R&D 经费支出的比重非常小，2009—2013 年中国 R&D 活动类型中基础研究经费支出所占比重平均约为 4.7%，在实际核算过程中剔除基础研究并不容易；另一方面，从长远来看，基础研究能否带来经济利益尚无定论，因此笼统地将其剔除并不符合客观实际。① 再者我国原始创新能力相对薄弱，基础研究本身所占比重就微乎其微，在大力鼓励自主创新，依靠创新驱动发展的今天，从政府的导向上，从衡量R&D在经济发展中的作用上，我们都应该鼓励原始创新，肯定原始创新对于经济发展的推动力，在政策导向上，没有理由要特意剔除基础研究。应用研究用来反映对基础研究成果应用途径的探索，具有特定的应用目标；试验发展主要反映将科研成果转化为技术和产品的能力，是科技推动经济社会发展的物化成果。因此，应用研究和试验发展毫无疑问都是R&D资本化的对象。

关于基础研究是否纳入R&D资本化范围国内外学者存在争论，本书认为应该考虑将基础研究纳入核算，除了上述两方面的原因外，从经济学理论出发，以下几点有力地支撑了基础研究对于未来的发展具有的广义经济效益。

（一）基础研究具有技术外部溢出效应

外部性是指一个从事一种影响旁观者福利而对这种影响既不付报酬，又得不到报酬的活动，如果对旁观者的影响是不利的，就成为"负外部性"；如果这种影响是有利的就成为"正外部性"（曼昆，2002）。在外部性研究的基础上，曼昆对技术溢出做了简单论述：技术溢出效应是一种技术的设计，不仅有利于个人而且有利于社会，增加了技术知识。在有正的生产外部性时，生产的社会成本小于私人成本，从而产生了技术外溢，如图2—1所示。

也有学者将其归纳为"外部经济"，即个人从其活动中得到的私人利益小于该活动带来的社会利益；当个人为其活动所付出的私人成本小于该活动所造成的社会成本，则被称为所谓的"外部不经济"。由此引申出"生产的外部经济"，即当一个生产者采取的经济行动对他人产生了有力的影响，而自己却不能从中得到报酬时，便

---

① OECD国家均未特意剔除基础研究，因为基础研究没有确切地说对于未来没有收益。而且一旦基础研究产生经济效益，其效益回报远大于应用研究和试验发展，因为其理论具有更广的普适性，产生的影响也将更大，我们从投入一侧来计算基础研究，并不会夸大基础研究的未来收益。并且这与OECD国家对R&D活动类型中基础研究的处理方式一致。

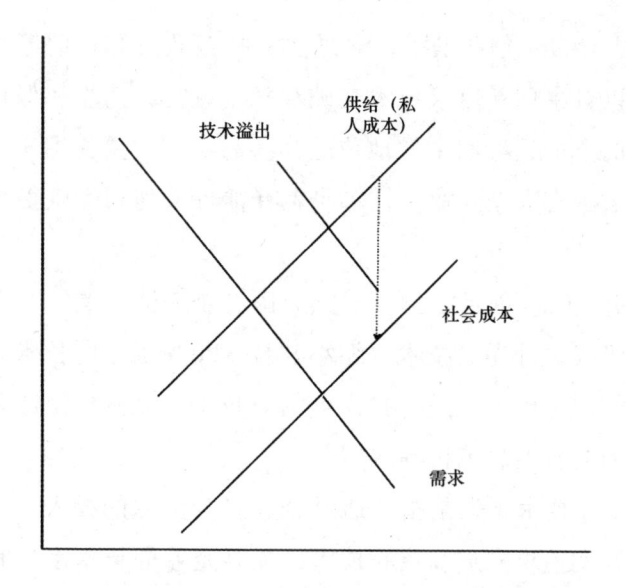

第二章 R&D 资本化核算的基本范畴与理论基础　　17

图 2—1　技术外部溢出效应

产生了生产的外部经济；当一个生产者采取的行动使他人付出了代价而又未给他人以补偿时，便产生了生产的外部不经济。

$$K_t = E_t + (1 - \delta)K_{t-1}$$

基础研究作为基本的公共性理论，"旁观者"拥有的人数众多，而且理论的普适性高，运用的领域众多，收益面较广，其外溢性将有利于整个社会，具有较强的正外部性，产生了有效的技术外溢。

（二）基础研究多为政府投入，具有较强的杠杆效应

基于不同类型的 R&D 活动类型的分析，研发创新的矩阵分析模型构建如表 2—1 所示。

由表 2—1 可以看出，这四种创新研发的内涵。

表 2—1　　　　　　　　R&D 活动类型矩阵分析

政策战略	使命导向	市场导向
领先	政府主导自主创新	市场主导技术领先
跟随	政府引进吸收创新	市场跟随模仿创新

政府主导自主创新是指，通过国家技术政策和资助等其他措施的支持，以自主创新追求技术突破和技术领先，建立和保持在所在技术领域的竞争优势和主导地位。其参与主体主要为国家机关、研究所和少数国有大型企业。技术代表有神舟系列和嫦娥工程的技术研发等。

政府引进吸收创新是指，国家或国有企业通过购买、合作等方式，引进吸收国外先进技术，缩小与技术领先国家的技术差距，并在引进吸收的基础上，进行技术创新。技术代表有仿制苏联雅克教练机成功的初教型教练机等。

市场主导技术领先是指，通过企业自身资源的投入，以自主创新或合作开发追求先进和核心技术，提升企业的技术水平和服务能力，并以获取商业利益为最终目标。

市场跟随模仿创新是指，通过对先进技术的学习和与技术领先企业的合作，技术跟随企业通过修理制造实现模仿生产，增加投入力度，并最终实现模仿创新和自主研制。

所以政府侧重基础研究，只会促进后续的应用研究和试验发展，具有较强的杠杆效应。

（三）基础研究对于企业参与研发活动的挤出效应小，诱导效应、示范效应强

政府的基础研究资助并不会挤出企业投入，相反其还会促进企业增加对研发活动的支出，即存在"诱导效应"。该结论既回答了研究背景中提出的问题，又契合了先前学者的研究结论（Leyden and ink, 1991; Geroski, 1998; Lo, 1999; Lach, 2002; Almus and Czarnitzki, 2003; Czarnitzki, 2007; Guo, 2008）。

基础研究的风险收益比并不低于应用研究和试验发展。

综上分析，在R&D资本化过程中，基础研究、应用研究和试验发展三种类型均需纳入其资本化核算范围，详见表2—2、表2—3。

表 2—2　　2009—2013 年中国三种 R&D 活动类型经费支出

年份	R&D 经费支出（亿元）				R&D 经费支出所占比重（％）		
	合计	基础研究	应用研究	试验发展	基础研究	应用研究	试验发展
2009	5802.1	270.3	730.8	4801.0	4.66	12.60	82.75
2010	7062.6	324.5	893.8	5844.3	4.59	12.66	82.75
2011	8687.0	411.8	1028.4	7246.8	4.74	11.84	83.42
2012	10298.4	498.8	1162.0	8637.6	4.84	11.28	83.87
2013	11846.6	555.0	1269.1	10022.5	4.68	10.71	84.60

资料来源：《中国科技统计年鉴2014》，笔者计算整理。

表 2—3　　　　　　　　R&D 资本化核算范围

核算范围	基础研究
	应用研究
	试验发展

第二节　R&D 经费投入现状分析

一　国际 R&D 投入强度分析

R&D 经费支出，是指实际用于基础研究、应用研究和试验发展的经费支出。人员劳务费、原材料费、固定资产购建费、管理费及其他费用支出都是研究与发展活动经费的组成部分。研究与发展经费支出反映一个国家或地区 R&D 活动的总体规模。R&D 投入强度是指一个国家或者地区 R&D 经费支出与其国内生产总值之比，是现行国际上通用的衡量一个地区或国家科技投入强度的指标，也是评价其科技综合实力和科技核心竞争力的指标之一。

作为创新型国家的标准，一个基本的要求就是认为有较高的创新性投入，即国家的研发投入支出占 GDP 的比例一般在 2% 以上。当前，世界各国的科技研发投入状况如何，有哪些是值得我国借鉴的地方？

当今世界科技研发投入已达到较高水平，"二战"后，世界范围内的科学技术突飞猛进。自 21 世纪以来，以生命科学和生物技术、信息化技术和纳米技术为标志的科技创新飞速前行，世界各大主要国家的研发投入都不断加大，成为科学技术发展的坚实基础。

20 世纪以来，美国一直是世界上最大的研发活动执行国，研发是美国重要的投入领域。美国的研发投入始终保持着稳定增长的态势。1995 年，美国研发经费投入为 1840.8 亿美元；到 2001 年，达到 2782.3 亿美元；2009 年达到 4020 亿美元。2007 年，全球研发的经费总共为 1.1 万亿美元，而美国就达到了 3775.9 亿美元，占全球研发经费的比重为 34%，比第二名的日本高出 20 个百分点。

日本企业一向重视新技术、新产品的研究开发，经济实力不是很强的中小企业对此也十分重视。尽管近 10 年来日本经济一直处于低迷状态，但企业始终保持着较高的技术研发投入。1998 年以来，日本的技术研发投入一直占国内生产总值的 3% 以上，比例在主要发达国家中是很高的。日本的技术研发费用有 70% 是由民间企业自己支出，比例也高于美国、德国、英国等其他发达国家。

中国在进入 21 世纪后科技研发投入加快了步伐，从 2000 年的 108 亿美元，逐步增加至 2011 年的 1347 亿美元，年均增长 25.8%；广东省亦不落后，科技研发经费从 2000 年的 107 亿元人民币，增长到 2011 年的 1045 亿元人民币，年均增长 23.0%，2013 年更是达到 1443.5 亿元人民币，比上年增长 16.8%。若按当年美元对人民币的平均汇率（619.36 元/100）计算，已达 233 亿美元，超过了 2011 年俄罗斯联邦的研发投入水平（见表 2—4）。

表 2—4　　　　世界部分国家 R&D 投入总量（现价）　　　单位：亿美元

国家	2000 年	2005 年	2009 年	2010 年	2011 年
美国	2712	3066	4020	4089	4181
日本	1438	1518	1692	1789	1989
中国	108	298	849	1044	1347
德国	462	686	930	919	1028
法国	285	449	592	574	624
韩国	127	252	297	380	450

续表

国家和地区	2000 年	2005 年	2009 年	2010 年	2011 年
英国	273	401	404	396	433
加拿大	139	228	257	285	302
意大利	116	195	266	257	274
俄罗斯联邦	27	82	153	173	203
西班牙	53	127	202	192	198
奥地利	37	74	104	104	115
比利时	46	69	96	93	104
丹麦		63	95	96	103
芬兰	41	68	94	92	101
挪威		46	67	71	81
土耳其	17	28	52	61	66
新加坡	18	28	39	45	53
墨西哥	22	39	39	48	50
捷克	7	18	29	31	40
波兰	11	17	29	35	40
爱尔兰	11	26	38	35	37
葡萄牙	9	16	38	36	36
匈牙利	4	10	15	15	17

资料来源：http://www.census.gov/。

  R&D 投入是一个总量指标，当我们需要衡量研发投入和国民经济发展的关系时，常采用 R&D 投入占 GDP 的比重。值得注意的是，由于现在 R&D 投入尚未纳入 GDP 核算，故这个比重的 R&D 投入量是现价的，是没有经过资本化核算的，所以在某种程度上说不具备相比的前提，这也是为什么 SNA 2008 要将 R&D 纳入核算，也是本书为什么要研究 R&D 纳入 GDP 核算的原因。当前，由于存在这种局限，仍只有使用研发（R&D）投入（当年现价）占其国内生产总值的比重，它是在现阶段衡量 GDP 相对于经济总量的一个指标。在 2011 年全球领先的是韩国，达到 4.03%；其次是芬兰、日本、丹麦和中国台湾地区，分别达到 3.78%、3.39%、3.09% 和 3.02%；

德国、美国、奥地利、法国、新加坡和比利时等国的比重都在2.0%以上（见表2—5）。

表2—5　部分国家和地区研究与发展（R&D）经费（当年现价）占国内生产总值（GDP）比重　　　单位：%

国家和地区	历年占比情况										
	2001	2002	2003	2004	2005	2006	2007	2008	2009	2010	2011
韩国	2.59	2.53	2.63	2.85	2.98	3.01	3.21	3.36	3.56	3.74	4.03
芬兰	3.30	3.36	3.43	3.45	3.48	3.48	3.47	3.70	3.93	3.88	3.78
日本	3.12	3.17	3.20	3.17	3.32	3.41	3.46	3.47	3.36	3.26	3.39
丹麦	2.39	2.51	2.58	2.48	2.45	2.48	2.58	2.85	3.06	3.06	3.09
中国台湾	2.08	2.18	2.31	2.38	2.45	2.51	2.57	2.78	2.94	2.90	3.02
德国	2.46	2.49	2.52	2.49	2.48	2.54	2.53	2.69	2.82	2.82	2.88
美国	2.76	2.66	2.66	2.59	2.62	2.66	2.70	2.84	2.90	2.83	2.77
奥地利	2.03	2.12	2.26	2.26	2.44	2.44	2.51	2.67	2.72	2.76	2.75
法国	2.20	2.23	2.17	2.15	2.10	2.11	2.08	2.12	2.26	2.25	2.25
新加坡	2.11	2.15	2.11	2.20	2.30	2.16	2.37	2.65	2.24	2.09	2.23
比利时	2.08	1.94	1.88	1.87	1.84	1.86	1.89	1.97	2.03	1.99	2.04
捷克	1.20	1.20	1.25	1.25	1.41	1.49	1.48	1.41	1.48	1.56	1.85
中国	0.95	1.07	1.13	1.23	1.32	1.39	1.40	1.47	1.70	1.76	1.84
英国	1.82	1.82	1.78	1.71	1.76	1.75	1.78	1.79	1.86	1.76	1.78
加拿大	2.09	2.04	2.03	2.05	2.01	2.00	1.96	1.90	1.92	1.81	1.74
爱尔兰	1.10	1.10	1.17	1.24	1.26	1.24	1.28	1.45	1.70	1.70	1.70
挪威	1.59	1.66	1.71	1.59	1.52	1.48	1.59	1.58	1.78	1.69	1.66
葡萄牙	0.80	0.76	0.74	0.77	0.81	0.99	1.17	1.50	1.64	1.59	1.50
西班牙	0.91	0.99	1.05	1.06	1.12	1.20	1.27	1.35	1.39	1.39	1.33
新西兰	1.14		1.19		1.16		1.19		1.30		1.30
意大利	1.09	1.13	1.11	1.10	1.09	1.13	1.17	1.21	1.26	1.26	1.25
匈牙利	0.92	1.00	0.93	0.88	0.94	1.01	0.98	1.00	1.17	1.16	1.21
俄罗斯联邦	1.18	1.25	1.28	1.15	1.07	1.07	1.12	1.04	1.25	1.16	1.09

续表

国家和地区	历年占比情况										
	2001	2002	2003	2004	2005	2006	2007	2008	2009	2010	2011
土耳其	0.72	0.66	0.48	0.52	0.59	0.58	0.72	0.73	0.85	0.84	0.86
波兰	0.62	0.56	0.54	0.56	0.57	0.56	0.57	0.60	0.68	0.74	0.77
墨西哥	0.39	0.44	0.40	0.43	0.46	0.39	0.37	0.41	0.44	0.46	0.43

注：国际数据存在一定的滞后性，且部分国家数据不全，收集到2011年是可比性最好、资料最全的年份。

资料来源：http://www.census.gov/。

(一) 高收入国家增速放缓，中等收入国家增速加快

R&D投入在世界各国都得到重视，每年均有不同程度的增长，但是伴随经济的发展，R&D投入占其国内生产总值的比重的提升还是遵循着一定的客观规律的，即R&D投入占其国内生产总值的比重总体在逐步提高，当占比达到一定比例时，又有一个较长的稳定期。如从20世纪90年代开始，美国研发经费投入占GDP的比重开始超过2.5%。到2001年，这一指标就达到了2.76%。2005年以来，美国研发经费投入占GDP的比重呈现稳步提升的态势，2009年达到2.90%的历史最高水平。而2011年又回到了2.77%。日本在2001年R&D投入占其国内生产总值的比重就已经达到3.12%，而10年之后的2011年，其占比也只有3.39%，10年间这一比例只提高0.27个百分点。

从2001年到2011年，R&D投入占其国内生产总值的比重提高最快的是韩国，10年间共提高1.44个百分点；其次是中国台湾、中国，分别提高0.94个和0.89个百分点；奥地利、葡萄牙和丹麦分别提高0.72个、0.70个和0.70个百分点；捷克和爱尔兰分别提高0.65个和0.60个百分点；美国、日本、德国和法国等发达国家只提高0.01—0.48个百分点不等；而比利时、英国、俄罗斯和加拿大四国其比重分别下降0.04—0.35个百分点不等。

R&D投入占国内生产总值的比重，2000年世界平均为2.13%，到2005年下降为2.04%，2008年又回升至2.14%；其中高收入国家2000年平均为2.42%，到2005年下滑至2.32%，2008年回升

至2.43%；中等收入国家2000年为0.66%，到2005年升至0.86%，2008年则提高到1.07%。可见，世界平均水平和高收入国家的R&D投入占国内生产总值比重在21世纪初出现波动，而中等收入国家则有较快的增长。

（二）发达国家R&D投入结构比较合理

R&D投入主要分为基础研究、应用研究和试验发展三大部分。基础研究是指为了获得关于现象和可观察事实的基本原理的新知识（揭示客观事物本质、运动规律，获得新发展、新学说）而进行的实验性或理论性研究，它不以任何专门或特定的应用或使用为目的；应用研究是指为了确定基础研究成果可能的用途，或是为达到预定的目标探索应采取的新方法（原理性）或新用途而进行的创造性研究，应用研究主要针对某一特定的目的或目标；试验发展是指利用从基础研究、应用研究和实际经验所获得的现有知识，为产生新的产品、材料和装置，建立新的工艺、系统和服务，以及对已产生和建立的上述各项做实质性的改进而进行的系统性工作。三部分的结构如何反映出某一国家或地区研发的深度和对经济的驱动力。

从近年世界一些主要国家的R&D投入结构看，发达国家的结构比较合理，即对生产力推动较深远的基础研究占比较高，虽然应用研究和试验发展还是研发投入的主体，但对于长远的具有前瞻性的基础研究肯花本钱。例如，瑞士、法国、意大利和捷克基础研究占R&D投入之比已分别占到26.8%（2008年）、26.3%（2010年）、25.7%（2010年）和25.5%（2011年），也就是说1/4的R&D投入都是放在基础研究上；而澳大利亚、俄罗斯联邦、奥地利、美国、韩国、丹麦等国近年也都在17%—20%。2013年中国基础研究占比仅为4.7%，广东省更低，为2.3%。

应用研究在发达国家占有较大的比重。一些高技术产品的核心技术如芯片制造、高性能发动机制造等技术研究都为一些发达国家所掌握和控制，近年发达国家的应用研究一般都在17%—50%，最高的几个国家如意大利、英国、法国和澳大利亚分别达到48.6%（2010年）、40.7%（2010年）、39.5%（2010年）和38.6%

(2008年);中国2013年为10.7%,相对于发达国家,具有较大差距(见表2—6)。

表2—6 部分国家和地区R&D活动的结构比较 单位:%

国家	中国	美国	日本	英国	法国	澳大利亚	意大利
按研究类型分	2013年	2009年	2010年	2010年	2010年	2008年	2010年
基础研究	4.7	19.0	12.7	8.9	26.3	20.0	25.7
应用研究	10.7	17.8	22.3	40.7	39.5	38.6	48.6
试验发展	84.6	63.2	65.0	50.4	34.2	41.4	25.7

国家	瑞士	奥地利	捷克	丹麦	韩国	俄罗斯联邦
按研究类型分	2008年	2009年	2011年	2010年	2010年	2010年
基础研究	26.8	19.1	25.5	17.6	18.2	19.6
应用研究	31.9	34.8	32.2	26.7	19.9	18.8
试验发展	41.3	46.1	42.3	55.7	61.8	61.6

资料来源:http://www.census.gov/。

二 国内各地区R&D投入强度分析

从全国2014年科技研发统计年报的数据来看,全国R&D经费已经达到1.3万亿元,主要集中在东部地区,占全国的比重达到67.2%。而东部地区中又以江苏、广东、山东、北京四个地区最高,均达到千亿元的级别。

表2—7 全国各地区2014年R&D经费情况 单位:万元

地区	R&D经费内部支出	基础研究	应用研究	试验发展
全国	130156299	6135429	13985283	110035587
东部地区	87506589	3860154	8288674	75357761
中部地区	19777472	708237	1936639	17132596

续表

地区	R&D 经费内部支出	基础研究	应用研究	试验发展
西部地区	15599675	1095815	2429763	12074097
东北地区	7272563	471223	1330207	5471133
北京	12687953	1594874	2749447	8343632
天津	4646869	160803	612554	3873512
河北	3130881	58946	275703	2796232
山西	1521871	62643	156391	1302837
内蒙古	1221346	22368	93516	1105462
辽宁	4351851	200110	623236	3528505
吉林	1307243	147066	401103	759074
黑龙江	1613470	124047	305869	1183554
上海	8619549	611998	1044349	6963202
江苏	16528208	458508	948983	15120717
浙江	9078500	219520	410998	8447982
安徽	3936070	224460	411041	3300569
福建	3550325	75427	162333	3312565
江西	1531115	42839	96845	1391431
山东	13040695	243948	794643	12002104
河南	4000099	76770	177064	3746265
湖北	5108974	186200	691267	4231507
湖南	3679346	115326	404031	3159989
广东	16054458	424125	1264989	14365344
广西	1119032	78630	129914	910488
海南	169151	12005	24674	132472
重庆	2018528	69354	189040	1760134
四川	4493285	400876	883571	3208838
贵州	554795	59759	63827	431209
云南	859297	84966	134435	639896
西藏	23519	3999	5408	14112
陕西	3667730	195419	688142	2784169

续表

地区	R&D 经费内部支出	基础研究	应用研究	试验发展
甘肃	768740	111549	116062	541129
青海	143236	16886	27924	98426
宁夏	238580	18555	22618	197407
新疆	491587	33453	75308	382826

资料来源：《中国科技统计年鉴》。

从 R&D 占 GDP 比重来看，2013 年全国的比重达到 2.01%，标志着我国开始进入创新驱动发展阶段（国际通行标准为 2%）。截止到 2014 年全国范围内比重超过 2% 的有北京、天津、上海、江苏、浙江、山东、广东、陕西八个省（市）（见表 2—8）。

表 2—8　　全国各地区历年 R&D 经费占 GDP 比重情况　　单位：%

年份地区	2007	2008	2009	2010	2011	2012	2013	2014
全国	1.38	1.46	1.68	1.73	1.79	1.93	2.01	2.05
北京	5.13	4.95	5.50	5.82	5.76	5.95	5.98	5.95
天津	2.18	2.32	2.37	2.49	2.63	2.80	2.96	2.96
河北	0.66	0.68	0.78	0.76	0.82	0.92	0.99	1.06
山西	0.82	0.86	1.10	0.98	1.01	1.09	1.22	1.19
内蒙古	0.38	0.40	0.53	0.55	0.59	0.64	0.69	0.69
辽宁	1.48	1.39	1.53	1.56	1.64	1.57	1.64	1.52
吉林	0.96	0.82	1.12	0.87	0.84	0.92	0.92	0.95
黑龙江	0.93	1.04	1.27	1.19	1.02	1.07	1.14	1.07
上海	2.46	2.53	2.81	2.81	3.11	3.37	3.56	3.66
江苏	1.65	1.88	2.04	2.07	2.17	2.38	2.49	2.54
浙江	1.50	1.61	1.73	1.78	1.85	2.08	2.16	2.26
安徽	0.98	1.11	1.35	1.32	1.40	1.64	1.83	1.89
福建	0.89	0.94	1.11	1.16	1.26	1.38	1.44	1.48
江西	0.84	0.91	0.99	0.92	0.83	0.88	0.94	0.97
山东	1.21	1.40	1.53	1.72	1.86	2.04	2.13	2.19

续表

年份 地区	2007	2008	2009	2010	2011	2012	2013	2014
河南	0.67	0.68	0.90	0.91	0.98	1.05	1.10	1.14
湖北	1.19	1.32	1.65	1.65	1.65	1.73	1.80	1.87
湖南	0.78	0.98	1.18	1.16	1.19	1.30	1.33	1.36
广东	1.27	1.37	1.65	1.76	1.96	2.17	2.31	2.37
广西	0.38	0.47	0.61	0.66	0.69	0.75	0.75	0.71
海南	0.21	0.22	0.35	0.34	0.41	0.48	0.47	0.48
重庆	1.00	1.04	1.22	1.27	1.28	1.40	1.38	1.42
四川	1.32	1.27	1.52	1.54	1.40	1.47	1.52	1.57
贵州	0.48	0.53	0.68	0.65	0.64	0.61	0.58	0.60
云南	0.54	0.54	0.60	0.61	0.63	0.67	0.67	0.67
西藏	0.20	0.31	0.33	0.29	0.19	0.25	0.28	0.26
陕西	2.11	1.96	2.32	2.15	1.99	1.99	2.12	2.07
甘肃	0.95	1.00	1.10	1.02	0.97	1.07	1.06	1.12
青海	0.48	0.38	0.70	0.74	0.75	0.69	0.65	0.62
宁夏	0.81	0.63	0.77	0.68	0.73	0.78	0.81	0.87
新疆	0.28	0.38	0.51	0.49	0.50	0.53	0.54	0.53

资料来源:《中国科技统计年鉴》。

同时，R&D 经费主要集中在国家中心城市、一线城市和直辖市，其占 GDP 的比重也较高。在大城市中，从城市间对比，可以看出，北京在 R&D 投入强度上是一枝独秀，这主要得益于大量的国字号科研院所、一流的高等院校的大量投入，北京是全国基础研究和应用研究最活跃的城市；而上海、深圳的投入强度则与日韩处于同一水平，主要是依靠科技型企业作为投入的主体；天津则高于全国的平均水平；而广州是东部地区大城市中 R&D 投入强度较弱的一个城市；位于西部的重庆则反映出西部地区总体上 R&D 投入强度较低的情况。

北京的占比最高，主要是由于全国一流的高等院校和许多国字号的科研院所云集北京，同时，这些院所主要从事基础研究，是我国自主创新的总引擎，所以北京的 R&D 经费投入中高等院校和科研机构比重较大，同时也就造就了北京的基础研究经费和应用研究经费占据全国的半壁江山。占比比北京略低的是深圳。深圳与北京的结构不同，R&D 经费主要来源是企业，企业占据全社会 R&D 经费的 95% 以上，在企业中尤以华为、中兴为代表，2014 年两个企业的总量接近 300 亿元，比重庆全市的 R&D 经费投入还高，与河北一省的投入总量水平相当，反映出深圳的民营企业在全球经济的竞争大潮下，充分意识到自主创新对于自身的重要性，其投入的来源主要依赖于自身而非政府，其 R&D 投入对于加强企业竞争力、打破西方国家的专利壁垒等方面具有至关重要的作用。从 R&D 投入的发展来看，全世界的国家都从起初依赖国家投入、以国家投入为主体逐渐转入到以企业投入为主体。同时，深圳的基础研究和应用研究相对较少，在经费的纵向结构上还有待提升。上海的 R&D 经费结构则兼具北京、深圳两方面的特点，相对更加平衡，总量也接近千亿元。在这些一线城市和直辖市中，值得关注的是广州、重庆 R&D 投入比重较低，两市的投入水平低于全国平均水平。重庆位于西部，西部省份的 R&D 投入主要和产业结构有关，其 R&D 集中的行业相对较少，总量受到一定的限制；而广州地处珠三角发达地区，其投入占比与珠三角的深圳、珠海、佛山相比都存在差距，主要有两方面的原因：第一，广东高等院校和科研院所投入相对较低，与第一大省江苏相比，其科研院所和高等院校的投入超过广东数十亿元，这将直接影响作为教育和院所集中的广东省会——广州；第二，广州缺乏龙头型的 R&D 投入企业，由于广州的经济主要依靠第三产业，而像深圳一样的民营制造业（华为、中兴）企业相对较少，经济增长需要依靠实体制造业企业，R&D 研发的投入也需要实体的制造业企业贡献。R&D 经费较集中的几大城市的对比情况见表 2—9。

表 2—9　　　　　全国部分主要城市 R&D 投入强度　　　　　单位：%

年份＼城市	北京	上海	广州	深圳	天津	重庆
2009	5.50	2.81	1.87	3.41	2.37	1.22
2010	5.82	2.81	1.81	3.47	2.49	1.27

续表

城市 年份	北京	上海	广州	深圳	天津	重庆
2011	5.76	3.11	1.93	3.62	2.63	1.28
2012	5.95	3.37	1.90	3.77	2.80	1.40
2013	5.95	3.56	1.90	4.03	2.96	1.38
2014	5.95	3.66	2.00	4.00	2.96	1.42

资料来源：《中国科技统计年鉴》《广东科技经费投入统计公报》。

第三节 核算的主体

与R&D资本化核算相关的另一个重要问题是核算主体的确定。基于不同角度，R&D资本化核算主体将有所不同。从R&D经费来源角度看，R&D资本化核算主体将划分为政府、企业和其他三类；从R&D经费执行角度看，R&D资本化核算主体将划分为高等院校、科研机构、企业三类。表面上看，无论从来源角度还是从执行角度，R&D资本化核算主体大致相同，但由于同一执行主体可能具有不同的经费来源，而同一经费来源可能资助不同的执行主体，因此其内涵并不一样，它是从两个维度——来源和使用来看待问题。

根据中国国民经济核算的实践，中国R&D支出是从执行角度展开的，缺乏从来源角度展开的R&D经费数据资料，因此，R&D资本化核算主体只能按执行者划分。由于政府部门是高等院校与科研机构R&D活动的资金来源，且均具有公共产品性质，因此将高等院校与科研机构统一归并为一般政府部门。这样，中国R&D资本化核算的主体为一般政府部门与企业部门。

不同执行者是中国国民经济核算中R&D资本化核算的主体，其活动类型则决定了R&D资本化核算的范围。

第四节 纳入核算后的影响

一 对 GDP 核算方法的影响

在国民经济核算中 GDP 有三种计算方法，分别为收入法、支出法、生产法。下面分别从三种计算方法分析 R&D 资本化对地区生产总值的影响。

（一）支出法

根据 R&D 活动界定与核算主体，从事 R&D 活动的主体为企业部门和一般政府部门。根据国民经济核算的基本原理，R&D 资本化将对不同主体产生不同的影响。对于企业部门而言，SNA 1993 中 R&D 支出是作费用化处理的，因此，R&D 资本化后将增加固定资产投资，从而增加 GDP。对于一般政府部门而言，R&D 支出在 GDP 核算中已经纳入总产出中，从而包括在政府消费中，这就需要将其调整为固定资本形成；同时依照相应固定资产计算固定资产消耗，并将其计入政府消费中，从而增加 GDP（"SNA 的修订与中国国民经济核算体系改革"课题组，2012）。此外，由于一般政府部门的 R&D 资本通常没有市场价格，具体处理过程中往往假定一般政府部门的产出等于其投入成本。因此，对于一般政府部门来说，R&D 资本化后还需要考察其产生的投资收益[①]，且这部分投资收益计入政府消费中，从而增加 GDP（Barbara and Sumiye，2005；倪红福等，2014）。

（二）收入法

从收入法角度看，GDP = 劳动者报酬 + 固定资产折旧 + 生产税净额 + 营业盈余。由于 R&D 资本化将增加固定资产投资，从而固定资产折旧也相应增加；同时，由 R&D 资本化产生的投资收益将导致营业盈余增加。因此，GDP 的增加值等于营业盈余增加值加上 R&D 固定资产折旧额。

---

① 私人收益，其溢出收益已经包含在 GDP 中。

(三) 生产法

从生产法的角度看，GDP = 总产出 – 中间消耗。企业 R&D 先前是作为中间产品，其支出作为中间消耗被扣除；现在中间消耗减少，其总产出将增加。而一般政府部门 R&D 资本化将产生投资收益，这部分需要计入其总产出中。因此，GDP 的增加值等于总产出增加值。

由以上三种方法计算的 GDP 可能会不一致，这是因为在核算中数据的来源渠道不同所产生的误差。但是从理论上讲，这三种方法得到的数值应该是相同的。

根据 SNA 2008 中所述，只有能带来经济效益的 R&D 支出才能进行资本化，但在实际中很难严格地区分哪些 R&D 支出会带来收益。R&D 进行资本化后，实际调整后的 GDP 就为原生产总值加上企业 R&D 资本化产生的固定资本形成额再加上高等院校和科研机构的私人 R&D 收益额。

调整后 GDP = 原 GDP + 企业 R&D 资本化产生的固定资本形成额 + 高等院校、科研机构的私人 R&D 收益额

二 对投资与消费的影响

从支出法角度，GDP 等于最终消费（包括政府消费和居民消费）、资本形成总额（包括固定资本形成总额和存货增加）、货物和服务净出口三者之和。R&D 支出资本化导致消费与投资数额比例发生变化。R&D 支出部门有企业部门、科研机构和高等院校部门。R&D 资本化后，企业部门的 R&D 支出额由费用额转为投资额，投资增加，固定资本形成增加；科研机构与高等院校部门 R&D 支出由消费转化为投资，最终消费减少，投资增加，固定资本形成增加，其产生的私人 R&D 收益计入消费中，消费额增加。因此，投资增加额等于企业 R&D 资本形成额加上科研机构和高等院校 R&D 资本形成额；消费减少额等于科研机构与高等院校部门 R&D 资本形成额减去科研机构和高等院校 R&D 私人收益额。并且，R&D 资本化以后，投资额与消费额的改变会导致投资率与消费率发生改变。即：

消费减少额 = 科研机构和高等院校 R&D 资本形成额 – 科研机构

和高等院校 R&D 私人收益额

投资增加额 = 企业 R&D 资本形成额 + 科研机构和高等院校 R&D 资本形成额

调整后的消费额 = 原消费额 − R&D 资本化后的消费减少额

调整后的投资额 = 原投资额 + R&D 资本化后的投资增加额

调整后的消费率 = 调整后的消费额/GDP

调整后的投资率 = 调整后的投资额/GDP

通过以上几个等式，可以清楚地了解各个指标的含义以及如何获得各个指标的具体数值，从而进一步了解 R&D 资本化对经济结构中消费和投资的影响。

综合以上分析，R&D 资本化对 GDP、投资与消费的影响汇总见表 2—10。

表 2—10　　R&D 资本化对 GDP、投资与消费的影响汇总

指标	核算主体	影响	投资变化	消费变化	GDP 变化
投资	一般政府部门	由消费转为投资	增加		不变
	企业部门	重新纳入投资	增加		增加
消费	一般政府部门	由消费转为投资		减少	不变
	纳入私人收益			增加	增加

三　R&D 资本化对基本核算表的影响

我国国民经济核算体系主要由基本核算表、国民经济账户和附属表三个部分构成。R&D 资本化后主要涉及的是基本核算表中"国内生产总值表""投入产出表""资金流量表"和"资产负债表"，国民经济账户中的"生产账户""资本账户"和"资产负债账户"。原来 R&D 费用是计入中间消耗部分，R&D 资本化后，根据活动性质和产出性质的不同，R&D 费用也不能全视作资本，因此会对基本核算表中"国内生产总值表""投入产出表""资金流量表"和"资产负债表"造成影响。

（一）R&D 资本化对国内生产总值表的影响

R&D 资本化后，国内生产总值表的结构没有变化，如表 2—11

所示，而是生产法国内生产总值、收入法国内生产总值和支出法国内生产总值的构成和结果发生了变化。

表 2—11　　　　　　　　　　国内生产总值表

生产	金额	使用	金额
一　生产法国内生产总值		一　支出法国内生产总值	
（一）总产出		（一）最终消费	
（二）中间投入（-）		居民消费	
二　收入法国内生产总值		城镇居民消费	
（一）劳动者报酬		农村居民消费	
（二）生产税净额		政府消费	
生产税		（二）资本形成总额	
生产补贴占（-）		固定资本形成总额	
（三）固定资产折旧		存货增加	
（四）营业盈余		（三）净出口	
		出口	
		进口（-）	
		二　统计误差	

（二）R&D 资本化对投入产出表的影响

投入产出表一方面能反映国民经济各部门的产出情况，以及这些部门的产出是怎么分配给其他部门用于生产或怎么分配给居民和社会用于最终消费或出口到国外的；另一方面它还能反映各部门为了自身的生产又是怎么从其他部门获得中间投入产品和其最初投入的状况。投入产出表中的部门分为产品部门和产业部门。因为我国是按企业为单位进行统计调查而不是产业部门，所以在投入产出核算中按照行业分类而不是按照传统的产业部门分类。

产品部门的投入产出表，结构如表 2—12 所示。原来 R&D 经费支出是计入中间使用和中间投入，R&D 资本化后，能够带来预期经济利益的 R&D 经费支出将计入固定资本形成总额和总产出，同时根据支出情况计入增加值中的固定资产折旧部分。

表 2—12　　　　　　产品部门的投入产出表

投入产出	中间使用			最终使用								总产出
				最终消费				资本形成总额					
	产品部门 1	产品部门 n	中间使用合计	居民消费			政府消费	固定资本形成总额	存货增加	合计	出口	最终使用合计	进口
				农村居民消费	城镇居民消费	小计	合计						
中间投入	产品部门 1			第Ⅰ象限						第Ⅱ象限				
	……												
	……												
	……												
	产品部门 n												
	中间投入合计												
增加值	劳动者报酬			第Ⅲ象限								
	生产税净额												
	固定资产折旧												
	营业盈余												
	增加值合计												
	总投入												

（三）R&D 资本化对资金流量表的影响

R&D 资本化对资金流量表的影响主要是在实物交易部分，实物交易的资金流量表结构如表 2—13 所示。与 R&D 活动有关的是资本形成总额中的固定资本形成总额部分。资金流量表主要核算各部门资金的来源和使用，R&D 资本化后，R&D 费用按使用和来源的部门分别计入非金融企业部门、金融机构部门和政府部门。

表 2—13　　　　　　　实物交易的资金流量表

机构部门	非金融企业部门		金融机构部门		政府部门		住户部门		国内合计		国外合计		合计	
交易项目	使用	来源	使用	来源	使用	来源	使用	来源	使用	来源	使用	来源	使用	来源
一　净出口														
二　净增加														
三　劳动者报酬														
（一）工资及工资性收入														
（二）单位社会保险付款														
四　生产税净额														
（一）生产税														
（二）生产补贴														
五　财产收入														
（一）利息														
（二）红利														
（三）土地租金														
（四）其他														
六　初次分配总收入														
七　经常转移														
（一）收入税														
（二）社会保险缴款														
（三）社会保险福利														
（四）社会补助														
（五）其他														
八　可支配总收入														
九　最终消费														
（一）居民消费														
（二）政府消费														
十　总储蓄														
十一　资本转移														
（一）投资性补助														

续表

机构部门	非金融企业部门		金融机构部门		政府部门		住户部门		国内合计		国外合计		合计	
交易项目	使用	来源	使用	来源	使用	来源	使用	来源	使用	来源	使用	来源	使用	来源
（二）其他														
十二　资本形成总额														
（一）固定资本形成总额														
（二）存货增加														
十三　其他非金融资产获得减处置														
十四　净金融投资														
十五　统计误差														

（四）R&D资本化对资产负债表的影响

资产负债核算是以经济资产存量为对象的核算。由于R&D活动的特殊性，R&D资本在一个核算期内以流量的形式消耗，因此R&D资本化后会对资产负债表造成影响。

资产负债表结构如表2—14所示。从表2—14中可以看出，和

表2—14　　　　　　　　资产负债表

	非金融企业部门		金融机构部门		政府部门		住户部门		国内部门合计		国外部门		合计	
	使用		来源		使用	来源	使用	来源	使用		来源		使用	来源	使用	来源
		其中：国有企业		其中：国有企业						其中：国有企业		其中：国有企业			
一　非金融资产															
（一）固定资产															
其中：在建工程															
（二）库存															

续表

	非金融企业部门		金融机构部门		政府部门		住户部门		国内部门合计		国外部门		合计	
	使用	来源	使用	来源					使用	来源				
	其中：国有企业	其中：国有企业	其中：国有企业	其中：国有企业	使用	来源	使用	来源	其中：国有企业	其中：国有企业	使用	来源	使用	来源
其中：产成品和商品库存														
（三）其他非金融资产														
其中：无形资产														
二　金融资产与负荷														
（一）国内金融资产与负荷														
通货														
存款														
长期														
短期														
贷款														
长期														
短期														
证券（不含股票）														
股票及其他股权														
保险准备金														
其他														
（二）国外金融资产与负债														
直接投资														
证券投资														

第二章 R&D 资本化核算的基本范畴与理论基础　39

续表

	非金融企业部门				金融机构部门				政府部门		住户部门		国内部门合计				国外部门		合计	
	使用		来源		使用		来源						使用		来源					
		其中：国有企业		其中：国有企业		其中：国有企业		其中：国有企业	使用	来源	使用	来源		其中：国有企业		其中：国有企业	使用	来源	使用	来源
其他投资																				
（三）储备资产																				
其中：货币黄金外汇储备																				
三 资产负债差额（资产净值）																				
四 资产负债与差额总计																				

R&D 活动相关部分是非金融资产中的固定资产部分，R&D 资本化后，R&D 费用按使用和来源部门的不同分别计入非金融企业部门、金融机构部门和政府部门。

（五）R&D 资本化对国民经济账户的影响

国民经济账户以账户的形式对国民经济运行过程和结果进行描述。针对国民经济运行的各个环节有不同的账户，即生产账户、收入分配及支出账户、资本账户、金融账户、资产负债账户和国外部门账户。

1. R&D 资本化对生产账户的影响

生产账户是对一国一定时期生产成果和价值形成的核算，它反映的是生产活动的产出和各项投入。SNA 2008 中对 R&D 活动的资本化处理后涉及了生产账户。生产账户分为两部分：使用方和来源方。使用方记录增加值和经济总体的中间消耗；来源方记录经济总产出；总增加值是总产出减去中间消耗价值后的余额，增加值是生产账户的平衡项。

SNA 2008 中 R&D 资本化后生产账户的结构没有变化（见表 2—15），主要的变化是在生产账户的填制上，主要体现在以下两方面。

一是根据R&D活动性质不同，R&D活动的费用将不再全部计入生产账户的使用方的中间消耗部分。根据是否在本核算期消耗和是否会带来预期的经济收益，来决定R&D活动的投入费用支出和R&D活动使用的货物和服务费用计入哪个部分：在本核算期消耗完且没有带来预期经济收益的R&D活动费用计入中间消耗部分，在本核算期没有消耗的R&D活动费用作为累积消费计入资本账户中的资本形成总额部分，在本核算期消耗完且带来了预期的经济收益的R&D活动费用计入生产账户的总产出部分。

二是生产账户在来源方的总产出填制部分也发生了变化。一般金融公司和为住户服务的非营利机构总产出部分和之前相同。非金融公司部门和一般政府部门的总产出中能够直接测算出市场产出的部分，根据所属部门统计：非金融公司部门市场产出、一般政府部门市场产出，根据产出性质统计：自行使用的产出和非市场产出部分。根据SNA 2008的建议，R&D活动的产出根据生产目的区分：自行使用的R&D活动产出很难按照商业转包支付的价格进行估算，所以只能用生产总成本来估价；专门的商业性研究部门和研究机构的R&D活动产出通过对其销售收入、所支付的佣金收入、按照合同的支出和提供的服务费用综合估价；而包括政府单位、大学等非营利性机构的R&D活动产出按照生产总成本来估价。

表2—15　　　　　　　　　　生产账户

使用	来源
一　增加值	总产出
（一）劳动者报酬	
（二）生产税净额	
（三）固定资产折旧	
（四）营业盈余	
二　中间消耗	
合计	

2. R&D资本化对资本账户的影响

资本账户记录国内机构部门可用于资本形成的资金来源、资本形成的规模与资金余缺规模。资本账户的一边记录资产使用，另一边记录资产积累的资金来源，结构如表2—16所示。SNA 2008中

R&D 资本化后，R&D 不再全部计作中间消耗，一部分作为资本形成，直接影响了资本账户。是否计入资本形成总额的关键在于：R&D 活动使用的货物和服务是否在一个核算期内被完全消耗。在一个核算期内消耗完，没有带来预期经济收益的费用计入为中间消耗，带来预期经济收益的费用通过测算产出计入生产账户总产出部分；在一个核算期内没有消耗的是积累交易，计入资本账户的资本形成总额部分。

表 2—16　　　　　　　　　　资本账户

使用	来源
一　资本形成总额	一　总储蓄
二　其他非金融资产获得减处置	二　资本转移收入净额
三　资金余缺	
合计	合计

因此，SNA 2008 中 R&D 活动资本化后，不仅影响生产账户的中间消耗，也影响资本账户，主要体现在以下两方面。

一是如果按资产分类细化账户的结构，固定资本形成总额部分的知识产权产品下的研究与开发这一交易项是 SNA 1993 版本中所没有的，该交易项主要记录非金融公司、金融公司、一般政府、住户和 NPISHs 在研究与开发活动中的固定资本形成总额。

二是核算来源方有关货物和服务资本形成总额中的固定资本形成总额部分时，也要考虑 R&D 活动的货物和服务的资本形成总额。

3. R&D 资本化对资产负债账户的影响

资产负债账户反映国内机构部门核算期初或期末的资产负债存量。期初资产负债账户的某一项目加上资本账户、金融账户和非交易因素引起的资产负债变化，就等于期末资产负债账户。资产负债表的特点是将存量与流量结合起来进行核算，通过流量累计汇总为存量。资产负债账户如表 2—17 所示。

SNA 2008 中 R&D 活动资本化后，资产负债账户中非金融资产中的固定资产部分发生了变化，其中根据合同实施的研究与开发支出以合同价格进行估价；自行开展的研发按照生产成本进行估价。并且这两种估价都要考虑随着资产使用寿命的减少而产生的固定资产消耗和价格变化的影响。

表 2—17　　　　　　　　　　资产负债账户

使用	来源
一　非金融资产	一　国内金融负债
（一）固定资产	（一）通货
（二）存货	（二）存款
（三）其他非金融资产	（三）贷款
二　金融资产	（四）证券（不含股票）
（一）国内金融资产	（五）股票及其他股权
通货	（六）保险准备金
存款	（七）其他负债
贷款	二　国外金融负债
证券（不含股票）	（一）直接投资
股票和其他股权	（二）证券投资
保险准备金	（三）其他投资
其他金融资产	小计
（二）国外金融资产	三　资产负债差额
直接投资	
证券投资	
其他投资	
三　储备资产	
合计	合计

第五节　资本化核算的理论基础

R&D 资本化核算需要对 R&D 投入进行定性分析与定量描述。因此，SNA 2008、统计学、经济计量学、会计学、经济学理论是 R&D 资本化核算的理论基础。

一　SNA 2008 体系

SNA 2008 是 R&D 资本化核算的重要核算理论依据。与 SNA 1993 相比，SNA 2008 更是对 R&D 资本化理念的反映。与此同时，SNA 2008 对核算主体、核算范围、核算原则等概念进行了详细的阐述；对相关经济活动构建了有机的账户体系，其在核算方法和核算工具方面更是对前面版本的优化。特别地，SNA 2008 更加注重经济与 R&D 资本化之间的关联。因此，SNA 2008 不仅在 R&D 资本化核算概念方面提供原则性的指导，还为其提供了方法论依据。

二 统计学理论与经济计量学理论

统计学对 R&D 资本化核算的理论指导，主要体现在两个方面：第一是抽样调查技术，尽管借鉴了复式记账原理，但对 R&D 支出数据的收集方式依然是统计调查方法，其所涉及的统计理论有：抽样分布理论、参数估计、假设检验等；第二是数据整理与分析，需要借助于统计学方法，具体有：R&D 支出数据的整理离不开指标和分布数列等统计工具的运用；描述 R&D 支出数据分布特征需要选用总量指标、相对指标、平均指标、变异度指标等统计方法；此外，指数分析、方差分析、非参数检验以及多元统计等方法也为进一步分析 R&D 支出数据提供了拓展性的研究思路。

同时，为分析 R&D 资本化与外部相关因素之间的内在关系，需要构建相应的分析模型，此时离不开经济计量学的理论指导。利用 R&D 资本化核算框架内编制的数据，在定性分析的基础上设计合适的经济计量模型，采用合理的估计方法估算出不同经济变量之间的函数关系，从而定量研究经济现象间的内在本质。

三 会计学理论

如前所述，R&D 资本化核算在体系设计方法上选用了会计学的 T 型账户形式。通过借鉴会计的复式记账原理，R&D 资本化在不同方面被记录两次，由此使其核算成为相互联系的数据系统。同时，从核算实践来看，企业微观会计核算数据是 R&D 资本化核算的主要数据来源，这在一定意义上构成了企业会计对 R&D 资本化核算的基础性作用。因此，R&D 资本化核算与微观会计核算之间具有重要的内容联系。

对比会计核算与国民经济核算中关于 R&D 的定义，我们可以发现有两点区别：首先，在会计核算中，虽然不同国家关于研发的具体表述有所区别，但其一般都将研发分成研究阶段和开发阶段，并从两个阶段的目的出发对研究和开发的概念做了说明：研究主要是为了获得新知识，而开发主要是对研究获得的知识和成果的运用。

但在国民核算中则将研究与开发作为一个整体，统一定义，并不强调区分研究和开发的概念。通过研究发现，之所以有这个区别，主要是两者对研发支出的核算处理是不同的。在会计核算中，对研究支出和开发支出进行了不同的处理，而在国民经济核算中对于二者给予了相同的处理，这才导致没有细分的事实。其次，国民核算中所定义的研发活动是要广于会计核算范围的。国民经济核算的研发包含了所有的科学领域，包括自然科学领域，也包含社会科学领域。会计核算主要针对有账记录的机构和部门。原则上，在国民经济核算中，也只有那些目的在于将来能提高生产力的研发支出才可以成为资本，但在实际中那些不能算作资本的部分非常小，如果要将其从中分离出来，成本过高。因此，国民经济核算将其包含在内。

从目前国际上来看，对于研发支出的处理，大致可以分为三种主要方法：费用化、资本化和有条件的资本化。费用化，是一种基于悲观的预期，是一种对企业当前研发项目能开发成功的信心不足，同时也是会计的谨慎性原则的要求，认为当前的各项研发支出不一定能固化到企业的无形资产中，因此在发生的当期就将其费用化，直接计入了损益。但完全的费用化会使得研发项目在开发和使用的整个生命周期内，费用与收益没有合理比例，从而影响了企业利润的真实性和可比性；同时也不符合划分收益支出和资本支出的原则。资本化，则是一种乐观的预期，是对企业充满自信，认为研发投入一定会成功，当前发生的各项研发支出都会固化到企业的无形资产中，都会对企业将来产生经济效益，因此就将研发支出全部归集起来，将其资本化，在等到开发成功获得效益时开始进行折旧摊销。这种处理方法固然符合权责发生制原则，但不加区别地将其全部资本化会导致虚增资产和收益，有违配比原则和稳健性原则。有条件的资本化则是将研究阶段中不能给未来生产带来效益的部分全部费用化，而开发阶段的支出，对于未来经济资源的流入或经济效益有实质性提高的部门将其资本化。这种方法摈弃了"一刀切"的刻板，但在实际中对于资本化条件的确定却很难把握，在某种程度上容易造成会计处理的混乱。

四 经济学理论

经济核算是为服务于宏观经济分析和管理而设计的，因此，其在框架设计、概念界定、类别划分等方面都是以经济理论和经济原则为依据的，而 R&D 资本化核算作为经济核算原理重要应用领域也必然要以经济学理论为指导。特别地，产业经济学作为应用经济学的一个重要分支，在产业关联理论、发展理论等方面都对 R&D 资本化核算研究提供了理论依据。

总之，R&D 资本化核算与 SNA 2008、统计学、经济计量学、会计学、经济学理论之间存在着取长补短的交叉关系，其研究离不开其他学科的理论支持。同时，它也为其他学科开拓了新的研究领域，一定意义上有利于促进新学科点的拓展。

第三章　R&D 资本化核算的基本方法

R&D 资本化测量过程中往往涉及 R&D 资本存量的核算、R&D 初始资本存量的计算、R&D 资本存量折旧的确定以及 R&D 支出价格指数的测算等。现有的相关研究并没有统一的标准，几乎都采取了各自不同的变通和处理方法，往往对于同一问题（或数据）在不同处理方式下，得出不同的结果。根据已有国外相关研究成果，R&D 资本化基本测算方法主要有三种：Goldsmith 关于 R&D 资本化的测算方法、Griliches 关于 R&D 资本化的测算方法、BEA[①] 关于 R&D 资本化的测算方法。

对资本存量的测算，首先要知道资本的价格。有形的物质资本一般是固定的，比如机器设备、建筑物、仪器等；且交易买卖一般在成熟的市场进行，有比较完善的价格机制，能够准确、公平地确定交易的公平价格。而 R&D 活动的产出则是无形的，其载体也往往是专著、专利、模型设备或样机等。这些载体本身是有价值的，但物质载体的价值并不能反映其所代表的知识价值，比如一张带有软件的光盘，从物质成本来说，只是一张光碟，价值微不足道，但其内部的软件，经过在计算机上运行，将产生巨大的知识价值。并且现实中许多 R&D 产品的交易市场并不成熟，或者有些 R&D 产品本身就是自身核心竞争力的代表，并不是以交易作为目的的，而是为保护企业的专有知识而产生的。同时，现有的 R&D 资本交易市场也十分匮乏，导致 R&D 资本形成后价值没有相应的参照标准，也就难以确定准确的价格。另外，由于相关知识经济数据的缺乏，R&D 资本未来的收益和折旧率也不容易确定，难以采用未来收益的折现值作为其价值的确定依据。

---

① 美国商务部经济分析局（Bureau of Economic Analysis，简称"BEA"）。

为了测算 R&D 产出的价值，在 SNA 体系中一般采用以投入成本来测定 R&D 活动的产出，即使用 R&D 活动的投入量作为 R&D 资本价值的度量，这也符合 SNA 体系中对非市场产出核算的一般原则。这样处理也存在两个不足：一是没有剔除未成功的 R&D 活动，扩大了测算范围。二是不能反映 R&D 活动带来的生产率的变化，导致 R&D 资本价值的低估。

当然也有学者主张仍应从产出的角度考虑问题，提出了从专利等 R&D 活动产出成功着手，通过表 3—1 中固定资产及知识产权产品分类可见，在知识产权产品下的，R&D 理应是与 R&D 有关联的知识产权产品，而不应包括与 R&D 无关的知识产权产品。从这一角度看，只能是两类：一类是通过 R&D 产生的专利或非专利发明，另一类是通过 R&D 发表的论文，其中"能够为所有者带来经济利益"的只能是通过 R&D 产生的专利和非专利发明。再进一步分析，"能够为所有者带来经济利益"的，通过固定资产中的 R&D 等于产生的专利和非专利发明包括两部分，一部分是通过专利和非专利发明的销售或转让获得的收入；另一部分是企业自身使用的专利或专有技术。企业自身使用的专利或专有技术必须通过有关统计，并采取有效方法与 R&D 支出相联系进行估值。通过销售或转让获得的收入又可分为两部分：一是从国际市场获得的收入，这需要从国际收支账户中进行提取；二是从国内市场获得的收入，这需要从国内技术市场统计资料中提取。这种方法避免了"能够为所有者带来经济利益"的主观判断，但仍存在一些问题。由于在为自身使用研发专利和专有技术的估价上仍存在一定的主观性，建立科学合理的评估体系是估算的关键。而当前我国这方面的基础较为薄弱，且与现行的国民经济核算思路相去甚远，所以本书还是采用以投入成本来测定 R&D 活动的产出的方法。

其实当把 R&D 活动作为一种投资性活动来处理时，R&D 产出的评估本身就是一个难题，由于 R&D 的产出既有直接产出，又有间接产出，并且其产出都有滞后性，至今统计上没办法对其产出进行精确计量，一般都只有通过论文发表数、专利数、新产品数等来做计量指标，但这些都是实物量指标，没有全面反映其产出的价值量指标。本书确定从投入角度进行测度的思路后，将阐述资本化测度的一些基本方法。

表3—1　　　SNA 2008 固定资产及知识产权产品分类

固定资产	住宅	
	其他建筑物和构筑物	非住宅建筑 其他构筑物 土地改良
	机器和设备	运输设备 ICT设备 其他机器和设备
	武器系统	
	培育性生物资源	重复产生产品的动物资源 重复产生产品的林木、庄稼和植物资源
	非生产资产所有权转移的费用	
	知识产权产品	研究与发展（R&D） 矿藏勘探与评估 计算机软件与数据库 娱乐、文学或艺术品原件 其他知识产权产品

资料来源：联合国等：《国民账户体系2008》，中国统计出版社2012年版。

第一节　R&D 资本基本测度方法设计

一　测度方法基本原理

（一）Goldsmith 关于 R&D 资本化的测算方法

关于资本存量的核算，应用最为广泛的是永续盘存法（Perpetual Inventory Approach，简称"PIM"）。永续盘存法是美国耶鲁大学教授戈德史密斯（Raymond W. Goldsmith）于1951年开创并用于估计固定资产存量的核算方法。国内学者利用该方法对中国资本存量进行了估计，如张军、章元（2003）；张军、吴桂英、张吉鹏（2004）等。

永续盘存法的实质是通过对过去购置的并估算出使用年限的资产进行累加来完成的。永续盘存法的理论基础来自耐用品生产模型，耐用资本品在使用过程中，其效率会随着使用年限的增加而发生改变，即资产能够提供的生产能力会发生改变，由此其资产价值也会发生改变,因而永续盘存法在对资产进行累加时根据耐用品生产模型考虑了资产效率的改变(向蓉美、叶樊妮,2011)。

与新资本品相比,设旧资本品的相对效率为 d_τ,其中 τ 为已使用时间;$E_{(t-\tau)}$ 为过去投资不同使用时间的资产额,则其资本存量的估算公式为:

$$K_t = \sum_{}^{\infty} d_\tau E_{(t-\tau)} \qquad (式3-1)$$

其中,当资本品处于全新状态时,即 $\tau=0$,意味着此时该资本品相对效率 $d_\tau=1$;随着资本品的不断应用,其相对效率 d_τ 则呈现递减的态势;而该资本品处于退役状态时,其相对效率 $d_\tau=0$。即:

$$\begin{cases} d_0 = 1 \\ d_\tau - d_{\tau-1} \leq 0, \tau = 0,1,2,\cdots,\infty \\ \lim_{\tau \to \infty} d_\tau = 0 \end{cases} \qquad (式3-2)$$

设 m_τ 为 d_τ 的效率减少量(或称役龄死亡率),即 $m_\tau = d_{\tau-1} - d_\tau = -(d_\tau - d_{\tau-1})$,$\tau = 0,1,2,\cdots,L$。其中 L 是资本品的寿命期,所以,所有役龄死亡率之和为1:

$$\sum^{\infty} m_\tau = -\sum^{\infty}(d_\tau - d_{\tau-1}) = d_0 = 1 \qquad (式3-3)$$

设 δ_τ 为初始投资购置后第 τ 期需要重置比例(或称重置率,也称折旧率),利用更新方程,重置率可由役龄死亡率序列递归计算:

$$\delta_\tau = m_1 \delta_{\tau-1} + m_2 \delta_{\tau-2} + \cdots + m_\tau \delta_0, \tau = 1,2,\cdots \qquad (式3-4)$$

由式(3-1),对相邻两期资本存量做一阶差分,得到:

$$K_t - K_{t-1} = \sum_{\tau=0}^{\infty} d_\tau E_{(t-\tau)} - \sum_{\tau=0}^{\infty} d_\tau E_{(t-\tau)-\tau}$$

$$= E_t + \sum_{\tau=1}^{\infty} d_\tau E_{(t-\tau)} - \sum_{\tau=1}^{\infty} d_{\tau-1} E_{(t-1)-(\tau-1)}$$

$$= E_t - (\sum_{\tau=1}^{\infty} d_{(\tau-1)} E_{(t-\tau)} - \sum_{\tau=1}^{\infty} d_\tau E_{(t-\tau)}$$

$$= E - R \qquad (式3-5)$$

其中,令 $R_t = \sum^{\infty} d_{(\tau-1)} E_{(t-\tau)} - \sum^{\infty} d_\tau E_{(t-\tau)} = \sum^{\infty}(d_{(\tau-1)} - d_\tau) E_{(t-\tau)} = \sum^{\infty} m_\tau E_{(t-\tau)}$,称 R_t 为 t 年资本品需要重置的价值(或称折旧额)。由此可得:

$$K_t = K_{t-1} + E_t - R_t \qquad (式3-6)$$

在几何递减模式下,可以证明,平均重置率等于重置率,即:

$\delta_\tau = R_t/K_{t-1} = \delta$，代入式 3-6，可得到戈德·史密斯的永续盘存法基本公式：

$$K_t = E_t + (1-\delta)K_{t-1} \quad (式3-7)$$

其中，K_t 表示第 t 年的资本存量，K_{t-1} 表示第 $t-1$ 年的资本存量，E_t 表示第 t 年的投资额，δ 表示第 t 年的折旧率。

（二）Griliches 关于 R&D 资本化核算的方法

美国哈佛大学教授 Zvi Griliches（1980）指出，R&D 投入是一种流量，只有投资主体通过 R&D 活动形成并拥有创新产出才是 R&D 的存量。根据 Griliches（1980，1998）和 Goto and Suzuki（1989）等的研究成果，提出 R&D 资产存量的估算公式为：

$$K_t = \sum_{k=1}^{n} U_k E_{t-k} + (1-\delta)K_{t-1} \quad (式3-8)$$

其中，K_t、K_{t-1} 分别是第 t 期和第 $t-1$ 期的 R&D 资本存量，δ 是 R&D 资产的折旧率，k 是滞后期数，E_{t-k} 是 R&D 经费投入数，U_k 为 R&D 费用投入滞后 k 期后转化为 R&D 资本存量的系数。

由式 3-8 可知，R&D 资本存量由两部分组成：一是前面各期 R&D 支出在本期的积累额；二是上期期末资本存量减去固定资产消耗后的净值。关于 R&D 支出的平均滞后期，国外已有学者专门研究过。Ariel Pakes 和 Schankerman Mark（1979）首次对 R&D 支出滞后期进行了讨论，研究结果表明，R&D 产出由投入到产生资本存量，平均时间一般为 1 年左右。国内学者方面，吴延兵（2006）假定在中国各产业中平均滞后期为 1 年。若假定滞后阶数 $k=1$，转化系数 $U_k=1$，即 R&D 支出费用滞后一期全部转化为 R&D 资本存量，则 t 期 R&D 资产存量的基本公式为：

$$K_t = E_{t-1} + (1-\delta)K_{t-1} \quad (式3-9)$$

（三）BEA 关于 R&D 资本化的核算方法

美国 BEA 于 1994 年、2006 年和 2007 年三次发布了美国 R&D 卫星账户，对 R&D 资本存量测算进行了系统深入的理论和实践研究。在 2007 年 R&D 卫星账户中，美国 BEA 对本国 1959—2004 年 R&D 资本存量数据进行了测算。其测算方法（Brian，2007）如下。

美国 BEA 对 R&D 资本存量的测算依然采用永续盘存法，但其公式区别于式 3-7 和式 3-9。美国 BEA 提出的 R&D 资产存量的估算公式为：

$$K_t = K_{t-1} - D_t + E_t \quad (式3-10)$$

其中，K_t、K_{t-1} 分别为不变价的相应年度年末净存量；E_t 代表不变价 R&D 投资额；D_t 代表不变价 R&D 折旧额，令：$D_t = \delta(K_{t-1} + E_t/2)$；$\delta$ 为折旧率。所以，第 t 期 R&D 资产存量的基本公式为：

$$K_t = (1-\delta)K_{t-1} + (1-\delta/2)E_t \qquad (式3-11)$$

二 测度方法基本特点比较

以上分析表明，Griliches 方法与 BEA 方法均建立在 Goldsmith 方法基础上[①]，只是在处理细节上存在差异。总体来看，三种测算方法具有"求同存异"的基本特点。

（一）基本思想

由式 3-7 可知，Goldsmith 方法认为：第 t 期 R&D 资本存量与第 $t-1$ 期的 R&D 资本存量和第 t 期的不变价 R&D 投资额有关，在第 t 期 R&D 资本存量形成过程中，第 t 期 R&D 投资额不存在折旧，全部转化为 R&D 资本存量。假定滞后阶数 $k=1$，转化系数 $U_k=1$，Griliches 方法表明：当期的 R&D 资本存量的计算与前一期的基本存量和前一期的不变价 R&D 投资额有关，上期的 R&D 投资额全部纳入当期的 R&D 资本存量中。BEA 方法中，当期的 R&D 资本存量与上一期的 R&D 资本存量和当期的不变价 R&D 支出额有关，但 BEA 的做法是其假定当期的 R&D 投资仅有 $1-\delta/2$ 形成了资本存量，将其中 R&D 投资的一半进行了折旧处理。

（二）R&D 初始资本存量确定

初始资本存量的选择对后续资本存量有着重要影响，尤其是在数据资料的时间序列较短情况下，影响比较大；随着时间的延长，初始资本存量对后续年份的影响会越来越小。早些年，对初始资本存量的研究主要采取经验比例的定性方法。如 Perkins（1998）通过经验估算，得出中国 1953 年资本产出比为 3 的假设；Chow（1993）利用一些私人可得的数据进行经验推算，得出中国 1952 年资本产出比为 2.58 的假设。后来发展到数学模型测算的定量方法，如 Young（2000）利用初始年份投资额与投资增长的几何平均数加上折旧率进行对比的基本思路，对中国 1952 年固定资本存量进行了

[①] 为表述方便，Goldsmith 关于 R&D 资本化的测算方法、Griliches 关于 R&D 资本化的测算方法、BEA 关于 R&D 资本化的测算方法分别简称 Goldsmith 方法、Griliches 方法、BEA 方法。

定量测算。张军、吴桂英、张吉鹏（2004）采用了与 Young 相同的方法，即用全国各省市 1952 年的固定资本形成除以 10% 作为该省区市的初始资本存量，得出了中国 1952 年固定资本存量为 807 亿元（1952 年价格）的结果。

关于 R&D 初始资本存量，统计年鉴并没有公布，要确定 R&D 初始资本存量，基本上选用推算的方法。通常的做法是：假定 R&D 资本存量的增长率与真实 R&D 投资的增长率相等来推算初始 R&D 存量，令 g_k 为 R&D 资本存量增长率，则 $\frac{K_t - K_{t-1}}{K_1} = \frac{E_t - E_{t-1}}{E_1} = g_k$，分别根据 Goldsmith 方法、Griliches 方法、BEA 方法，经过推导，R&D 资本存量分别为：

$$K_{0-Goldsmith} = \frac{E_1}{g_k + \delta} \quad （式 3-12）$$

$$K_{0-Griliches} = \frac{E_0}{g_k + \delta} \quad （式 3-13）$$

$$K_{0-BEA} = \frac{E_1(1-\delta/2)}{g_k + \delta} \quad （式 3-14）$$

式 3-12、式 3-13、式 3-14 表明，利用三种方法推导出的 R&D 初始资本存量存在差异：由 Goldsmith 方法推导出的 R&D 初始资本存量与下一期 R&D 投资额有关；由 Griliches 方法推导出的 R&D 初始资本存量与期初 R&D 投资额有关；由 BEA 方法推导出的 R&D 初始资本存量与下一期 R&D 投资额有关，但需要扣除折旧。一般来说，$K_{0-Goldsmith} \geqslant K_{0-Griliches}$、$K_{0-Goldsmith} \geqslant K_{0-BEA}$。

（三）R&D 资本形成额确定

根据本年 R&D 资本存量减去上年 R&D 资本存量等于每年 R&D 资本的净增加量，可以测算出每年的资本形成额。据此，利用三种测算方法所估算的 R&D 资本形成额分别为：

$$Capital_{t-Goldsmith} = K_t - K_{t-1} = E_t - \delta K_{t-1} \quad （式 3-15）$$

$$Capital_{t-Griliches} = K_t - K_{t-1} = E_{t-1} - \delta K_{t-1} \quad （式 3-16）$$

$$Capital_{t-BEA} = K_t - K_{t-1} = (1-\delta/2)E_t - \delta K_{t-1}$$

$$（式 3-17）$$

根据式 3-15、式 3-16、式 3-17，不难发现，R&D 投资额中未完全形成 R&D 资本，其主要的共同原因在于：由期初 R&D 资本存量转化为期末 R&D 资本存量过程中存在折旧。

(四) 测算基本步骤

根据三种 R&D 资本化测算方法的基本原理与基本思路，测算 R&D 资本存量的基本步骤如下：

第一，查阅相关数据库和统计年鉴，整理出现价的 R&D 资本支出额或投资额；

第二，选择合适的平减价格指数，对现价投资额换算成定基的按可比价格计算的支出额；

第三，根据历史经验或资料或选取合理的推算方法对 R&D 初始资本存量进行估算；

第四，计算 R&D 资本折旧值，其中需要估算或计算 R&D 资本的折旧年限及折旧率；

第五，根据式 3-7、式 3-9、式 3-11 分别求得 R&D 资本存量。

基于以上综合分析，对多种测算方法基本特征归纳如表 3—2 所示。

表 3—2　　　　三种测算方法基本特征归纳比较

方法代表者	Goldsmith	Griliches	BEA
研究主题	固定资产投资资本化	R&D 支出资本化	R&D 支出资本化
资本存量估计公式	$K_t = \sum_{\tau=0}^{\infty} d_\tau E_{(t-\tau)}$	$K_t = \sum_{k=1}^{n} U_k E_{t-k} + (1-\delta) K_{(t-1)}$	$K_t = K_{t-1} - D_t + E_t$
t 期资本存量基本公式	$K_t = E_t + (1-\delta) K_{t-1}$	$K_t = E_{t-1} + (1-\delta) K_{t-1}$	$K_t = (1-\delta) K_{t-1} + (1-\delta/2) E_t$
R&D 资本存量构成	当期 R&D 资本存量由当期不变价 R&D 投资额与扣除折旧后的上一期 R&D 资本存量两部分构成，且当期不变价 R&D 投资额全部转化为当期资本存量	当期 R&D 资本存量由上一期不变价 R&D 投资额与扣除折旧后的上一期 R&D 资本存量两部分构成，且上一期不变价 R&D 投资额全部转化为当期资本存量	当期 R&D 资本存量由当期不变价 R&D 投资额与扣除折旧后的上一期 R&D 资本存量两部分构成，且当期不变价 R&D 投资额的一半发生折旧
R&D 资本形成额	$E_t - \delta K_{t-1}$	$E_{t-1} - \delta K_{t-1}$	$(1-\delta/2) E_t - \delta K_{t-1}$

续表

方法代表者	Goldsmith	Griliches	BEA
初始资本存量公式	$\dfrac{E_1}{g_k+\delta}$	$\dfrac{E_0}{g_k+\delta}$	$\dfrac{E_1(1-\delta/2)}{g_k+\delta}$
关键参数	R&D资本存量增长率、R&D资本折旧率、R&D支出价格指数	R&D资本存量增长率、R&D资本折旧率、R&D支出价格指数	R&D资本存量增长率、R&D资本折旧率、R&D支出价格指数

由表3—2可知，三种测算方法既有相同点，又各具特色。在具体估算过程中，选用三种测算方法时均需要考虑关键参数的设定与处理；R&D资本存量构成的基本形式相同，但其构成的基本内容存在差异。在对R&D资本存量和资本形成额的估算结果方面，总体上，选用Goldsmith方法进行估计的结果要大于利用其他两种方法进行估计的结果。从经济内涵的基本逻辑来看，与Griliches方法相比，Goldsmith方法和BEA方法更符合客观经济发展的内在逻辑，其中BEA方法中考虑的问题更加符合实际情况。

此外，为降低单个模型的随机性和提高测算精度，一种可供选择的方法是对不同测算模型进行合理组合，即组合法。该方法能够综合利用多种有用信息和充分发挥不同模型的优点。目前不论学术界还是实际统计工作者，都十分推崇组合法。大量的研究结果证明，在诸种测算方法各异且模型数据要求不同的情况下，组合法效果最好。

假设对一测算问题建立了n个测算模型，它们对目标变量的测算值分别为$f_1(t),f_2(t),\cdots,f_n(t)$，则组合测算模型为：

$$f(t) = \sum_{i=1}^{n} w_i f_i(t) \qquad （式3-18）$$

其中，$w_1,w_2,\cdots,w_n$为各种单项测算模型的测算值在组合测算中的权重。

在组合测算中如何确定各独立模型的权重是关键问题，在无法判断两种测算方法孰优孰劣，而测算结果又相近的情况下，按等权测算的组合法更客观、科学，可以消除人为赋权因素的影响。

第二节 R&D 资本化核算的矩阵分析方法设计

由于矩阵具有信息容量大的特点，因此，依据研究的目的，可设计相应的综合矩阵，以便反映经济交易之间的联系，具有清楚刻画研究对象存流量之间逻辑关系的作用。同时，对于构建相应的计量经济模型具有显著辅助作用。

在 R&D 资本化核算中，重要的是核算范围与主体的分类。根据矩阵设计原理，基于 R&D 资本化核算的不同分类，可以构建出反映不同内容的矩阵。同时可将多个具有经济联系的子矩阵进行合并，进而设计出涵盖更多信息的综合矩阵。为此，根据 R&D 资本化核算主体与核算范围分类，其综合矩阵设计的一般表达式如表 3—3、表 3—4 所示。

表 3—3　　　R&D 经费来源与使用综合矩阵通式

使用	来源	政府 中央政府	政府 地方政府	政府 合计	企业 可按不同标准进行划分	其他 国外	其他 其余	其他 合计	合计
一般政府部门	高等院校 基础研究	e_{11}	e_{12}	$e_{1.1+2}$	e_{13}	e_{14}	e_{15}	$e_{1.4+5}$	$e_{1.}$
	高等院校 应用研究	e_{21}	e_{22}	$e_{2.1+2}$	e_{23}	e_{24}	e_{25}	$e_{2.4+5}$	$e_{2.}$
	高等院校 试验发展	e_{31}	e_{32}	$e_{3.1+2}$	e_{33}	e_{34}	e_{35}	$e_{3.4+5}$	$e_{3.}$
	高等院校 合计	$e_{.1}$	$e_{.2}$	$e_{.1+2}$	$e_{.3}$	$e_{.4}$	$e_{.5}$	$e_{.4+5}$	$e_{..}$
	科研机构 基础研究	f_{11}	f_{12}	$f_{1.1+2}$	f_{13}	f_{14}	f_{15}	$f_{1.4+5}$	$f_{1.}$
	科研机构 应用研究	f_{21}	f_{22}	$f_{2.1+2}$	f_{23}	f_{24}	f_{25}	$f_{2.4+5}$	$f_{2.}$
	科研机构 试验发展	f_{31}	f_{32}	$f_{3.1+2}$	f_{33}	f_{34}	f_{35}	$f_{3.4+5}$	$f_{3.}$
	科研机构 合计	$f_{.1}$	$f_{.2}$	$f_{.1+2}$	$f_{.3}$	$f_{.4}$	$f_{.5}$	$f_{.4+5}$	$f_{..}$
企业 可按不同标准进行划分	基础研究	g_{11}	g_{12}	$g_{1.1+2}$	g_{13}	g_{14}	g_{15}	$g_{1.4+5}$	$g_{1.}$
	应用研究	g_{21}	g_{22}	$g_{2.1+2}$	g_{23}	g_{24}	g_{25}	$g_{2.4+5}$	$g_{2.}$
	试验发展	g_{31}	g_{32}	$g_{3.1+2}$	g_{33}	g_{34}	g_{35}	$g_{3.4+5}$	$g_{3.}$
	合计	$g_{.1}$	$g_{.2}$	$g_{.1+2}$	$g_{.3}$	$g_{.4}$	$g_{.5}$	$g_{.4+5}$	$g_{..}$
合计		$h_{.1}$	$h_{.2}$	$h_{.1+2}$	$h_{.3}$	$h_{.4}$	$h_{.5}$	$h_{.4+5}$	$h_{..}$

表3—3 为 R&D 经费来源与使用综合矩阵一般表达式，其中：高等院校 e_{ij}，从行来看，表示用于基础研究、应用研究或试验发展方面的经费数额；从列来看，表示来源于主体 j 的经费是数额。科研机构 f_{ij}、企业 g_{ij} 含义与之类似。根据表3—3 中各项含义，以高等院校为例，存在如下关系等式：

$$e_{i.1+2} = e_{i.1} + e_{i.2}$$
$$e_{i.4+5} = e_{i.4} + e_{i.5} \qquad i = 1,2,3 \qquad （式3-19）$$
$$e_{i.} = e_{i.1+2} + e_{i.3} + e_{i.4+5}$$
$$e_{.j} = e_{1.j} + e_{2.j} + e_{3.j}$$
$$e_{.1+2} = e_{.1} + e_{.2} = \sum_{i=1}^{3} e_{.1+2} \quad j = 1,2,3,4,5 \quad （式3-20）$$
$$e_{.4+5} = e_{.4} + e_{.5} = \sum_{i=1}^{3} e_{.4+5}$$
$$e_{..} = \sum_{j=1}^{5} e_{.j}$$
$$h_{.j} = e_{.j} + f_{.j} + g_{.j} \qquad （式3-21）$$
$$h_{..} = \sum_{j=1}^{5} h_{.j}$$

进一步地，为反映综合矩阵中不同分类主体间的转移逻辑关系，可对其计算相应的转移系数。比如，对于高等院校而言：$\frac{e_{11}}{e_{1.}}$ 表示高等院校基础研究中来自中央政府经费所占的比重。$\frac{e_{11}}{h_{.1}}$ 表示中央政府 R&D 经费中用于高等院校基础研究的经费比重。

类似地，根据研究需要，可构造科研机构、企业的转移系数，以反映 R&D 经费来源与使用状况。

表3—4 为 R&D 资本综合矩阵一般表达式，其中：

高等院校 k^{0i}（$i=1, 2, 3$）分别表示 R&D 中基础研究、应用研究或试验发展核算期初资本存量；k^{1j} 分别表示 R&D 中基础研究、应用研究或试验发展核算期末资本存量。k_{ij} 表示核算期内高等院校 R&D 资本形成，从行来看，表示基础研究、应用研究或试验发展核算期内 R&D 资本形成；从列来看，表示核算期内不同主体来源下 R&D 资本形成。科研机构 m_{ij}、企业 n_{ij} 含义与之类似。

表 3—4　　　　　　　R&D 资本综合矩阵通式

指标		期初R&D资本存量	核算期内 R&D 资本形成							期末R&D资本存量
			政府			企业	其他			合计	
			中央政府	地方政府	合计	可按不同标准进行划分	国外	其余	合计		
一般政府部门	高等院校 基础研究	k^{01}	k_{11}	k_{12}	$k_{1.1+2}$	k_{13}	k_{14}	k_{15}	$k_{1.4+5}$	$k_{1.}$	k^{11}
	应用研究	k^{02}	k_{21}	k_{22}	$k_{2.1+2}$	k_{23}	k_{24}	k_{25}	$k_{2.4+5}$	$k_{2.}$	k^{12}
	试验发展	k^{03}	k_{31}	k_{32}	$k_{3.1+2}$	k_{33}	k_{34}	k_{35}	$k_{3.4+5}$	$k_{3.}$	k^{13}
	合计	k^{00}	$k_{.1}$	$k_{.2}$	$k_{.1+2}$	$k_{.3}$	$k_{.4}$	$k_{.5}$	$k_{.4+5}$	$k_{..}$	k^{11}
	科研机构 基础研究	m^{01}	m_{11}	m_{12}	$m_{1.1+2}$	m_{13}	m_{14}	m_{15}	$m_{1.4+5}$	$m_{1.}$	m^{11}
	应用研究	m^{02}	m_{21}	m_{22}	$m_{2.1+2}$	m_{23}	m_{24}	m_{25}	$m_{2.4+5}$	$m_{2.}$	m^{12}
	试验发展	m^{03}	m_{31}	m_{32}	$m_{3.1+2}$	m_{33}	m_{34}	m_{35}	$m_{3.4+5}$	$m_{3.}$	m^{13}
	合计	m^{00}	$m_{.1}$	$m_{.2}$	$m_{.1+2}$	$m_{.3}$	$m_{.4}$	$m_{.5}$	$m_{.4+5}$	$m_{..}$	m^{11}
可按不同标准进行划分 企业	基础研究	n^{01}	n_{11}	n_{12}	$n_{1.1+2}$	n_{13}	n_{14}	n_{15}	$n_{1.4+5}$	$n_{1.}$	n^{11}
	应用研究	n^{02}	n_{21}	n_{22}	$n_{2.1+2}$	n_{23}	n_{24}	n_{25}	$n_{2.4+5}$	$n_{2.}$	n^{12}
	试验发展	n^{03}	n_{31}	n_{32}	$n_{3.1+2}$	n_{33}	n_{34}	n_{35}	$n_{3.4+5}$	$n_{3.}$	n^{13}
	合计	n^{00}	$n_{.1}$	$n_{.2}$	$n_{.1+2}$	$n_{.3}$	$n_{.4}$	$n_{.5}$	$n_{.4+5}$	$n_{..}$	n^{11}
合计		p^{00}	$p_{.1}$	$p_{.2}$	$p_{.1+2}$	$p_{.3}$	$p_{.4}$	$p_{.5}$	$p_{.4+5}$	$p_{.1}$	p^{11}

根据国民经济核算原理，按照资产负债存量与积累之间的关系，积累核算与存量核算之间存在如下平衡关系：

期初资产总量 + 核算期积累 = 期末资产总量

以此平衡关系为基础，R&D 资本形成（核算期积累）= 期末 R&D 资本存量 – 期初 R&D 资本存量。

因此，以高等院校为例，根据表 3—3 中各项含义，存在如下关系等式：

$$\sum_{j}^{5} k_{1j} = k_{1.} = k^{11} - k_{01} \qquad (式3-22)$$

综合表 3—3 与表 3—4，根据研究目的和经济逻辑，可构建具有经济内涵的相应指标，如 $\dfrac{k_{11}}{e_{11}}$ 表示核算期内来源于中央政府且用于高等院校基础研究的经费中 R&D 资本转化率。此外，关于科研机构和企业的相应指标构造原理与其相同，在此不再构建与阐述。

第三节　R&D 资本化核算的非参数统计方法设计

由测度方法基本原理可知，基于不同测度方法得到的测算结果会有差异，因此需要对各测度结果进行效果性检验。所谓效果性检验指的是对不同测度结果之间的一致性与可靠性进行检验。由非参数统计的基本理论可知，检验此可靠程度的方法通常是相关系数检验法。而相关系数检验法一般又有 Pearson 相关系数检验法和斯皮尔曼（Spearman）秩相关系数检验法，前者属于参数统计的一种检验方法；后者属于非参数统计的一种检验方法。

一　Pearson 相关系数检验法

为检验不同测度方法的可靠程度，需要对各种测度方法进行比较。为此，需要检验不同测度方法的相关程度，若此相关性检验通过，表明利用不同测度方法得到的结果的可靠程度很高；若此相关性检验未通过，表明测度结果的可靠程度很低。而在参数统计中，描述和度量两个变量之间关系的方法就是相关分析。相关分析所要回答的问题主要包括：

（1）此两变量之间是否具有关系？若有，是什么样的关系？

（2）此两变量之间的关系程度如何？

（3）通过样本来反映的此两变量之间的关系是否能够代表总体变量之间的关系？

为回答以上问题，在进行相关分析时，需要对总体做如下假定：

（1）此两变量之间关系是线性关系。

（2）此两变量均为随机变量。

基于以上问题和假定，同时设此两变量分别为 X、Y，则 Pearson 相关系数定义为：

$$r_p = \frac{\sum_{i=1}^{n}(X_i - \overline{X})(Y_i - \overline{Y})}{\sqrt{\sum_{i=1}^{n}(X_i - \overline{X})^2 \sum_{i=1}^{n}(Y_i - \overline{Y})^2}} \qquad (式3-23)$$

其中，$\overline{X}$ 表示变量 X 的算术平均数，$\overline{Y}$ 表示变量 Y 的算术平均数。根据式 3-23 计算的相关系数也称为线性相关系数。

通常情况下，现实中往往利用样本相关系数 r_p 作为对总体相关系数 ρ 的估计。但由于抽取的样本不同，根据样本数据计算的样本相关系数 r_p 的值也就不同，因此，样本相关系数 r_p 是一个随机变量。而要具体回答上面第三个问题，即样本相关系数能否代表总体的相关程度？就需要对样本相关系数 r_p 进行显著性检验。在参数统计中，要对样本相关系数 r_p 进行显著性检验，需要首先考察 r_p 的抽样分布。由数理统计的基本理论可知，r_p 的抽样分布受总体相关系数 ρ 和样本容量 n 的影响。t 分布检验的具体步骤是：

第一，做出假设。原假设和备择假设的设定分别为：
$$H_0: \rho = 0$$
$$H_1: \rho \neq 0$$

第二，计算样本相关系数 r_p 的 t 统计量，即：
$$t = \frac{r\sqrt{n-2}}{\sqrt{1-r^2}} \sim t(n-2) \qquad （式3-24）$$

第三，做出判断。根据给定的显著性水平 α 和自由度 $(n-2)$，查找 t 分布表中相应的临界值 $t_{\alpha/2}$，若 $|t| > t_{\alpha/2}$，则拒绝原假设 H_0，即 r_p 在统计上是显著的，从而表明两变量之间存在显著的线性关系；若 $|t| \leq t_{\alpha/2}$，则不拒绝原假设 H_0，即 r_p 在统计上是不显著的。

二 Spearman 秩相关系数检验法

Spearman 秩相关系数又称 Spearman 等级相关系数，是基于秩的一种统计量。也就是说，它不是按观察值的实际数值进行计算，而是以观察值的秩次（等级）做基础。因此，Spearman 秩相关系数既可以利用区间尺度或比率尺度的数据资料，又可以利用次序尺度的数据资料，但在具体计算 Spearman 秩相关系数时，均需要先将所研究的对象或个体排成两个有序的系列。Spearman 秩相关系数的基本原理如下。

假设将 n 个对象按两个变量评秩，并设这两个变量分别为 X、Y。在样本容量为 n 的样本中，对变量 (X, Y) 进行测度，则得到一个 n 对观察值 (X_1, Y_1)，(X_2, Y_2)，…，(X_n, Y_n) 的随机样本。同时将观察值 X_1，X_2，…，X_n 的评秩记为 x_1，x_2，…，x_n，相应地，将观察值 Y_1，Y_2，…，Y_n 的评秩记为 y_1，y_2，…，y_n，依此就可以用秩相关度量来决定 X 和 Y 之间的相关性。

若 X 和 Y 之间具有完全的相关性，则此时对于所有的 i ($i=1$, 2, $\cdots$, n) 来说，均有 $x_i = y_i$，即差值 $d_i = x_i - y_i = 0$。受此启发，于是用各个差值来表示两组评秩之间偏离程度具有逻辑上的合理性，即差值计算公式为：

$$d_i = x_i - y_i \qquad (\text{式}3-25)$$

由式 3-25 出发，若秩次 x_i 为 11，对应的秩次 y_i 为 2，则差值 d_i 为 9，因此这一系列的 d_i 值具有测度 X 和 Y 之间偏离程度的合理性。d_i 值越大，表明两变量之间的相关程度就越低。

在具体计算 Spearman 秩相关系数时，为消除正值 d_i 和负值 d_i 相互抵消的影响，一般采取 d_i^2 的形式。显然，各个 d_i 值越大，$\sum_{i=1}^{n} d_i^2$ 值也就越大。

为更进一步揭示 Spearman 秩相关系数的本质，需对其计算公式进行推导。记 $h_i = x_i - \bar{x}$，$k_i = y_i - \bar{y}$，其中，$\bar{x}$ 表示秩次 x_1, x_2, $\cdots$, x_n 的平均值，$\bar{y}$ 表示秩次 y_1, y_2, $\cdots$, y_n 的平均值，则由一般相关系数的表达式可知，Spearman 秩相关系数的计算公式为：

$$r = \frac{\sum_{i=1}^{n} h_i k_i}{\sqrt{\sum_{i=1}^{n} h_i^2 \sum_{i=1}^{n} k_i^2}} \qquad (\text{式}3-26)$$

式 3-26 中，r 表示 Spearman 秩相关系数。

由于

$$\sum_{i=1}^{n} x_i = \frac{n(n+1)}{2}$$
$$\sum_{i=1}^{n} x_i^2 = \frac{n(n+1)(2n+1)}{6} \qquad (\text{式}3-27)$$

因此

$$\sum_{i=1}^{n} h_i^2 = \sum_{i=1}^{n} (x_i - \bar{x})^2 = \sum_{i=1}^{n} x_i^2 - \frac{\left(\sum_{i=1}^{n} x_i\right)^2}{n} \qquad (\text{式}3-28)$$

将式 3-27 代入式 3-28，并化简得：

$$\sum_{i=1}^{n} h_i^2 = \frac{n^3 - n}{12} \qquad (\text{式}3-29)$$

类似地有：

$$\sum_{i=1}^{n} k_i^2 = \frac{n^3 - n}{12} \qquad (\text{式}3-30)$$

又由于 $\bar{x} = \bar{y}$，所以

$$d_i = x_i - y_i = (x_i - \bar{x}) - (y_i - \bar{y}) = h_i - k_i \quad (式3-31)$$

$$d_i^2 = h_i^2 + k_i^2 - 2h_i k_i \quad (式3-32)$$

$$\sum_{i=1}^{n} d_i^2 = \sum_{i=1}^{n} h_i^2 + \sum_{i=1}^{n} k_i^2 - 2\sum_{i=1}^{n} h_i k_i \quad (式3-33)$$

进而可得：

$$\sum_{i=1}^{n} d_i^2 = \sum_{i=1}^{n} h_i^2 + \sum_{i=1}^{n} k_i^2 - 2r\sqrt{\sum_{i=1}^{n} h_i^2 \sum_{i=1}^{n} k_i^2} \quad (式3-34)$$

将式 3-34 整理得：

$$r_s = \frac{\sum_{i=1}^{n} h_i^2 + \sum_{i=1}^{n} k_i^2 - \sum_{i=1}^{n} d_i^2}{2\sqrt{\sum_{i=1}^{n} h_i^2 \sum_{i=1}^{n} k_i^2}} \quad (式3-35)$$

将式 3-29 和式 3-30 代入式 3-35，并化简得：

$$r_s = 1 - \frac{6\sum_{i=1}^{n} d_i^2}{n(n^2-1)} \quad (式3-36)$$

式 3-36 是计算 Spearman 秩相关系数 r_s 最简洁和最方便的公式。因为只需求的变量 X 和 Y 对应秩的差值，然后对此差值进行平方，再对平方求和，最后将平方求和后的结果和样本容量代入式 3-36，即可求得 r_s。

同样，利用 Spearman 秩相关系数计算公式而得到的集聚 R 系数法与现有测度方法之间测度结果的相关程度也需要进行显著性检验。其检验步骤为：

第一，设定原假设和备择假设，即：

H_0：X 与 Y 不相关。

H_1：X 与 Y 相关。

第二，根据样本，利用式 3-36 计算 Spearman 秩相关系数 r_s。

第三，进行判断。根据给定的显著性水平 α 和样本容量 n，查找 Spearman 秩相关系数检验临界值表中相应的临界值 $c_{\alpha(2)}$，若 $r_s > c_{\alpha(2)}$，则拒绝原假设 H_0，即 r_s 在统计上是显著的，从而表明两变量之间存在显著的相关关系；若 $r_s \leqslant c_{\alpha(2)}$，则不拒绝原假设 H_0，即 r_s 在统计上是不显著的，从而表明两变量之间不存在相关关系。

综合以上分析，分别采用 Pearson 相关系数和 Spearman 秩相关

系数两种方法来对不同测度方法下测算结果的效果性进行检验，可以起到相互校验的作用，从而使得测度方法的设计更为合理。不仅如此，同时采用上述两种方法也是基于以下方面的考虑。

Pearson 相关系数检验法作为参数统计的一种检验方法，所需要的数据类型为数值型，而且在进行估计或推断过程时，需要对总体分布的具体形式做出假定，而现实中对总体分布的具体形式知之甚少；而非参数统计中的 Spearman 秩相关系数并不依赖于样本所属的总体的分布形式，且可以用区间尺度或比率尺度的资料，也可以用次序尺度的资料，尽管 Spearman 秩相关系数具有此方面的优势，但当将用区间尺度或比率尺度的资料转化为次序尺度表示的资料时，也会使得已收集到的信息受到损失。因此，综合利用此两种方法才更加合理与可靠。

第四节　R&D 资本化核算的生产函数分析法

生产函数是生产理论的核心部分，生产函数的思想源自于生物科学（黑递，1991）。它亦可反映经济技术关系，经济学家们对生产函数加以提炼，主要出于以下原因：第一是生产函数的性质对经济的发展以及对确定运用一定量的资源来增加国家的经济总产量来说是非常重要的；第二是生产函数的大小是用以决定国际或区域间贸易模式的基础；第三是生产函数是对于收入如何归属到各投入要素所做的函数性分配的理论基础，依据这点性质，可以确定生产一定数量的产品需要投入的各生产要素的数量及配比；第四是生产函数能为确定或专门说明生产资源利用和取得最大盈利模式这两方面提供所需的资料；第五是供给函数的代数性质很大程度上依赖于生产函数的性质。

生产函数阐释了企业有效运行的状态，即厂商尽可能地使得投入的每一份生产要素发挥最大效用，它反映的是投入和产出之间的关系，同时也表明了要素要转变为产品的比例关系，任何一种既定的投入—产出关系都对应一种特定的要素投入数量和质量。

生产函数表示在一定的生产技术条件下，特定的投入要素组合有效使用时所产生的最大的可能性产出。厂商总是在一定的经济技术条件下，根据利润最大化的原则开展生产。生产要素数量的使用与该生产要素的相对价格有关。从本质上来讲，生产函数反映的是生产过程中投入要素与产出量之间的经济技术关系。一方面从实用的角度出发，生产函数必须与所研究的生产过程和条件相匹配。另一方面，生产函数必须展望未来或者用于预测，这才能为将来提供有效的预测判断。

生产函数可以用方程式表示成如下形式：$Q = f(X_1, X_2, X_3, \cdots, X_n)$。其中 Q 为产出，$X_1, X_2, X_3, \cdots, X_n$ 为各项要素投入。函数符号"f"表示为投入转化为产出的关系形式。各项投入的每一种组合形式，都能有一个产出量。以上生产函数的形式并没有说明哪些投入要素是可变的，哪些投入要素是固定的。固定投入在生产中起着非常重要的作用，通常把它称作技术单位。不同的技术单位吸收并把可变投入转变为产出，具有不同的能力。固定投入也可以用符号表示，并计入生产函数式中，如 $Q = f(X_1, X_2, X_3, \cdots, X_{n-1} \mid X_n)$，其中 X_n 就是固定投入（技术单位），其余的 X 表示可变投入。

柯布—道格拉斯是生产函数的创始人，数学家柯布和经济学家道格拉斯想借助经济计量学方法得到的生产函数来分析国民收入在工人和资本家之间的分配，并通过它来证实边际生产率原理的正确性。因此他们是为了考察收入分配而去考察生产关系的。后来他们的方法在收入分配方面失去了重要意义，现在它已被广泛运用到研究生产投入和产出之间的关系。随着经济增长理论的不断发展，其应用范围得到了进一步扩大。

柯布—道格拉斯生产函数是使用最广泛的生产函数。它是由柯布和道格拉斯根据 1899—1922 年美国制造业部门的有关数据构造出来的。其形式如下：

$$Q = AK^\alpha L^{1-\alpha} \qquad (式3-37)$$

该函数形式是由维克塞尔（Wicksell）首先使用的。我们可以将式 3-37 一般化为：$Q = AK^\alpha L^\beta$，也就是说，产量对于资本及劳动的弹性之和可以不等于 1。其中 Q 是增加值，K 是资本存量，L 是雇佣的劳动，A 为效率参数，表示那些影响产量，但既不能单独归属于资本也不能单独归属于劳动的因素。

最初的柯布—道格拉斯生产函数假设产量的变化仅仅由劳动和资本的数量来决定，不考虑技术进步，也不考虑劳动者素质变化，更不考虑研发的贡献。我们将对把 R&D 的贡献纳入到生产函数中来，来考察其贡献，生产函数公式可以扩展为：

$$Q = Ae^{\lambda}K^{\alpha}L^{\beta}R^{\gamma}e^{\delta} \qquad (式3-38)$$

其中，Q、A、K、L和R分别代表产出、全要素生产率、有形的资本存量、劳动投入和研发资本存量。该生产函数有多个特点，它表示要素之间的替代是不受限制的，也就是说随着某种要素单方面的增加，它在边际生产下总保持为正，如有形资本、劳动、R&D资本的边际生产效率分别可表示为：

$$\frac{\partial Q}{\partial K} = \alpha \frac{Q}{K} \qquad (式3-39)$$

$$\frac{\partial Q}{\partial L} = \beta \frac{Q}{L} \qquad (式3-40)$$

$$\frac{\partial Q}{\partial R} = \gamma \frac{Q}{R} \qquad (式3-41)$$

可以看出，三者均大于零，这样，替代的范围不会受到特定的限制。

该生产函数的另一个特点是它以一种独特的方式表示要素边际生产率的伸缩性，即有形资本、劳动、R&D资本的百分比变动与要素边际生产率百分比变动之间的关系。如果劳动相对于有形资本增加1%，劳动的边际生产率减少的百分比等于（1与劳动的指数之差），而有形资本边际生产率增加的百分比等于劳动的指数。

我们假设经济体中只有三种产品：消费C、有形投资I和R&D投资N。当R&D支出被当作中间投入时，并将这些投入费用化时，劳动L和有形资本K用来生产三种产品，但N是生产C和I的中间投入。具体可表达如下：

$$N(t) = F^{N}[L_{n}(t), K(t), t] \qquad (式3-42)$$

$$P^{N}(t)N(t) = P^{L}(t)L_{N}(t) + P^{K}(t)K_{N}(t) \qquad (式3-43)$$

$$I(t) = F^{I}[L_{I}(t), K_{I}(t), N_{I}(t), t] \qquad (式3-44)$$

$$P^{I}(t)I(t) = P^{L}(t)L_{I}(t) + P^{k}(t)K_{I}(t) + P^{N}(t)N_{I}(t)$$
$$(式3-45)$$

$$C(t) = F^{c}[L_{c}(t), K_{c}(t), N_{c}(t), t] \qquad (式3-46)$$

$$P^{c}(t)C(t) = P^{L}(t)L_{c}(t) + P^{k}(t)K_{c}(t) + P^{N}(t)N_{c}(t)$$
$$(式3-47)$$

其中，$L = L_{N} + L_{I} + L_{C}$，$K = K_{N} + K_{I} + K_{C}$，$N = N_{I} + N_{C}$。

假设每种投入的边际收入与其边际生产产品价值相等,这样每一个生产方程都与一个恒等式相联系,当把 R&D 投入看作是中间投入时,$N(t)$ 既是产出也是其他生产部门的中间投入。这样求和加总时,$N(t)$ 就相互抵消了,在恒等式中则没有 $N(t)$。我们可以得到如下等式:

$$P^Q(t)Q(t) = P^c(t)C(t) + P^I(t)I(t) = P^L(t)L(t) + P^K(t)K(t)$$
(式3-48)

但当 R&D 支出进行资本化后,方程要做出如下调整,假设 R&D 资本化采用 Goldsmith 方法,即 $K_t = E_t + (1+\delta)K_{t-1}$,在这里为了和有形资本进行区分,将符号 K 调整为 R,期初的资本则用中间投入 $N(t)$ 代替,在这里即有 $R_t = N(t) + (1-\delta)R_{t-1}$。

于是,R&D 资本化后的部门生产方程调整如下:

$$N(t) = F^N[L_n(t), K(t), R_N(t), t] \quad (式3-49)$$
$$P^N(t)N(t) = P^L(t)L_N(t) + P^K(t)K_N(t) + P^R(t)R_N(t)$$
(式3-50)

$$I(t) = F^I[L_I(t), K_I(t), R_I(t), t] \quad (式3-51)$$
$$P^I(t)I(t) = P^L(t)L_I(t) + P^k(t)K_I(t) + P^R(t)R_I(t)$$
(式3-52)

$$C(t) = F^c[L_c(t), K_c(t), R_c(t), t] \quad (式3-53)$$
$$P^c(t)C(t) = P^L(t)L_c(t) + P^k(t)K_c(t) + P^R(t)R_c(t)$$
(式3-54)

另外,$R = R_N + R_I + R_C$,取代了前面的 $N = N_I + N_C$。因此,当资本化时,GDP 恒等式在生产部分就需要包括新的 R&D 投资品了。在收入部门就要纳入 R&D 资本的报酬,具体公式表达如下:

$$P^Q(t)Q(t) = P^c(t)C(t) + P^I(t)I(t) + P^N(t)N(t)$$
$$= P^L(t)L(t) + P^K(t)K(t) + P^R(t)R(t)$$
(式3-55)

其中,$P^R(t)$ 为 R&D 资本的使用成本,当费用化支出时,这部分收益在 GDP 核算中不存在,在资本化后,扩展的 GDP 包含的内容丰富且要大于 R&D 费用化时的 GDP。

传统的 SOG(Source of growth)的分析框架认为产出的增长率等于加权的投入要素增长率加上一个余项。

第四章　R&D 资本化核算中关键参数确定

由 R&D 资本化核算的基本范畴和测算方法基本原理与基本特点可知，利用三种方法计算 R&D 资本存量过程中，主要涉及以下参数的计算或选择：R&D 资本存量增长率；R&D 资本折旧率；R&D 支出价格指数以及私人收益率等。[①]

第一节　初始增长率和初始资本存量的确定

在计算资本存量时，如果涉及的投资时间序列长，研究时期距离初始年份则比较远，早期初始存量的确定对近期资本存量的计算影响较小，反之则大。虽然合理的方法可以在一定程度上降低误差，但并无法完全消除影响。一般认为，应尽可能地获取较长时间的序列，以相对准确地确定 R&D 初始存量。但从我国的实际情况出发，由于开展 R&D 统计的时期较短，全国层面精准界定 R&D 经费是从 1995 年开始的，准确的数据对于测算的准确性至关重要，考虑到这一点，我们不是用过多的替代数据区一味地追求长的时间序列，而是从精准数据出发，确定合适长度的时间序列。

另外，在实际处理过程中，我们统计的是 R&D 的投资量，往往只能假定资本存量的增长速度与 R&D 投资量增速相同，即 K 与 E 具有相同的增长率。据此，R&D 资本存量增长率可由 R&D 投资的增长率替代。目前，针对 R&D 资本存量增长率的计算方法主要有两种：一种是通用的几何平均法；另一种是 BEA 的线性回归法。

[①] 现实中，R&D 资本的滞后期也是一个关键参数。与一般物质资本不同，R&D 资本化过程往往需要较长的时期，但囿于理论与实践资料缺乏，选用合理的逻辑方式进行设置可能是较好的处理方式。

一 几何平均法

其计算公式如下:

$$g_k = t\sqrt{\frac{E_t}{E_{t-1}}\frac{E_{t-1}}{E_{t-2}}\cdots\frac{E_1}{E_0}} - 1 = t\sqrt{\frac{E_t}{E_0}} - 1 \qquad (式4-1)$$

由几何平均法所计算的 R&D 资本存量增长率实质上是从期初到期末 R&D 投资的平均增长速度,在一定程度上具有代表性;但它忽视了从期初到期末之间 R&D 投资增长的差异性。

二 线性回归法

BEA 在具体计算 R&D 资本存量增长率时采用的是线性回归法,其计算公式如下:

$$g_k = e^m - 1 \qquad (式4-2)$$

其中,斜率系数 m 由下列线性回归模型决定 $\ln E_t = b + mt + \varepsilon_t$,$t$ 为时间变量,ε_t 为随机误差项。由上述测算方法最终可获得 R&D 资本存量增长率。

由该线性回归方法所确定的 R&D 资本存量增长率容易受到样本区间的影响,不同的样本区间对测算结果影响较大;而且在具体测算过程中,不同行业之间具有差异性。因此,在实践中既要考虑行业间的差异性,又要对样本区间进行合理的确定与选择。

第二节 折旧率确定

在计算资本存量时,折旧率是非常重要的参数,对测算的结果影响较大。折旧率的大小取决于折旧的模式,对一般的固定资本,现有研究和理论都已经比较成熟,折旧方法有直线折旧、年度加总折旧和几何折旧等方法,并且在企业的会计核算中会指定折旧的方法,处理起来也有一整套的流程。但对于无形的知识资产,折旧起来却相对困难,现代社会的知识更新速度快,新知识一旦出现,原来的知识即相对老化。因此 R&D 资本并没有一个相对固定的模式,其表现形式丰富多样,故难以提供一个合理的折旧方法,对于 R&D

折旧没有固定的模式，R&D 折旧率的选择也没有统一的标准，其数值的测算仍然是一个悬而未决的难题。根据 Griliches 和 Lichtenbegr（1984）等学者的研究，在计算 R&D 资本存量时，提出资本折旧率固定值可以定为 15%。关于折旧率的计算方法，主要有：生产函数法、分期摊销模型、专利展望模型和市场估计模型（Mead，2007），但每种方法都有各自的假设条件和限制因素，难以找到一个合适的测算方法（王孟欣，2011）。

Hall（2007）采用生产函数方法确定折旧率，他假设：①厂商完全处于完全竞争的市场；②普通资本和 R&D 资本的产出弹性能够与他们的投入份额成正比。但这个假定存在缺陷：作为厂商进行 R&D 活动的目的，就是营造技术壁垒，故一般认为 R&D 活动会导致垄断收益的产生。所以 R&D 活动营造的就不是一个完全竞争的市场。同时生产函数法在测算折旧率时还需要对 R&D 产品未来的价格做出假定，这种假定又依赖于价格指数和资本存量，而这几个因素本身也存在自身的不确定性。更重要的是，这种方法没有考虑 R&D 资本折旧的特点，将 R&D 资本和普通的物质资本视为同质处理。在实证研究中，使用该方法在一些行业中也并不能很好地拟合数据，这导致该方法存在许多争议。

分期摊销模型是考虑 R&D 资本在某个期限内进行摊销而推算出的折旧率。该模型具体有：直线摊销法、利润（销售量）摊销法、双倍余额递减法、权数折旧法等。这些方法的优势是可以结合知识经济的一些特点。

直线摊销法是计算 R&D 资本折旧的最简单的一种方法，以 R&D 资本的初始价值减去预期 R&D 资本残存净值，按照经济寿命平均计算即得折旧额（见图 4—1）。用公式表示为：$D = \dfrac{S_0 - C}{n}$，其中 D 为年折旧费用。直线折旧的摊销方式比较适用于各个时期使用效能大概相同的 R&D 资本。由于直线法 R&D 知识发挥效能的时间长度，而不考虑不同时间段 R&D 知识发挥的强度。如某一年发挥的强度大，势必使折旧的份额减少，因而用此法折旧，看似各年均等，其实并不均等。直线法偏重使用时间，不考虑效能强度的特点，于是产生了按照 R&D 资本效能强度来计算折旧的方法，即利润（销售量）摊销法。

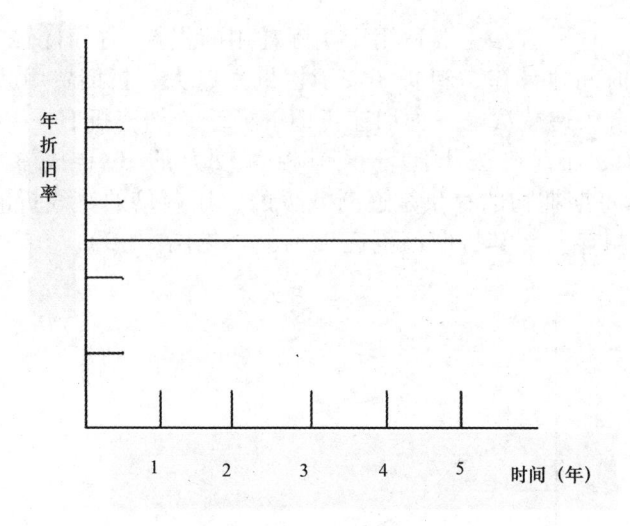

图 4—1 直线折旧法

利润（销售量）摊销法中，一定金额的折旧被分配计入单位销售量或单位利润中。以 R&D 资本的初始值减预期 R&D 资本残存净值再除以利润（或销售量），确定单位利润（或销售量）对应的 R&D 资本折旧（见图 4—2）。用公式可以表示为：

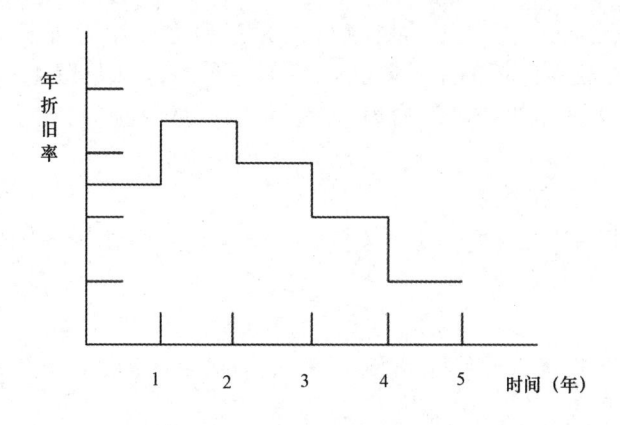

图 4—2 利润（销售量）摊销法

$$\delta(h) = \frac{S_0 - c}{H} \text{ 或 } \delta(p) = \frac{S_0 - c}{P}$$

，其中 $\delta(h)$ 代表单位利润的折旧额，$\delta(p)$ 代表单位销售量折旧额；H 代表利润；P 代表已销售的总量。这种方法主要适用于实际耗用的损耗，折旧仅在 R&D 资本被使用时间才计算，利润（或销售量）越大，折旧费用就越高。

　　双倍余额递减法是一种加速折旧的方法，加速折旧在 R&D 资本刚开始阶段与直线法相比较摊销相对较大的 R&D 成本的方法。R&D 资本每期期初的存量是逐渐减少的，用两倍的直线折旧率乘以递减的期初存量，其折旧额也逐年减少（见图4—3）。

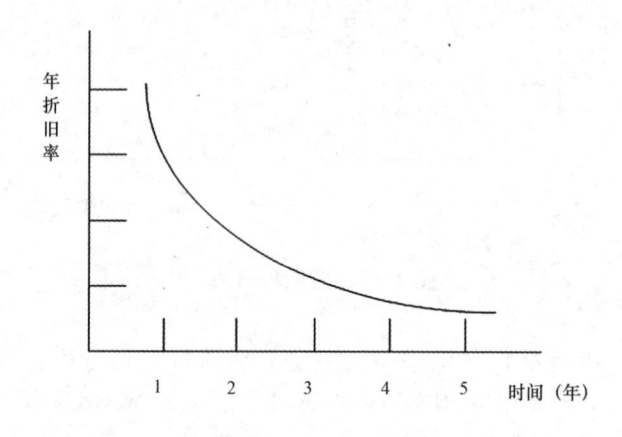

图4—3　双倍余额递减法

　　权数折旧法是把各年的权数与权数总和之比作为折旧率，然后把应折旧总额乘以折旧率计算折旧额的一种方法（见图4—4）。

　　设 R&D 资本的经济寿命为 n，各年的权数分别为：

　　$1+(n-1)a, 1+(n-2)a, 1+(n-3)a, \cdots, 1+a, 1$

　　其中，a 为权数差，且为非负数。

　　权数和 $= 1+(n-1)a+1+(n-2)a+\cdots+1+a+1 = n+\dfrac{(n+1)n}{2}a$

　　以各年权数计算折旧率：第 t 年的折旧率 $\delta = \dfrac{\text{第 } t \text{ 年权数}}{\text{权数和}}$

$= \dfrac{1+(n-t)d}{n+(n-1)na/2}$

　　前后两年的折旧率差 $= \dfrac{a}{n+(n-1)na/2}$，第 t 年折旧额 $D_t = (S_0 - c)\delta$

　　显然当 a 越大，折旧率差越大，也就是折旧的速度越快，故 a

是折旧速度的度量。

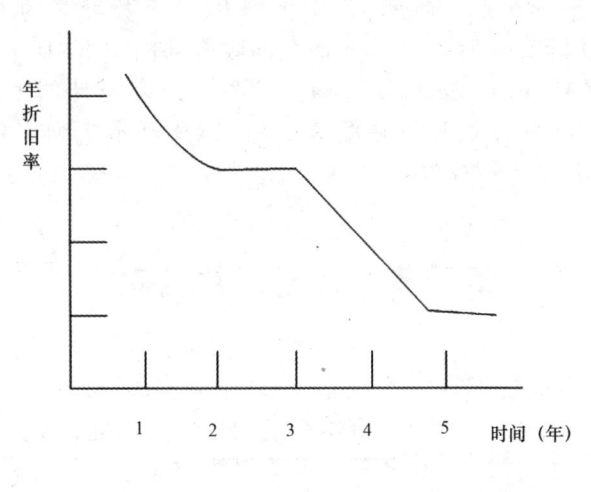

图 4—4 权数折旧法

分期摊销模型整体思路是按照R&D的资本生命周期内,逐年按照一定的比例进行摊销折旧,但这些做法的前提是这些趋势正好反映了R&D的收益。现实当中,这样的假设条件也是难以得到满足的,因此这种方法的理论设想很好,但在使用时往往受到前提的限制。

专利展望模型也是假定专利是R&D产出的代表,折旧率与专利存续时间互为反函数。如果专利的有效存续时间足够长,则可以假定折旧率足够小,通过专利展望的相关统计数据信息来估算折旧率。这种方法的缺点是:(1)专利的估价并非R&D产出价值的良好估计;(2)并非所有的R&D活动都与专利有关,这种方法存在局限。

市场估价模型首先假设资本市场是有效的,然后通过企业的市场价值来估算R&D的折旧率。但现实的情况是资本市场可能是无效的,这也就产生了矛盾。

现有的折旧率的方法均存在一定的局限,难以找到一个合适的方法来计算折旧率。BEA在折旧率上选择了区间测定的方法:首先基于不同的研究人员研究得出的各种折旧率数据,确定相关行业的折旧率的区间;然后在区间内对相关行业的R&D资本折旧率进行设定。具体设为:运输行业折旧率为18%,计算机和电子行业折旧率为16.5%，化学行业为11%，其他行业为15%。根据 Wendy（2012）的研究结果，企业部门中美国 R&D 密集度高的10大行业的平均 R&D 折旧率为25.8%；而美国政府部门中 R&D 平均折旧率为13.6%（Marissa et al.，2014）。此外，国家统计局国民经济核算司 GDP 生产核算处建议在测算时将 R&D 资本折旧率定为10%（核算司 GDP 生产核算处，2014）。

第三节 价格指数确定

R&D 支出价格指数的测定是 R&D 纳入 GDP 核算的难点之一。由于价格的变化会影响 R&D 资本存量的价值，因此，从严格意义上来讲，需要专门服务于 R&D 资产的价格指数体系，还要有综合反映 R&D 产出价格指数、研发输出的价格变化以及反映类似通货膨胀问题对研发资产影响的平减价格指数。但目前我国由于暂未建立 R&D 卫星账户，没有专门服务于研发的价格指数体系。目前大多数相关实证分析对 R&D 支出价格指数的核算基本上采用替代指数，即寻找 R&D 活动各投入构成要素的替代指标，然后将这些指标的价格指数加权平均，用以估计 R&D 支出价格指数。常用的替代指标法有：R&D 支出成本价格指数法、GDP 平减价格指数法、城镇单位职工平均工资指数法和居民消费价格指数法等。美国 BEA 在 R&D 资本化过程中选用了两种价格指数，即 R&D 支出成本价格指数和综合产出价格指数（Jennifer and Andrew，2010），但这两种价格指数各有其局限性。支出成本价格指数虽然有利于估计由于 R&D 支出发生通货膨胀所带来的影响，但无法解释生产率的增长；综合产出价格指数是对 R&D 密集度高的行业所生产的产品产出价格的加权平均，它假定不同行业间 R&D 生产过程中具有共同的因素，虽然在一定程度上考虑到了 R&D 密集度高的行业生产率增长的影响，但它仍然受到与 R&D 无关而又影响这些行业产品产出价格因素的影响。总之，R&D 支出价格指数是 R&D 资本化过程中必须考虑的问题。

实践中，由于相关理论与资料的匮乏，具体测算过程中很难保证构造准确的 R&D 支出价格指数。本书将结合中国实际，采取可行性高的几种指数，其测定方法各有所异，不尽相同。综合起来有 R&D 支出成本价格指数法、GDP 平减价格指数法、城镇单位职工平均工资指数法。

一 R&D 支出成本价格指数法

我们要构造 R&D 投入价格指数，就要来看我国 R&D 经费内部支出的具体构成，从经费的构成入手，分别考虑各个部分在价格上的影响。我国 R&D 经费内部支出是按照全成本口径核算的，包括日常性支出和资产性支出两部分。其中日常性支出又分为人员劳务费和其他日常性支出；资产性支出又分为仪器和设备支出与其他资产性支出。在现有统计年鉴中，仅有以上部分的支出总额，缺乏 R&D 价格变化信息。本书拟采用以下 R&D 支出成本价格指数法构造各部分 R&D 价格指数。

（一）R&D 人员劳务费价格指数

R&D 人员劳务费价格指数测度的是 R&D 活动人员报酬的变化，是单位 R&D 人员劳务费变化的相对数。经济合作与发展组织（OECD）编制的《弗拉斯卡蒂手册》认为，从事 R&D 的人员数应该按照 R&D 活动的 1 个全时工作当量统计，也就是说，相对于以人头数计量的 R&D 人员总量，按照劳动工作量计量的 R&D 全时工作当量是 R&D 总量的科学测度。因此，本书用 R&D 内部支出中劳务费除以 R&D 人员全时当量，得到每单位 R&D 全时当量的劳务费，相邻时期之比即为 R&D 人员劳务费价格指数，记为：

$$I^{LC} = \frac{F_t/Q_t}{F_{t-1}/Q_{t-1}} \quad （式4-3）$$

其中，F_t 为 R&D 经费内部支出中人员劳务费，Q_t 为 R&D 人员全时当量（单位为人年）。

（二）R&D 其他日常支出价格指数

根据我国现行的科技活动统计报表制度，R&D 内部经费支出中其他日常支出主要包括：为实施 R&D 项目实际消耗的原材料、辅助材料、备用配件、外购半成品、水和燃料（包括煤气和电）的使用费，用于中间试验和产品试制达不到固定资产标准的模具、样品、样机及一般测试手段购置费、试制产品的检验费等，折旧费用与长期费用摊销、无形资产摊销、其他费用（含设计费装备调试费）等。从其他日常支出各部分的构成比重看，原材料与燃料占绝对份额。因此，正常情况下原材料与燃料的价格变化对 R&D 其他日常支出价格变化影响最大。又因为 R&D 项目所用的原材料种类与项目成功以后产业化生产所用的原材料种类基本一致,所以本书用工业生产者购进价格指数中的原材料、燃料、动力购进价格指数作为 R&D 其他日常支出价格指数的替代指标,记为 I^{ORE},并用工业生产者购进价格指数中的原材料、燃料、动力购进指数代替该指数。

(三) R&D 资本性支出价格指数

《弗拉斯卡蒂手册》建议的 R&D 资产性支出包括土地和建筑物、设备和机械两部分。而我国现行的科技活动统计报表制度中,R&D 资产性支出主要是指后者,即购买用于科技活动的仪器设备的费用支出,包括各类机器设备、试验测量仪器、运输工具、工装器具等购买和制造时实际支付的货币和制造成本。固定资产投资价格指数中的设备、工器具购置,指把工业企业生产的产品转为固定资产的购置活动,包括建设单位或企事业单位购置或自制的,达到固定资产标准的设备工具器具的价值,其中:设备指的是各种生产设备、传导设备、动力设备、运输设备;工器具指的是具有独立用途的各种生产用具、工作工具和仪器。R&D 活动过程使用的设备和机械大体上和上述类别类似,因此设备、工器具购置指数可以反映 R&D 活动中设备和机械购置费变化概念,可作为 R&D 经费中资产性支出的替代指标,记为 I^{EE},并用固定资产投资价格指数中的设备工器具购置价格指数代替。

以 R&D 人员劳务费、R&D 活动中其他日常支出费用以及 R&D 资本性支出所占比重为权重,将上述 3 个指数加权平均,就得到 R&D 支出成本价格指数 I_{input}。

$$I_{input} = \lambda_{LC} I^{LC} + \lambda_{ORE} I^{ORE} + \lambda_{EE} I^{EE} \qquad (式4-4)$$

其中,λ_{LC}、λ_{ORE} 和 λ_{EE} 分别为各年劳务费、其他日常支出和资产性支出所占比重,这些比重随年度发生变化。因此,本书构建 R&D 支出价格指数的权重属于变权重。

二 GDP 平减价格指数法

在进行 R&D 核算的时候,首要的就是要剔除价格的变化,得到 R&D 的实际支出。目前国内外不少 R&D 价格指数估计文献都采用 GDP 平减价格指数作为替代指数,如朱发仓在《工业 R&D 价格指数估计研究》中就采用了 GDP 平减价格指数。由于 GDP 平减价格指数涉及全部商品和服务,除消费外,还包括生产资料和资本、进出口商品和劳务等,而 R&D 支出基本也涉及这些方面,所以采用

GDP 平减价格指数可以很好地衡量 R&D 支出中的各类支出。该指数是一种全面性好、可靠性高的 R&D 支出价格指数的替代指数。

三　城镇单位职工平均工资指数法

根据国际 R&D 支出相关课题研究的情况，研发主要体现人才的价值，在 R&D 支出中绝大部分用于人员劳务费支出。根据我国调查统计制度的实际情况也可以发现，R&D 人员费所占经费支出比例较高，故国家统计局根据现有的数据基础，在测算中采用了城镇单位职工平均工资指数替代 R&D 支出价格指数。

第四节　私人收益率的确定

与企业 R&D 投入要求的回报不同，一般政府部门的 R&D 收益没有包括在 GDP 中，这是因为在国民经济核算中企业部门和政府部门的处理方式不同，由于一般政府部门的产品很少在市场上公开销售，具有很强的公共性，产品的价值难以量化，因此具体处理过程中往往假定一般政府部门的产出等于其投入成本。没有公开的市场价格来衡量一般政府部门的 R&D 活动，也就无法估计 R&D 活动的收益。此外，一般政府部门的 R&D 活动产出很多是非市场商品服务，非市场化的产品不在 GDP 核算范围内。由于以上性质，导致了一般政府部门 R&D 活动产出的低估。因此，在调整过程中需要考虑一般政府部门 R&D 资本化产生的私人收益。

根据国外学者（Barbara and Sumiye，2005）对一般政府部门的私人 R&D 收益率研究成果，设定一般政府部门的 R&D 私人收益率为 16%；而且当期的一般政府部门的私人收益由两部分构成：净收益与折旧。计算公式为：

当期一般政府部门的私人收益 = 上一期一般政府部门 R&D 资本存量 × 私人收益率 + 上一期一般政府部门 R&D 资本存量 × 折旧率

第五章 深圳市 R&D 支出纳入 GDP 的测算方法

第一节 美国 BEA 核算方法的分析

一 R&D 支出初始增长率的核算（线性回归法）

利用美国 BEA 线性回归法计算 R&D 支出初始增长率，根据第四章公式 $g_k = e^m - 1$，得到公式 $\ln E_t = b + mt + \varepsilon_t$，采用线性拟合的方法，对公式参数进行估计，利用得到的时间变量的系数代入式中，可以得到 R&D 支出初始增长率。

本书利用 SAS 统计软件测算出具体回归结果，如表 5—1 和表 5—2 所示。通过表 5—1 的方差分析可知 $p < 0.0001$，表明整个线性回归模型整体比较显著；其模型的拟合优度为 0.9976，表明该模型的拟合效果很好。从表 5—2 可知，常数项和时间变量 t 都是统计显著的，说明该模型参数通过检验。

表 5—1   方差分析

Source	DF	Sum of Squares	Mean Square	F Value	Pr > F
Model	1	3.86515	3.86515	4264.62	<.0001
Error	10	0.00906	0.00090633		
R - Square		0.9976	Adj R - Sq		0.9974

表 5—2　　　　　　　　　　参数估计

Parameter Estimates

Variable	DF	Parameter Estimate	Standard Error	T Value	Pr > |t|
Intercept	1	-315.66566	5.05395	-62.46	<.0001
year	1	0.16441	0.00252	65.3	<.0001

通过以上分析，根据表 5—2 可知时间变量的系数 $m=0.16441$，由此代入式 $g_k=e^m-1$ 中，最终得到 R&D 支出增长率为：
$$g_1=e^{0.16441}-1=17.87\%$$

g_1 为 R&D 支出初始增长率，具体测算数据参见表 5—3。

表 5—3　　深圳市 R&D 资本存量和增长率（美国 BEA 法）

年份	R&D 定基价格指数（2002年=100）(%)	R&D 现价支出额（万元）	R&D 支出定基数额（万元）	R&D 资本存量（万元）	R&D 资本存量增长率(%)
2002	100.00	732040	732040	2849784	—
2003	99.63	832936	836029	3359034	17.87
2004	103.14	1014484	983605	3957556	17.82
2005	107.16	1245113	1161973	4665674	17.89
2006	111.31	1539551	1383133	5513083	18.16
2007	114.71	1755674	1530598	6415843	16.37
2008	121.73	2199909	1807180	7491079	16.76
2009	119.54	2797112	2339869	8964847	19.67
2010	124.23	3333102	2682984	10617197	18.43
2011	130.77	4161363	3182210	12578576	18.47
2012	133.88	4883739	3647881	14786205	17.55
2013	134.16	5846115	4357608	17447313	18.00
2014	135.16	6400600	4735573	20201273	15.79
2015	134.39	7277874	5415488	23325859	15.47

注：R&D 支出初始增长率为 17.87%，折旧率为 10%（2014—2015 年采用张军教授测算的 9.6%）。

二 R&D 资本存量的核算

R&D 资本存量采用美国 BEA 方法核算的步骤：（1）根据深圳市统计年鉴中的现价 R&D 资本支出额，用 R&D 支出成本价格指数进行调整，得到不变价 R&D 资本支出额（2002 年 = 100），记为 E_t。（2）将 E_t 和两个参数 g_c、δ 代入以下式进行计算。R&D 初始资本存量公式如下：

$$K_{t-1} = \frac{E_t(1-\delta/2)}{g_k + \delta} \quad （式5-1）$$

其中，R&D 资本存量时采用的折旧率为 10%（2014—2015 年采用张军教授测算的 9.6%），R&D 支出初始增长速度采用美国 BEA 线性回归的方法进行计算结果为 17.87%。

如前所述，美国 BEA 核算方法的 R&D 资本存量公式为：$K_t = (1-\delta)K_{t-1} + (1-\delta/2)$，其中 K_t 及 K_{t-1} 为不变价格的相应年度年末 R&D 资本净存量；E_t 为不变价 R&D 资本支出额，即不变价资本支出额 = 现价 R&D 资本支出额/R&D 支出成本价格指数；δ 为折旧率。根据公式，各年 R&D 资本存量计算如下：

初始年 R&D 资本存量为：

$$K_0 = E_1(1-\delta/2)/(g_1+\delta)$$

= 836029（1 - 0.10/2）/（0.17869748 + 0.10）= 2849784

2003 年 R&D 资本存量为：

$$K_1 = (1-\delta)K_0 + (1-\delta/2)E_1$$

= （1 - 0.10）2849784 +（1 - 1.10/2）836029 = 3359034

同理，其余年份核算结果如表 5—3 所示。

通过永续盘存法对深圳市 R&D 资本存量进行核算。永续盘存法计算的前提之一是要求数据具有较长的时间序列，时间序列越长，计算结果就越精确，选定的 R&D 初始资本存量对数据结果的影响误差就越小。由于我国 2002 年才开始核算 R&D 数据，因此本书以 2002 年为基期。为了消除物价变动对 R&D 支出以及 R&D 存量的影响，本书用 R&D 支出价格指数进行了调整。核算结果如表 5—3 所示。

三 不同执行部门 R&D 资本存量的核算

R&D 资本存量的大小与 R&D 支出的大小有着紧密的联系。虽然并不建议基础研究资本化，但是考虑到基础研究投入程度决定着应用研究与试验发展的潜力与前景，遂将其资本化，以方便对比分析。由于数据的限制，按照执行部门 R&D 的支出额只有 2009—2015 年的数据，为了分析需要，本书用 2002—2008 年的现价 R&D 支出额，根据 2009 年不同执行部门的比重结构进行插值补数，参见表 5—4。

（一）不同执行部门现价 R&D 支出和比重

国家科技统计制度将 R&D 支出执行部门分为四大类：科研院所、高等院校、工业企业和非工业企事业。根据深圳市实际情况，其中非工业企事业部门中大部分为服务性企业，又可将其划分为两大类：一是企业（包括工业企业和非工业企事业），二是科研院所和高等院校。

根据深圳市 2002—2015 年的数据，获得不同执行部门 R&D 的支出和比重，如表 5—4 所示。不同执行部门 R&D 支出的比重差异性很大，其中工业企业的支出比重一般在 90% 以上，占绝对份额；非工业企事业的支出比重次之，一般在 5% 左右；科研院所和高等院校的比重都比较低，尤其是高等院校，其 R&D 支出比重不到 1%。

表 5—4　深圳市不同执行部门 R&D 的支出和比重（现价）

年份	不同执行部门 R&D 支出额（万元）					不同执行部门 R&D 支出额所占比重（%）			
	科研院所	高等院校	工业企业	非工业企事业	合计	科研院所	高等院校	工业企业	非工业企事业
2002	4099	4758	677869	45313	732039	0.56	0.65	92.60	6.19
2003	4664	5414	771299	51559	832936	0.56	0.65	92.60	6.19
2004	5681	6594	939412	62797	1014484	0.56	0.65	92.60	6.19
2005	6973	8093	1152974	77072	1245112	0.56	0.65	92.60	6.19
2006	8621	10007	1425624	95298	1539550	0.56	0.65	92.60	6.19
2007	9832	11412	1625754	108676	1755674	0.56	0.65	92.60	6.19
2008	12319	14299	2037115	136174	2199907	0.56	0.65	92.60	6.19
2009	15772	18321	2590000	173019	2797112	0.56	0.65	92.60	6.19
2010	7982	14224	3137877	173019	3333102	0.24	0.43	94.14	5.19

续表

年份	不同执行部门R&D支出额（万元）					不同执行部门R&D支出额占比重（%）			
	科研院所	高等院校	工业企业	非工业企事业	合计	科研院所	高等院校	工业企业	非工业企事业
2011	85967	13460	3888917	173019	4161363	2.07	0.32	93.45	4.16
2012	69338	17585	4618655	178161	4883739	1.42	0.36	94.57	3.65
2013	126838	24518	5329402	365357	5846115	2.17	0.42	91.16	6.25
2014	150400	27600	5883500	339100	6400600	2.35	0.43	91.92	5.30
2015	203780	27600	6726494	320000	7277874	2.80	0.38	92.42	4.40

注：表中2002—2008年不同执行部门数据是估计数。即用2002—2008年的现价R&D支出额，根据2009年不同执行部门的比重结构进行插值补数。

（二）不同执行部门不变价R&D支出对比分析

为了进行时序数列比较，以及R&D支出资本化分析的需要，需将不同执行部门R&D的支出按2002年不变价进行测算，此外，本书假设各个执行部门的R&D支出价格指数与总体R&D支出价格指数相等，其中以2002年为基期的不变价R&D支出价格指数如表5—5所示。具体核算方法，即：不变价R&D支出额＝现价R&D支出额/R&D定基价格指数。其核算结果如表5—5所示。

表5—5 深圳市不同执行部门不变价R&D支出（不变价2002年=100）

年份	R&D定基价格指数（%）	科研院所R&D支出（万元）	高等院校R&D支出（万元）	工业企业R&D支出（万元）	非工业企事业R&D支出（万元）
2002	100.00	4099	4758	677869	45313
2003	99.63	4682	5434	774163	51750
2004	103.14	5508	6393	910819	60885
2005	107.16	6507	7553	1075987	71926
2006	111.31	7746	8990	1280781	85616
2007	114.71	8571	9949	1417334	94744
2008	121.73	10120	11747	1673449	111864
2009	119.54	13194	15326	2166614	144736

续表

年份	R&D 定基价格指数（%）	科研院所 R&D 支出（万元）	高等院校 R&D 支出（万元）	工业企业 R&D 支出（万元）	非工业企事业 R&D 支出（万元）
2010	124.23	6425	11450	2525837	139272
2011	130.77	65739	10293	2973869	132308
2012	133.88	51791	13135	3449878	133076
2013	134.16	94543	18276	3972458	272332
2014	135.16	111276	20420	4352989	250888
2015	134.39	151634	20537	5005204	238113

（三）不同执行部门 R&D 支出的资本存量分析

如前所述，美国 BEA 核算方法中的 R&D 支出初始增长率测算所采用的是线性回归法，其计算公式为：

$$g_k = e^m - 1$$

其中斜率系数 m 由下列回归模型决定：$\ln E_t = b + mt + \varepsilon_t$，其中 E 代表 R&D 资本支出额，t 为时间变量，ε_t 为随机误差项。由表 5—3 计算已获得 R&D 支出初始增长率为：$g = 17.87\%$。假定不同执行部门 R&D 支出初始增长率基本相同，因此，深圳市不同执行部门各年 R&D 支出资本存量计算步骤如下：

首先，不同执行部门的 R&D 支出基期资本存量由 $K_{t-1} = \dfrac{E_t(1-\delta/2)}{g+\delta}$ 公式获得，其中 g_k 为 R&D 支出初始增长率 $g_k = 17.87\%$。R&D 的折旧率为 10%（2014—2015 年采用张军教授测算的 9.6%）。

其次，其他各年份不同执行部门的 R&D 资本存量，由 $K_t = (1-\delta)K_{t-1} + (1-\delta/2)E_t$ 公式递推获得，对表 5—5 数据计算结果如表 5—6 所示。

表 5—6 中，R&D 执行部门分为四大类：科研院所、高等院校、工业企业与非工业企事业。在进行账户调整或经济变量的影响分析时，通常将企业 R&D 活动产生的支出进行资本化，其余执行部门的 R&D 支出费用化。这部分主要计算企业部门产生的 R&D 资本存量与非企业部门产生的 R&D 资本存量，并比较它们的大小及发展变化。

表5—6 深圳市不同执行部门R&D支出的资本存量分析（一）

年份	科研院所R&D资本存量（万元）	高等院校R&D资本存量（万元）	工业企业R&D资本存量（万元）	非工业企事业R&D资本存量（万元）	工业企业+非工业企事业R&D资本存量（万元）	科研院所+高等院校R&D资本存量（万元）
符号	(1)	(2)	(3)	(4)	(5)=(3)+(4)	(6)=(1)+(2)
2002	15957	18521	2638566	176379	2814945	34478
2003	18809	21832	3110164	207904	3318068	40641
2004	22161	25722	3664425	244955	3909380	47883
2005	26126	30325	4320170	288789	4608959	56451
2006	30872	35833	5104895	341245	5446140	66705
2007	35928	41702	5940873	397127	6338000	77630
2008	41949	48691	6936561	463686	7400247	90640
2009	50288	58381	8301188	554816	8856004	108669
2010	51363	63420	9870615	631643	10502258	114783
2011	108679	66857	11708729	694171	12402900	175536
2012	147013	72650	13815240	751177	14566417	219663
2013	222128	82746	16207551	934774	17142325	304874
2014	306738	94243	18795672	1083881	19879553	400981
2015	421646	104747	21756242	1206512	22962754	526393

注：R&D支出初始增长率为17.87%，折旧率为10%（2014—2015年采用张军教授测算的9.6%）。

纵观表5—7，从不同执行部门R&D支出的资本存量比重看，2002—2015年深圳市企业R&D资本存量占绝大部分，历年均在98%左右，说明深圳市R&D支出主要在工业企业和非工业企事业；而科研院所和高等院校所占比重较小，一般在1.5%左右。因此，R&D资本化对经济总量的影响主要集中在企业R&D的部分。非企业部门的R&D产出属于非市场活动的产出，在当前GDP中，并不包含非市场R&D产出部分。在R&D资本化后，要将非市场部门的私人R&D收益增加到经济总量中去，但这部分对经济总量的影响并不大。

表 5—7　深圳市不同执行部门 R&D 支出的资本存量分析（二）

年份	工业企业+非工业企事业 R&D 资本存量（万元）	科研院所+高等院校 R&D 资本存量（万元）	R&D 存量总额（万元）	企业 R&D 资本存量的比重（%）	科研院所+高等院校 R&D 资本存量的比重（%）	企业 R&D 资本形成额（万元）	科研院所+高等院校的收益（万元）
符号	(5)	(6)	(7) =(5)+(6)	(8) =(5)/(7)	(9) =(6)/(7)	(10)	(11)
2002	2814945	34478	2849423	98.79	1.21	—	—
2003	3318068	40641	3358709	98.79	1.21	503123	8964
2004	3909380	47883	3957263	98.79	1.21	591312	10566
2005	4608959	56451	4665410	98.79	1.21	699579	12450
2006	5446140	66705	5512845	98.79	1.21	837181	14677
2007	6338000	77630	6415630	98.79	1.21	891860	17343
2008	7400247	90640	7490887	98.79	1.21	1062247	20184
2009	8856004	108669	8964673	98.79	1.21	1455757	23566
2010	10502258	114783	10617041	98.92	1.08	1646253	28254
2011	12402900	175536	12578436	98.60	1.40	1900643	29844
2012	14566417	219663	14786080	98.51	1.49	2163517	45639
2013	17142325	304874	17447199	98.25	1.75	2575909	57112
2014	19879553	400981	20280534	98.02	1.98	2737228	79267
2015	22962754	526393	23489147	97.76	2.24	3083201	104255

注：R&D 支出初始增长率为 17.87%，折旧率为 10%（2014—2015 年采用张军教授测算的 9.6%）。

四　不同执行部门 R&D 支出纳入 GDP 部分占比和贡献率分析

从不同执行部门 R&D 支出的资本增量看，工业企业和非工业企事业 R&D 资本存量，可以直接用增量得到企业 R&D 资本形成总额，如表 5—7 显示，企业资本形成额 2003 年为 503123 万元，到 2015 年为 3083201 万元，按照 SNA 2008 的要求，这部分 R&D 资本形成额可以直接进入 GDP 核算。但是，按照 SNA 2008 的要求，科研院所和高等院校 R&D 资本存量不能直接进入 GDP，必须进行费用化处理，形成非企业 R&D 收益，然后，将非企业 R&D 收益纳入 GDP 核算。非企业 R&D 收益测算公式如下：

非企业 R&D 收益（t）=（非企业私人收益率 16% + 折旧率 10%）× 非企业 R&D 资本存量（$t-1$）

R&D 支出中可纳入 GDP 的部分 = 企业资本额 + 非企业 R&D 资本化产生的私人收益

其中，非企业私人收益率本书参照国外学者对科研院所与高等院校部门的私人 R&D 收益率的研究成果，设定科研院所和高等院校的 R&D 私人收益率为 16%。根据上式，当期的非企业（科研院所和高等院校）的私人收益为上一期的非企业（科研院所和高等院校）R&D 资本存量的 16%，再加上上一期的非企业 R&D 资本存量的 10%。测算结果参见表 5—8。

表 5—8　深圳市 R&D 支出纳入 GDP 部分和占 R&D 的比重

年份	企业 R&D 资本形成额（万元）	科研院所+高等院校的收益（万元）	R&D 纳入 GDP 的部分（万元）	R&D 支出价格指数（%）	现价 R&D 支出额（万元）	不变价 R&D 支出额（万元）	R&D 纳入 GDP 部分占 R&D 比重（%）
符号	(10)	(11)	(12) = (10) + (11)	(13)	(14)	(15) = (14)/(13)	(16) = (12)/(15)
2002	—	—	—	100.00	732040	732040	—
2003	503123	8964	512087	99.63	832936	836029	61.25
2004	591312	10566	601878	103.14	1014484	983599	61.19
2005	699579	12450	712029	107.16	1245113	1161920	61.28
2006	837181	14677	851858	111.31	1539551	1383120	61.59
2007	891860	17343	909203	114.71	1755674	1530533	59.40
2008	1062247	20184	1082431	121.73	2199909	1807204	59.90
2009	1455757	23566	1479323	119.54	2797112	2339896	63.22
2010	1646253	28254	1674507	124.23	3333102	2683009	62.41
2011	1900643	29844	1930487	130.77	4161763	3182200	60.67
2012	2163517	45639	2209156	133.88	4883739	3647848	60.56
2013	2575909	57112	2633021	134.16	5846115	4357569	60.42
2014	2737228	79267	2816495	135.16	6400700	4735573	59.48
2015	3083201	104255	3187456	134.39	7277874	5415488	58.86

注：R&D 支出初始增长率为 17.87%，折旧率为 10%（2014—2015 年采用张军教授测算的 9.6%）。

如表 5—8 显示，非企业 R&D 收益 2003 年为 8964 万元，到 2015 年为 104255 万元。企业 R&D 资本形成额加非企业 R&D 收益可以进入 GDP 核算，从深圳市 R&D 支出纳入 GDP 的部分看，2003 年为 512087 万元，到 2015 年达到 3187456 万元。

由表 5—8 可知，通过 R&D 支出成本价格指数美国 BEA 核算方法的测算，深圳市 R&D 支出纳入 GDP 的部分占 R&D 的比重 2003 年为 61.25%，到 2015 年为 58.86%，平均为 60.79%，总体趋势比较稳定。

由表 5—9 可知，通过 R&D 支出成本价格指数美国 BEA 核算方法的测算，深圳市 R&D 支出纳入 GDP 后对 GDP 的贡献率 2003 年为 1.45%，到 2015 年为 2.26%，平均为 1.79%。2003—2015 年，深圳市 R&D 支出纳入 GDP 后对 GDP 的贡献率呈不断上升趋势，究其原因主要是深圳市 2003—2015 年 R&D 投入强度不断提高，从 2003 年的 2.32%，上升到 2015 年的 4.15%。

表 5—9　深圳市 R&D 支出纳入 GDP 后对 GDP 的贡献率

年份	现价 GDP（万元）	不变价 GDP（万元）（2002 年=100）	R&D 纳入 GDP 的部分（万元）	R&D 纳入后的 GDP（万元）（2002 年=100）	R&D 的纳入对 GDP 的贡献率（%）
符号	(17)	(18)	(19)=(12)	(20)=(18)+(19)	(21)=(19)/(18)
2002	29695184	29695184	—	—	—
2003	35857235	35392747	512087	35904834	1.45
2004	42821428	41513010	601878	42114888	1.45
2005	49509078	47770126	712029	48482155	1.49
2006	58135624	55683227	851858	56535085	1.53
2007	68015706	63944531	909203	64853734	1.42
2008	77867920	71691629	1082431	72774060	1.51
2009	82013176	79327545	1479323	80806868	1.86
2010	95815101	88978095	1674507	90652602	1.88

续表

年份	现价 GDP（万元）	不变价 GDP（万元）（2002 年 = 100）	R&D 纳入 GDP 的部分（万元）	R&D 纳入后的 GDP（万元）（2002 年 = 100）	R&D 的纳入对 GDP 的贡献率（%）
2011	115055298	97919527	1930487	99850014	1.97
2012	129500601	107673647	2209156	109882803	2.05
2013	145002300	118979373	2633021	121612394	2.21
2014	160019800	129449558	2816495	132266053	2.18
2015	175029900	140970569	3187456	144158025	2.26

注：R&D 支出初始增长率为 17.87%，折旧率为 10%（2014—2015 年采用张军教授测算的 9.6%）。

第二节 Goldsmith 核算方法的分析

一 R&D 支出初始增长率的核算（几何平均法）

R&D 初始资本存量的选择对核算 R&D 存量有着重要影响，尤其是数据资料的时间序列较短时，随着时间的延长，初始 R&D 存量对后续年份的影响会越来越小。根据 Griliches and Goto（1989）、Coe and Helpinan（1995）的核算方法，另假定 R&D 资本存量增长率 = R&D 费用投入增长率（g），由式 3-9 则有：

$$(K_t - K_{t-1})/K_{t-1} = (E_t - E_{t-1})/E_{t-1} = g$$

$$K_{t-1} = K_t/(1+g) = [E_{t-1} + (1-\delta)K_{t-1}]/(1+g)$$

由此可得：

$$K_{t-1} = E_{t-1}/(g+\delta) \qquad （式5-2）$$

当 $t=1$ 时，可得：

$$K_0 = E_0/(g+\delta) \qquad （式5-3）$$

其中，E_0 是期初 R&D 支出额，可由统计数据资料获得；g 是 R&D 支出初始增长率，通过计算样本区内每年 R&D 实际支出的平均增长率得到；δ 是 R&D 折旧率，通过式 5-2 确定 R&D 期初资本存量。

由于永续盘存法中假定 R&D 资本存量增长率 = R&D 费用投入初始增长率（g），根据公式 5—3，其中 E_0 是期初不变价 R&D 支出额，可由深圳市统计数据直接得到，即不变价 R&D 支出额 = 现价 R&D 支出额/R&D 支出价格指数；δ 是 R&D 折旧率；g 通过计算样本区内各年不变价 R&D 支出额的平均增长率而得。

$$g = n\sqrt{\frac{a_n}{a_{n-1}}\frac{a_{n-1}}{a_{n-2}}\frac{a_{n-2}}{a_{n-3}}\cdots\frac{a_2}{a_1}} - 1 = n\sqrt{\frac{a_n}{a_1}} - 1 = 11\sqrt{\frac{4357608}{732040}} - 1 = 17.61\%$$

其中 a_i 为各年按可比价格计算的 R&D 实际支出额，具体测算数据参见表 5—10。

表 5—10　深圳市 R&D 资本存量以及其增长率（几何平均法）

年份	R&D 支出成本价格指数（2002 年 = 100）	现价 R&D 支出额（万元）	不变价 R&D 支出额（万元）	R&D 资本存量（万元）	R&D 资本存量增长率（%）
2002	100.00	732040	732040	2651767	—
2003	99.63	832936	836029	3222619	21.53
2004	103.14	1014484	983605	3883963	20.52
2005	107.16	1245113	1161973	4657539	19.92
2006	111.31	1539551	1383133	5574918	19.70
2007	114.71	1755674	1530598	6548024	17.46
2008	121.73	2199909	1807180	7700402	17.60
2009	119.54	2797112	2339869	9270231	20.39
2010	124.23	3333102	2682984	11026191	18.94
2011	130.77	4161363	3182210	13105782	18.86
2012	133.88	4883739	3647881	15443084	17.83
2013	134.16	5846115	4357608	18256384	18.22
2014	135.16	6400600	4735573	21166318	15.94
2015	134.39	7277874	5415488	24465174	15.59

注：R&D 支出初始增长率为 17.61%，折旧率为 10%（2014—2015 年采用张军教授测算的 9.6%）。

二 R&D 资本存量的核算

根据深圳市统计年鉴中的现价 R&D 支出额,然后通过 R&D 支出成本价格指数对现价 R&D 支出额进行调整,得到不变价 R&D 支出额(2002 年 = 100)。其中 R&D 资本存量折旧率采用 10%(2014—2015 年采用张军教授测算的 9.6%),R&D 支出初始增长率采用几何平均法计算出的 17.61%。因此,根据不变价 R&D 支出额计算深圳市期初 R&D 资本存量,公式如下。

初始年 R&D 资本存量为:

$$K_0 = E_0/(g+\delta) = 732040/(17.605736\% + 10\%) = 2651767$$

2003 年 R&D 资本存量为:

$$K_1 = E_1/(1+\delta)K_0 = 836029 + (1-0.10) \times 2651767 = 3222619$$

其余计算,根据公式:$K_t = E_t + (1-\delta)K_{t-1}$,测算结果如表 5—10 所示。

三 不同执行部门 R&D 资本存量的核算

R&D 资本存量的大小与 R&D 支出的大小有着紧密的联系。虽然并不建议基础研究资本化,但是考虑到基础研究投入程度决定着应用研究与试验发展的潜力与前景,遂将其资本化,以方便对比分析。由于数据的限制,按照执行部门 R&D 的支出额只有 2009—2015 年的数据,为了分析需要,本书用 2002—2008 年的现价 R&D 支出额,根据 2009 年不同执行部门的比重结构进行插值补数,参见表 5—10。

(一)不同执行部门现价 R&D 支出和比重

国家科技统计制度将 R&D 支出执行部门分为四大类:科研院所、高等院校、工业企业和非工业企事业。根据深圳市实际情况,其中非工业企事业部门中大部分为服务性企业,又可将其划分为两大类:一是企业(包括工业企业和非工业企事业),二是科研院所和高等院校。

根据深圳市 2002—2015 年的数据,获得不同执行部门 R&D 的支出和比重,如表 5—11 所示。不同执行部门 R&D 支出的比重差异性很大,其中工业企业的支出比重一般在 90% 以上,占绝对份额;非工业企事业的支出比重次之,一般在 5% 左右;科研院所和高等院校的比重都比较低，尤其是高等院校，其 R&D 支出比重不到 1%。

表 5—11　深圳市不同执行部门 R&D 的支出和比重（现价）

年份	不同执行部门 R&D 支出额（万元）					不同执行部门 R&D 支出额所占比重（%）			
	科研院所	高等院校	工业企业	非工业企事业	合计	科研院所	高等院校	工业企业	非工业企事业
2002	4099	4758	677869	45313	732039	0.56	0.65	92.60	6.19
2003	4664	5414	771299	51559	832936	0.56	0.65	92.60	6.19
2004	5681	6594	939412	62797	1014484	0.56	0.65	92.60	6.19
2005	6973	8093	1152974	77072	1245112	0.56	0.65	92.60	6.19
2006	8621	10007	1425624	95298	1539550	0.56	0.65	92.60	6.19
2007	9832	11412	1625754	108676	1755674	0.56	0.65	92.60	6.19
2008	12319	14299	2037115	136174	2199907	0.56	0.65	92.60	6.19
2009	15772	18321	2590000	173019	2797112	0.56	0.65	92.60	6.19
2010	7982	14224	3137877	173019	3333102	0.24	0.43	94.14	5.19
2011	85967	13460	3888917	173019	4161363	2.07	0.32	93.45	4.16
2012	69338	17585	4618655	178161	4883739	1.42	0.36	94.57	3.65
2013	126838	24518	5329402	365357	5846115	2.17	0.42	91.16	6.25
2014	150400	27600	5883500	339100	6400600	2.35	0.43	91.92	5.30
2015	203780	27600	6726494	320000	7277874	2.80	0.38	92.42	4.40

注：表中 2002—2008 年不同执行部门数据是估计数。即用 2002—2008 年的现价 R&D 支出额，根据 2009 年不同执行部门的比重结构进行插值补数。

（二）不同执行部门不变价 R&D 支出对比分析

为了进行时序数列比较，以及 R&D 支出资本化分析的需要，需将不同执行部门 R&D 的支出按 2002 年不变价进行测算。此外，本书假设各个执行部门的 R&D 支出价格指数与总体 R&D 支出价格指数相等，其中以 2002 年为基期的不变价 R&D 支出价格指数如表 5—12 所示。具体核算方法，即不变价 R&D 支出额 = 现价 R&D 支出额/R&D 定基价格指数。

表5—12 深圳市不同执行部门不变价 R&D 支出（不变价 2002 年 = 100）

年份	R&D 定基价格指数（%）	科研院所 R&D 支出（万元）	高等院校 R&D 支出（万元）	工业企业 R&D 支出（万元）	非工业企事业 R&D 支出（万元）
2002	100.00	4099	4758	677869	45313
2003	99.63	4682	5434	774163	51750
2004	103.14	5508	6393	910819	60885
2005	107.16	6507	7553	1075987	71926
2006	111.31	7746	8990	1280781	85616
2007	114.71	8571	9949	1417334	94744
2008	121.73	10120	11747	1673449	111864
2009	119.54	13194	15326	2166614	144736
2010	124.23	6425	11450	2525837	139272
2011	130.77	65739	10293	2973869	132308
2012	133.88	51791	13135	3449878	133076
2013	134.16	94543	18276	3972458	272332
2014	135.16	111276	20420	4352989	250888
2015	134.39	151634	20537	5005204	238113

（三）不同执行部门 R&D 支出的资本存量分析

如前所述，在 R&D 支出的资本存量的核算中，首先需要获得 R&D 支出初始增长率 g_k。此处采用几何平均法获得 R&D 支出初始增长率 17.61%（见表 5—12）；R&D 的折旧率为 10%（2014—2015 年采用张军教授测算的 9.6%），用公式：$K_0 = E_0 (g - \delta)$ 对表 5—12 数据进行测算初始年 R&D 资本存量，其他年份的 R&D 资本存量，可以通过 $K_t = E_t (1 - \delta) K_{t-1}$ 递推式获取。如 2002—2003 年科研院所 R&D 资本存量测算如下：

初始年 R&D 资本存量为：

$K_0 = E_0 / (g + \delta) = 4099.42 / (17.605736\% + 10\%) = 14850$

2003 年 R&D 资本存量为：

$K_1 = E_1 / (1 + \delta) K_0 = 4680 + (1 - 10\%) = 14850 = 18047$

同理，对科研院所、高等院校、工业企业与非工业企事业不同执行部门 R&D 支出进行资本存量测算，其余年份核算结果如表 5—13 所示。

表 5—13　深圳市不同执行部门 R&D 支出的资本存量分析（一）

年份	科研院所 R&D 资本存量（万元）	高等院校 R&D 资本存量（万元）	工业企业 R&D 资本存量（万元）	非工业企事业 R&D 资本存量（万元）	工业企业+非工业企事业 R&D 资本存量（万元）	科研院所+高等院校 R&D 资本存量（万元）
符号	(1)	(2)	(3)	(4)	(5)=(3)+(4)	(6)=(1)+(2)
2002	14850	17236	2455536	164144	2619680	32086
2003	18047	20947	2984145	199480	3183625	38994
2004	21750	25246	3596550	240417	3836967	46996
2005	26082	30274	4312881	288302	4601183	56356
2006	31220	36237	5162374	345087	5507461	67457
2007	36669	42562	6063470	405323	6468793	79231
2008	43122	50053	7130572	476655	7607227	93175
2009	52004	60373	8584128	573725	9157853	112377
2010	53229	65786	10251553	655624	10907177	119015
2011	113645	69500	12200267	722370	12922637	183145
2012	154072	75685	14430118	783209	15213327	229757
2013	233208	86392	16959564	977221	17936785	319600
2014	322095	98519	19684535	1134295	20818730	420614
2015	442808	109598	22799933	1263516	24063449	552406

注：R&D 支出初始增长率为 17.61%，折旧率为 10%（2014—2015 年采用张军教授测算的 9.6%）。

表 5—13 将 R&D 执行部门分为四大类：科研院所、高等院校、工业企业与非工业企事业。在进行账户调整或经济变量的影响分析时，通常将企业 R&D 活动产生的支出进行资本化，其余执行部门的 R&D 支出费用化。这部分主要计算企业部门产生的 R&D 资本存量与非企业部门产生的 R&D 资本存量，并比较它们的大小及发展变化。

纵观表 5—14，从不同执行部门 R&D 支出的资本存量比重看，2002—2015 年深圳市企业 R&D 资本存量占绝大部分，历年均在 98% 左右，说明深圳市 R&D 支出主要在工业企业和非工业企事业；

而科研院所和高等院校所占比重较小，一般在 1.5% 左右。因此，R&D 资本化对经济总量的影响主要集中在企业 R&D 的部分。非企业部门的 R&D 产出属于非市场活动的产出，在当前 GDP 中，并不包含非市场 R&D 产出部分。在 R&D 资本化后，要将非市场部门的私人 R&D 收益增加到经济总量中去，但这部分对经济总量的影响并不大。

表 5—14　深圳市不同执行部门 R&D 支出的资本存量分析（二）

年份	工业企业+非工业企事业 R&D 资本存量（万元）	科研院所+高等院校 R&D 资本存量（万元）	R&D 存量总额（万元）	企业 R&D 资本存量的比重（%）	科研院所+高等院校 R&D 资本存量的比重（%）	企业 R&D 资本形成额（万元）	科研院所+高等院校的收益（万元）
符号	(5)	(6)	(7)=(5)+(6)	(8)=(5)/(7)	(9)=(6)/(7)	(10)	(11)
2002	2619680	32086	2651766	98.79	1.21	—	—
2003	3183625	38994	3222619	98.79	1.21	563945	8342
2004	3836967	46996	3883963	98.79	1.21	653341	10138
2005	4601183	56356	4657539	98.79	1.21	764216	12219
2006	5507461	67457	5574918	98.79	1.21	906279	14653
2007	6468793	79231	6548024	98.79	1.21	961332	17539
2008	7607227	93175	7700402	98.79	1.21	1138434	20600
2009	9157853	112377	9270230	98.79	1.21	1550627	24225
2010	10907177	119015	11026192	98.92	1.08	1749324	29218
2011	12922637	183145	13105782	98.60	1.40	2015460	30944
2012	15213327	229757	15443084	98.51	1.49	2290691	47618
2013	17936785	319600	18256385	98.25	1.75	2723457	59737
2014	20818730	420614	21239344	98.02	1.98	2881946	83096
2015	24063449	552406	24615855	97.76	2.24	3244719	109360

注：R&D 支出初始增长率为 17.61%，折旧率为 10%（2014—2015 年采用张军教授测算的 9.6%）。

四　不同执行部门 R&D 支出纳入 GDP 部分占比和贡献率分析

从不同执行部门 R&D 支出的资本增量看，工业企业和非工业企事业 R&D 资本存量，可以直接用增量得到企业 R&D 资本形成总额，如表 5—14 显示，企业资本形成额 2003 年为 563945 万元，到 2015 年为 3244719 万元，按照 SNA 2008 的要求，这部分 R&D 资本形成额可以直接进入 GDP 核算。但是，按照 SNA 2008 的要求，科研院所和高等院校 R&D 资本存量不能直接进入 GDP，必须进行费用化处理，形成非企业 R&D 收益，然后，将非企业 R&D 收益进入 GDP 核算。非企业 R&D 收益测算公式如下：

非企业 R&D 收益（t）=（非企业私人收益率 16% + 折旧率 10%）× 非企业 R&D 资本存量（$t-1$）

R&D 支出中可纳入 GDP 的部分 = 企业资本额 + 非企业 R&D 资本化产生的私人收益

其中，非企业私人收益率本书参照国外学者对科研院所与高等院校部门的私人 R&D 收益率的研究成果，设定科研院所和高等院校的 R&D 私人收益率为 16%。根据上式，当期的非企业（科研院所和高等院校）的私人收益为上一期的非企业（科研院所和高等院校）R&D 资本存量的 16%，再加上上一期的非企业 R&D 资本存量的 10%。测算结果参见表 5—15。

表 5—15　深圳市 R&D 支出纳入 GDP 部分和占 R&D 的比重

年份	企业 R&D 资本形成额（万元）	科研院所 + 高等院校的收益（万元）	R&D 纳入 GDP 值的部分（万元）	R&D 支出成本价格指数（2002 年 = 100）	现价 R&D 支出额（万元）	不变价 R&D 支出额（万元）	R&D 纳入 GDP 部分占 R&D 比重（%）
符号	(10)	(11)	(12) = (10) + (11)	(13)	(14)	(15) = (14) / (13)	(16) = (12) / (15)
2002	—	—	—	100.00	732040	732040	—
2003	563945	8342	572287	99.63	832936	836029	68.45
2004	653341	10138	663479	103.14	1014484	983599	67.45
2005	764216	12219	776435	107.16	1245113	1161920	66.82
2006	906279	14653	920932	111.31	1539551	1383120	66.58
2007	961332	17539	978871	114.71	1755674	1530533	63.96
2008	1138434	20600	1159034	121.73	2199909	1807204	64.13

续表

年份	企业 R&D 资本形成额（万元）	科研院所+高等院校的收益（万元）	R&D 纳入 GDP 值的部分（万元）	R&D 支出成本价格指数（2002年=100）	现价 R&D 支出额（万元）	不变价 R&D 支出额（万元）	R&D 纳入 GDP 部分占 R&D 比重（%）
2009	1550627	24225	1574852	119.54	2797112	2339896	67.30
2010	1749324	29218	1778542	124.23	3333102	2683009	66.29
2011	2015460	30944	2046404	130.77	4161763	3182200	64.31
2012	2290691	47618	2338309	133.88	4883739	3647848	64.10
2013	2723457	59737	2783194	134.16	5846115	4357569	63.87
2014	2881946	83096	2965042	135.16	6400600	4735573	62.61
2015	3244719	109360	3354079	134.39	7277874	5415488	61.93

注：R&D 支出初始增长率为 17.61%，折旧率为 10%（2014—2015 年采用张军教授测算的 9.6%）。

如表 5—15 显示，非企业 R&D 收益 2003 年为 8342 万元，到 2015 年为 109360 万元。企业 R&D 资本形成额加非企业 R&D 收益可以进入 GDP 核算，从深圳市 R&D 支出纳入 GDP 的部分看，2003 年为 572287 万元，到 2015 年达到 3354079 万元。

由表 5—15 可知，通过 R&D 支出成本价格指数 Goldsmith 方法的测算，深圳市 R&D 支出纳入 GDP 的部分占 R&D 的比重 2003 年为 68.45%，到 2015 年为 61.93%，平均为 65.22%，总体趋势比较稳定。

由表 5—16 可知，通过 R&D 支出成本价格指数 Goldsmith 方法的测算，深圳市 R&D 支出纳入 GDP 后对 GDP 的贡献率 2003 年为 1.62%，到 2015 年为 2.38%，平均为 1.92%。2003—2015 年，深圳市 R&D 支出纳入 GDP 后对 GDP 的贡献率呈不断上升趋势，主要原因一是公式设定比较能反映 R&D 变动趋势；二是深圳市 2003—2015 年 R&D 投入强度不断提高，从 2003 年的 2.32%，上升到 2015 年的 4.15% 所致。另外，从 R&D 支出成本价格指数 Goldsmith 方法的测算结果看，该方法测算数值较美国 BEA 方法高。

表 5—16　深圳市 R&D 支出纳入 GDP 后对 GDP 的贡献率

年份	现价 GDP（万元）	不变价 GDP（万元）（2002 年=100）	R&D 纳入 GDP 值的部分（万元）	R&D 纳入后的 GDP（万元）（2002=100）	R&D 的纳入对 GDP 的贡献率（%）
符号	(17)	(18)	(19)=(12)	(20)=(18)+(19)	(21)=(19)/(18)
2002	29695184	29695184	—	—	—
2003	35857235	35392747	572287	35965034	1.62
2004	42821428	41513010	663479	42176489	1.60
2005	49509078	47770126	776435	48546561	1.63
2006	58135624	55683227	920932	56604159	1.65
2007	68015706	63944531	978871	64923402	1.53
2008	77867920	71691629	1159034	72850663	1.62
2009	82013176	79327545	1574852	80902397	1.99
2010	95815101	88978095	1778542	90756637	2.00
2011	115055298	97919527	2046404	99965931	2.09
2012	129500601	107673647	2338309	110011956	2.17
2013	145002300	118979373	2783194	121762567	2.34
2014	160019800	129449558	2965042	132414600	2.29
2015	175029900	140970569	3354079	144324648	2.38

注：R&D 支出初始增长率为 17.61%，折旧率为 10%（2014—2015 年采用张军教授测算的 9.6%）。

第三节　组合法核算分析

组合法是将不同的测算模型进行适当的组合，利用各种方法所提供的有用信息，充分发挥单个模型的优点，从而提高测算精度，减小单个模型的随机性，使组合预测模型保持较高的稳定性。目前不论学术界还是实际统计工作者,都十分推崇组合法。大量的研究结果证明,在诸种测算方法各异且模型数据要求不同的情况下,组合法效果最好。

假设对一测算问题建立了 m 个测算模型,它们对目标变量的测算值分别为 $f_1(t), f_2(t), \cdots, f_n(t)$,则组合测算模型为:

$$f(t) = \sum_{i=1}^{n} w_i f_i(t) \qquad (式5-4)$$

其中,$w_1, w_2, \cdots, w_n$ 为各种单项测算模型的测算值在组合测算中的权重。

在组合测算中如何确定各独立模型的权重是关键问题,本书在无法判断两种测算方法孰优孰劣而测算结果又相近的情况下,按等权测算的组合法更客观、科学,可消除人为赋权因素的影响。

组合法 =(Goldsmith 核算方法 + 美国 BEA 核算方法)/2

一 资本存量测算结果对比分析

通过 R&D 支出成本价格指数美国 BEA 测算方法和 Goldsmith 测算方法的对比分析,课题组发现美国 BEA 方法和 Goldsmith 方法的测算结果相近。资本存量测算结果参见表 5—17。

表 5—17 深圳市三种核算方法资本存量测算结果对比分析

年份	R&D 资本存量(万元)			R&D 资本存量增长率(%)		
	美国 BEA 方法	Goldsmith 方法	组合法	美国 BEA 方法	Goldsmith 方法	组合法
2002	2849423	2651767	2750595	—	—	—
2003	3358709	3222619	3290664	17.87	21.53	19.63
2004	3957263	3883963	3920612	17.82	20.52	19.14
2005	4665410	4657539	4661475	17.89	19.92	18.90
2006	5512845	5574918	5543882	18.16	19.70	18.93
2007	6415630	6548024	6481827	16.37	17.46	16.92
2008	7490887	7700402	7595645	16.76	17.60	17.18
2009	8964673	9270231	9117452	19.67	20.39	20.04

第五章　深圳市 R&D 支出纳入 GDP 的测算方法　97

续表

年份	R&D 资本存量（万元）			R&D 资本存量增长率（%）		
	美国 BEA 方法	Goldsmith 方法	组合法	美国 BEA 方法	Goldsmith 方法	组合法
2010	10617041	11026191	10821616	18.43	18.94	18.69
2011	12578436	13105782	12842109	18.47	18.86	18.67
2012	14786080	15443084	15114582	17.55	17.83	17.70
2013	17447199	18256385	17851792	18.00	18.22	18.11
2014	20280534	21239344	20759939	15.79	15.94	15.86
2015	23489147	24615855	24052501	15.47	15.59	15.53

从表 5—17 组合法可以看出，2002 年以来，深圳市 R&D 资本存量高速增长，从 2002 年的 275.06 亿元增长到 2015 年的 2405.25 亿元，年均增长 18.09%。

二　R&D 纳入 GDP 测算结果对比分析

从表 5—18 可以看出，深圳市三种核算方法 R&D 纳入 GDP 测算结果，美国 BEA 方法偏低，Goldsmith 方法偏高，组合法测算结果适中（见图 5—1）。

表 5—18　深圳市三种核算方法测算结果对比分析

年份	R&D 纳入 GDP 部分占 R&D 比重（%）			R&D 支出纳入 GDP 后对 GDP 贡献率（%）		
	美国 BEA 方法	Goldsmith 方法	组合法	美国 BEA 方法	Goldsmith 方法	组合法
2002	—	—	—	—	—	—
2003	61.25	68.45	64.85	1.45	1.62	1.53
2004	61.19	67.45	64.32	1.45	1.60	1.52
2005	61.28	66.82	64.05	1.49	1.63	1.56
2006	61.59	66.58	64.09	1.53	1.65	1.59

续表

年份	R&D 纳入 GDP 部分占 R&D 比重（%）			R&D 支出纳入 GDP 后对 GDP 贡献率（%）		
	美国BEA方法	Goldsmith方法	组合法	美国BEA方法	Goldsmith方法	组合法
2007	59.40	63.96	61.68	1.42	1.53	1.48
2008	59.90	64.13	62.02	1.51	1.62	1.56
2009	63.22	67.30	65.26	1.86	1.99	1.93
2010	62.41	66.29	64.35	1.88	2.00	1.94
2011	60.67	64.31	62.49	1.97	2.09	2.03
2012	60.56	64.10	62.33	2.05	2.17	2.11
2013	60.42	63.87	62.15	2.21	2.34	2.28
2014	59.48	62.61	61.04	2.18	2.29	2.23
2015	58.86	61.93	60.40	2.26	2.38	2.32

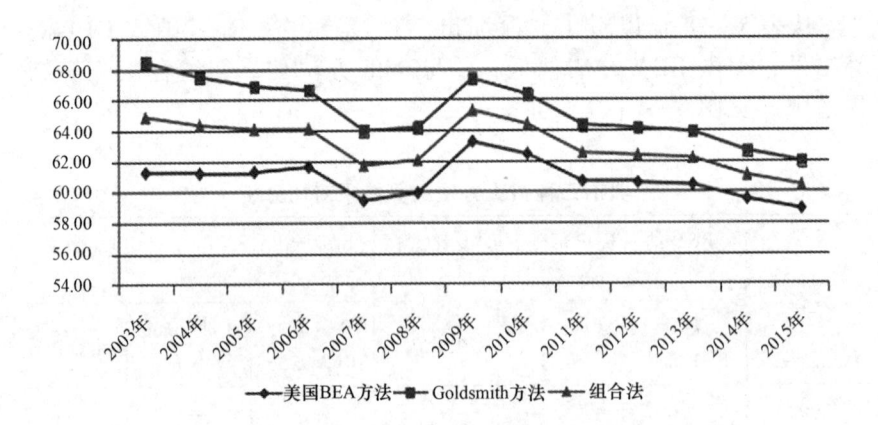

图 5—1 三种核算方法下深圳市 R&D 纳入
GDP 部分占 R&D 比重（%）

三 R&D 纳入 GDP 最终结果

组合法的最终测算结果如图 5—2、表 5—19 至表 5—21 所示。

第五章 深圳市 R&D 支出纳入 GDP 的测算方法　99

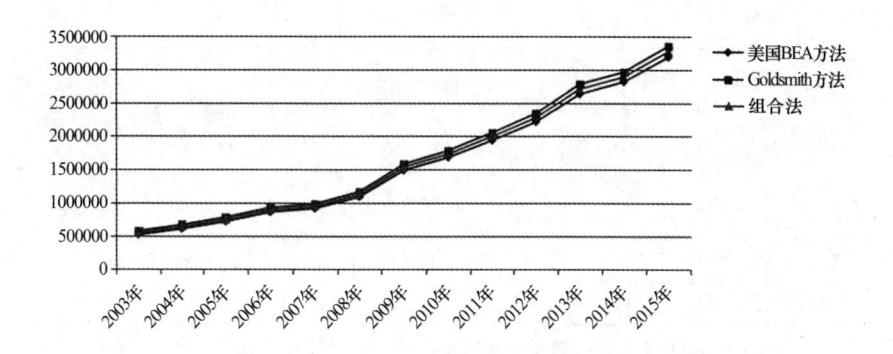

图 5—2　三种核算方法下深圳市 R&D 纳入 GDP 部分绝对量（万元）

表 5—19　深圳市不同执行部门 R&D 支出的资本存量分析（组合法）

年份	工业企业+非工业企事业 R&D 资本存量（万元）	科研院所+高等院校 R&D 资本存量（万元）	R&D 资本存量总额（万元）	企业 R&D 资本存量的比重（%）	科研院所+高等院校 R&D 资本存量的比重（%）	企业 R&D 资本形成额（万元）	科研院所+高等院校的收益（万元）
符号	(1)	(2)	(3)=(1)+(2)	(4)=(1)/(3)	(5)=(2)/(3)	(6)	(7)
2002	2717313	33282	2750595	98.79	1.21	—	—
2003	3250847	39817	3290664	98.79	1.21	533534	8653
2004	3873173	47439	3920612	98.79	1.21	622327	10352
2005	4605071	56404	4661475	98.79	1.21	731798	12334
2006	5476801	67081	5543882	98.79	1.21	871730	14665
2007	6403397	78430	6481827	98.79	1.21	926596	17441
2008	7503737	91907	7595644	98.79	1.21	1100340	20392
2009	9006929	110523	9117452	98.79	1.21	1503192	23896
2010	10704717	116899	10821616	98.92	1.08	1697788	28736
2011	12662769	179340	12842109	98.60	1.40	1958051	30394
2012	14889872	224710	15114582	98.51	1.49	2227104	46629
2013	17539555	312237	17851792	98.25	1.75	2649683	58425

续表

年份	工业企业+非工业企事业R&D资本存量（万元）	科研院所+高等院校R&D资本存量（万元）	R&D资本存量总额（万元）	企业R&D资本存量的比重（%）	科研院所+高等院校R&D资本存量的比重（%）	企业R&D资本形成额（万元）	科研院所+高等院校的收益（万元）
2014	20349142	410797	20759939	98.02	1.98	2809587	81182
2015	23513101	539400	24052501	97.76	2.24	3163960	106807

注：1. 企业R&D资本形成额=当年资本存量-上年资本存量；
    2. 科研院所+高等院校的收益=（科研院所+高等院校R&D资本存量）×（非企业私人收益率16%+折旧率10%）。

表5—20 深圳市R&D支出纳入GDP部分和占R&D的比重（组合法）

年份	企业R&D资本形成额（万元）	科研院所+高等院校的收益（万元）	R&D纳入GDP值的部分（万元）	R&D支出价格指数（%）	现价R&D支出额（万元）	不变价R&D支出额（万元）	R&D纳入GDP部分占R&D比重（%）
符号	(8)=(6)	(9)=(7)	(10)=(8)+(9)	(11)	(12)	(13)=(12)/(11)	(14)=(10)/(13)
2002	—	—	—	100.00	732040	732040	—
2003	533534	8653	542187	99.63	832936	836029	64.85
2004	622327	10352	632679	103.14	1014484	983599	64.32
2005	731898	12334	744232	107.16	1245113	1161920	64.05
2006	871730	14665	886395	111.31	1539551	1383120	64.09
2007	926596	17441	944037	114.71	1755674	1530533	61.68
2008	1100340	20392	1120732	121.73	2199909	1807204	62.01
2009	1503192	23896	1527088	119.54	2797112	2339896	65.26
2010	1697788	28736	1726524	124.23	3333102	2683009	64.35
2011	1958051	30394	1988445	130.77	4161363	3182200	62.49
2012	2227104	46629	2273733	133.88	4883739	3647848	62.33
2013	2649683	58425	2708108	134.16	5846115	4357693	62.15
2014	2809587	81182	2890769	135.16	6400600	4735573	61.04
2015	3163960	106807	3270767	134.39	7277874	5415488	60.40

表 5—21 深圳市 R&D 支出纳入 GDP 后对 GDP 的贡献率（组合法）

年份	R&D 纳入 GDP 比重（%）	按不变价 R&D 纳入 GDP 绝对量（万元）	按现价 R&D 纳入 GDP 绝对量（万元）	不变价 GDP（万元）	现价 GDP（万元）	按不变价 R&D 纳入后对 GDP 贡献率（%）	按现价 R&D 纳入后对 GDP 贡献率（%）
符号	15 = 14	(16) = (13) × (15)	(17) = (12) × (15)	(18)	(19)	(20) = (16) / (18)	(21) = (17) / (19)
2002	—	—	—	29695184	29695184	—	—
2003	64.85	542165	540159	35392747	35857235	1.53	1.51
2004	64.32	632651	652516	41513010	42821428	1.52	1.52
2005	64.05	744210	797495	47770126	49509078	1.56	1.61
2006	64.09	886442	986698	55683227	58135624	1.59	1.70
2007	61.68	944033	1082900	63944531	68015706	1.48	1.59
2008	62.01	1120647	1364164	71691629	77867920	1.56	1.75
2009	65.26	1527016	1825395	79327545	82013176	1.92	2.23
2010	64.35	1726516	2144851	88978095	95815101	1.94	2.24
2011	62.49	1988557	2600436	97919527	115055298	2.03	2.26
2012	62.33	2273704	3044035	107673647	129500601	2.11	2.35
2013	62.15	2708306	3633360	118979373	145002300	2.28	2.51
2014	61.04	2890594	3906926	129449558	160019800	2.23	2.44
2015	60.40	3270955	4395836	140970569	175029900	2.32	2.51

表 5—19 至表 5—21 分析显示：

（1）2002 年以来，深圳市 R&D 资本存量高速增长。2002—2015 年，深圳市 R&D 经费支出额从 73.20 亿元增长到 727.79 亿元，年均增长 19.3%。受此带动，深圳市 R&D 资本存量持续快速增长，从 2002 年的 275.06 亿元增长到 2015 年的 2405.25 亿元，年均增长 18.2%。

（2）R&D 纳入 GDP 部分占 R&D 总量六成以上。2013—2015 年，深圳市可纳入 GDP 核算的 R&D 占 R&D 总量的比重分别为 62.15%、61.04%、60.40%。

（3）从 R&D 纳入 GDP 的绝对量看，2013—2015 年深圳市 R&D 纳入 GDP 的绝对量分别为 363.34 亿元（现价，下同）、390.69 亿元、439.58 亿元。

（4）从 R&D 纳入 GDP 后对 GDP 的贡献率来看，2013—2015 年，深圳市 R&D 纳入 GDP 后对 GDP 的贡献率分别为 2.51%（现价，下同）、2.44%、2.51%。

综上，通过多视角下各种测算方法对比分析，运用组合法测算，其结果较为平稳，发展趋势较为符合深圳市实际情况。因此，深圳市 R&D 支出纳入 GDP 的核算方法采用组合法，即（美国 BEA 法 + Goldsmith 方法）/2。后续分析，也将利用组合法测算结果进行分析。

第四节 全国数据测算结果

分别运用上述的美国 BEA 法、Goldsmith 方法和组合法，对全国数据进行测算，结果如下。

一 美国 BEA 核算方法的分析

（一）中国 R&D 资本存量的测算

中国 R&D 资本存量结果如表 5—22 所示。

表 5—22　中国 R&D 资本存量和增长率（美国 BEA 法）
（R&D 支出初始增长率为 16.91%，折旧率为 10%）

年份	R&D 支出成本价格指数（2010 年 = 100）	现价 R&D 经费支出（亿元）	不变价 R&D 经费支出（亿元）（2010 年 = 100）	不变价 R&D 资本存量（亿元）（2010 年 = 100）	R&D 资本存量增长率（%）
1995	51.24	348.69	680.53	2671.31	—
1996	53.48	404.48	756.32	3122.74	16.91
1997	54.97	481.50	875.93	3642.60	16.65
1998	55.01	551.12	1001.85	4230.12	16.13
1999	54.82	678.91	1238.43	4983.54	17.81
2000	58.30	895.66	1536.30	5944.79	19.29
2001	59.54	1042.49	1750.91	7013.64	17.98
2002	60.41	1287.64	2131.50	8337.04	18.87
2003	64.13	1539.63	2400.80	9783.94	17.36

续表

年份	R&D 支出成本价格指数 (2010年=100)	现价 R&D 经费支出（亿元）	不变价 R&D 经费支出（亿元）(2010年=100)	不变价 R&D 资本存量（亿元）(2010年=100)	R&D 资本存量增长率（%）
2004	72.29	1966.33	2720.06	11389.69	16.41
2005	76.90	2449.97	3185.92	13277.49	16.57
2006	82.00	3003.10	3662.32	15428.97	16.20
2007	86.08	3710.24	4310.22	17980.71	16.54
2008	94.77	4616.02	4870.76	20809.66	15.73
2009	92.10	5802.11	6299.79	24713.21	18.76
2010	100.00	7062.58	7062.58	28951.34	17.15
2011	108.69	8687.00	7992.46	33649.00	16.23
2012	109.50	10298.41	9404.94	39219.05	16.55
2013	110.33	11846.60	10737.42	45497.51	16.01

（二）不同执行部门 R&D 资本存量的核算

1. 不同执行部门现价 R&D 支出和比重

根据中国 1995—2013 年的数据，获得不同执行部门 R&D 的支出和比重，如表 5—23 所示。不同执行部门 R&D 支出的比重的差异性很大，其中工业企业的支出比重一般在 70% 以上，占绝对的比重；科研机构和高等院校的比重都比较低，尤其是高等院校，其 R&D 支出比重约占 8%。

表 5—23　中国不同执行部门 R&D 的支出和比重（现价）

年份	不同执行部门 R&D 支出额（万元）			不同执行部门 R&D 支出额所占比重（%）		
	高等院校	科研院所	工业企业	高等院校	科研院所	工业企业
1995	42.30	146.40	159.99	12.13	41.99	45.88
1996	47.80	172.90	183.78	11.82	42.75	45.44
1997	57.70	206.40	217.40	11.98	42.87	45.15
1998	57.30	234.30	259.52	10.40	42.51	47.09

续表

年份	不同执行部门 R&D 支出额（万元）			不同执行部门 R&D 支出额占比重（%）		
	高等院校	科研院所	工业企业	高等院校	科研院所	工业企业
1999	63.50	260.50	354.91	9.35	38.37	52.28
2000	76.70	258.00	560.96	8.56	28.81	62.63
2001	102.40	288.50	651.59	9.82	27.67	62.50
2002	130.50	351.30	805.84	10.13	27.28	62.58
2003	162.30	398.99	978.34	10.54	25.91	63.54
2004	200.94	431.75	1333.64	10.22	21.96	67.82
2005	242.30	513.10	1694.57	9.89	20.94	69.17
2006	276.81	567.30	2158.99	9.22	18.89	71.89
2007	314.70	687.90	2707.64	8.48	18.54	72.98
2008	390.20	811.30	3414.52	8.45	17.58	73.97
2009	468.20	996.00	4337.91	8.07	17.17	74.76
2010	597.30	1186.40	5278.88	8.46	16.80	74.74
2011	688.84	1306.74	6691.42	7.93	15.04	77.03
2012	780.56	1548.93	7968.92	7.58	15.04	77.38
2013	856.70	1781.40	9208.50	7.23	15.04	77.73

2. 不同执行部门不变价 R&D 支出对比分析

其核算结果见表 5—24。

表 5—24　中国不同执行部门不变价 R&D 支出（不变价 2010 年 = 100）

年份	R&D 支出成本价格指数（%）（2010 年 = 100）	高等院校 R&D 支出（亿元）	科研院所 R&D 支出（亿元）	工业企业 R&D 支出（亿元）
1995	51.24	82.56	285.73	312.25
1996	53.48	89.39	323.33	343.67
1997	54.97	104.97	375.47	395.48
1998	55.01	104.17	425.93	471.78

续表

年份	R&D 支出成本价格指数（%）（2010年=100）	高等院校 R&D 支出（亿元）	科研院所 R&D 支出（亿元）	工业企业 R&D 支出（亿元）
1999	54.82	115.82	475.16	647.36
2000	58.30	131.57	442.58	962.28
2001	59.54	171.98	484.54	1094.35
2002	60.41	216.01	581.48	1333.85
2003	64.13	253.06	622.12	1525.46
2004	72.29	277.97	597.27	1844.91
2005	76.90	315.10	667.26	2203.71
2006	82.00	337.58	691.83	2632.93
2007	86.08	365.58	799.12	3145.43
2008	94.77	411.72	856.04	3602.80
2009	92.10	508.34	1081.38	4709.77
2010	100.00	597.30	1186.40	5278.88
2011	108.69	633.76	1202.26	6156.40
2012	109.50	712.86	1414.59	7277.76
2013	110.33	776.47	1614.58	8346.17

3. 不同执行部门 R&D 支出的资本存量分析

不同执行部门资本存量及所占比重见表5—25、表5—26。

表5—25 中国不同执行部门 R&D 支出的资本存量分析（一）
（R&D 支出初始增长率为16.91%，折旧率为10%）

年份	高等院校 R&D 资本存量（亿元）	科研院所 R&D 资本存量（亿元）	工业企业 R&D 资本存量（亿元）	科研院所+高等院校 R&D 资本存量（亿元）
符号	(1)	(2)	(3)	(4)=(1)+(2)
1995	315.69	1141.88	1213.74	1457.57
1996	369.03	1334.86	1418.85	1703.89

续表

年份	高等院校 R&D 资本存量（亿元）	科研院所 R&D 资本存量（亿元）	工业企业 R&D 资本存量（亿元）	科研院所+高等院校 R&D 资本存量（亿元）
1997	431.85	1558.07	1652.68	1989.92
1998	487.62	1806.90	1935.60	2294.52
1999	548.89	2077.61	2357.04	2626.50
2000	619.00	2290.29	3035.49	2909.29
2001	720.48	2521.58	3771.58	3242.06
2002	853.64	2821.83	4661.58	3675.47
2003	1008.68	3130.65	5644.60	4139.33
2004	1171.89	3384.99	6832.81	4556.88
2005	1354.05	3680.39	8243.05	5034.44
2006	1539.34	3969.60	9920.03	5508.94
2007	1732.71	4331.81	11916.19	6064.52
2008	1950.57	4711.86	14147.24	6662.43
2009	2238.43	5267.99	17206.79	7506.42
2010	2582.02	5868.27	20501.05	8450.29
2011	2925.90	6423.59	24299.52	9349.49
2012	3310.52	7125.09	28783.44	10435.61
2013	3717.12	7946.43	33833.96	11663.55

表 5—26　中国不同执行部门 R&D 支出的资本存量分析（二）
（R&D 支出初始增长率为 16.91%，折旧率为 10%）

年份	工业企业 R&D 资本存量（亿元）	高等院校+科研院所 R&D 资本存量（亿元）	R&D 资本存量总额（亿元）	企业 R&D 资本存量的比重（%）	高等院校+科研院所 R&D 资本存量的比重（%）	企业 R&D 资本形成额（亿元）	高等院校+科研机构的收益（亿元）
符号	(1)	(2)	(3)=(1)+(2)	(4)=(1)/(3)	(5)=(2)/(3)	(6)	(7)
1995	1213.74	1457.57	2671.31	45.44	54.56	—	—

续表

年份	工业企业 R&D 资本存量（亿元）	高等院校+科研院所 R&D 资本存量（亿元）	R&D 资本存量总额（亿元）	企业 R&D 资本存量的比重（%）	高等院校+科研院所 R&D 资本存量的比重（%）	企业 R&D 资本形成额（亿元）	高等院校+科研机构的收益（亿元）
1996	1418.85	1703.89	3122.74	45.44	54.56	205.12	182.58
1997	1652.68	1989.92	3642.60	45.37	54.63	233.82	211.66
1998	1935.60	2294.52	4230.12	45.76	54.24	282.93	247.04
1999	2357.04	2626.50	4983.54	47.30	52.70	421.43	282.46
2000	3035.49	2909.29	5944.78	51.06	48.94	678.46	321.75
2001	3771.58	3242.06	7013.64	53.77	46.23	736.08	348.34
2002	4661.58	3675.47	8337.05	55.91	44.09	890.00	389.86
2003	5644.60	4139.33	9783.93	57.69	42.31	983.03	447.30
2004	6832.81	4556.88	11389.69	59.99	40.01	1188.20	501.45
2005	8243.05	5034.44	13277.49	62.08	37.92	1410.25	543.21
2006	9920.03	5508.94	15428.97	64.29	35.71	1676.98	601.68
2007	11916.19	6064.52	17980.71	66.27	33.73	1996.16	653.83
2008	14147.24	6662.43	20809.67	67.98	32.02	2231.04	722.92
2009	17206.79	7506.42	24713.21	69.63	30.37	3059.55	793.02
2010	20501.05	8450.29	28951.34	70.81	29.19	3294.26	909.61
2011	24299.52	9349.49	33649.01	72.21	27.79	3798.48	1023.40
2012	28783.44	10435.61	39219.05	73.39	26.61	4483.92	1118.55
2013	33833.96	11663.55	45497.51	74.36	25.64	5050.52	1256.31

纵观表 5—26，从中国不同执行部门 R&D 支出的资本存量比重看，中国 1995—2013 年 R&D 资本存量，在 1999 年以前高等院校和科研院所占主导地位，2000 年以来企业占主导地位，特别是 2013 年企业 R&D 资本存量为 74.36%，占绝大部分。说明中国 R&D 支出主要在工业企业；而高等院校和科研院所所占比重较少，2013 年仅占 25.64%。

1995—2013 年，中国企业 R&D 资本存量占总资本存量的比重整体呈现上升趋势。因此，R&D 资本化对经济总量的影响主要集中在企业 R&D 的部分。在当前 GDP 中，并不包含非市场 R&D 产出部分。在 R&D 资本化后，要将非市场部门的私人 R&D 收益增加到经济总量中去,但这部分对经济总量具有一定的影响作用。

(三) 不同执行部门 R&D 支出纳入 GDP 部分占比和贡献率分析

从不同执行部门 R&D 支出的资本增量看,工业企业 R&D 资本存量,可以直接用增量得到企业 R&D 资本形成总额,如表 5—26 显示。企业资本形成额 1996 年为 205.12 亿元,到 2013 年为 5050.52 亿元,按照 SNA 2008 的要求,这部分 R&D 资本形成额可以直接进入 GDP 核算。但是,按照 SNA 2008 的要求,高等院校和科研院所 R&D 资本存量不能直接进入 GDP,必须进行费用化处理,形成非企业 R&D 收益,然后,将非企业 R&D 收益进入 GDP 核算。也就是所谓的企业 R&D 资本化,科研院所 R&D 费用化处理准则。非企业 R&D 收益测算公式如下:

非企业 R&D 收益$_{(t)}$ = (非企业 R&D 投资$_{(t-1)}$ × 非企业私人收益率 10%) + (非企业 R&D 资本存量$_{(t-1)}$ × 折旧率 10%)

R&D 支出中可纳入 GDP 的部分 = 企业资本额 + 非企业 R&D 资本化产生的私人收益

其中,私人收益部分是根据国外学者对科研机构与高等教育部门的私人 R&D 收益率研究的基础上,本书参照其研究结果,设定中国高等院校和科研机构的 R&D 私人收益率为 10%。根据上式,当期的非企业(高等院校和科研机构)的私人收益为上一期的非企业(科研机构和高等院校)R&D 投资的 10%,再加上上一期的非企业 R&D 资本存量的 10%。测算结果参见表 5—27。

表 5—27　中国 R&D 支出纳入 GDP 部分和占 R&D 的比重
(R&D 支出初始增长率为 16.91%,折旧率为 10%)

年份	企业 R&D 资本形成额(亿元)	高等院校 + 科研机构的收益(亿元)	R&D 纳入 GDP 值的部分(亿元)	R&D 支出价格指数(%)	现价 R&D 支出额(亿元)	不变价 R&D 支出额(亿元)	R&D 纳入 GDP 部分占 R&D 比重(%)
符号	(1)	(2)	(3)=(1)+(2)	(4)	(5)	(6)=(5)/(4)	(1)=(3)/(6)
1995	—	—	—	51.24	348.69	680.53	—
1996	205.12	182.58	387.70	53.48	404.48	756.32	51.26
1997	233.82	211.66	445.48	54.97	481.5	875.93	50.86

续表

年份	企业 R&D 资本形成额（亿元）	高等院校+科研机构的收益（亿元）	R&D 纳入 GDP 值的部分（亿元）	R&D 支出价格指数（%）	现价 R&D 支出额（亿元）	不变价 R&D 支出额（亿元）	R&D 纳入 GDP 部分占 R&D 比重（%）
1998	282.93	247.04	529.97	55.01	551.12	1001.85	52.90
1999	421.43	282.46	703.89	54.82	678.91	1238.43	56.84
2000	678.46	321.75	1000.21	58.30	895.66	1536.30	65.11
2001	736.08	348.34	1084.42	59.54	1042.49	1750.91	61.93
2002	890.00	389.86	1279.86	60.41	1287.64	2131.50	60.05
2003	983.03	447.30	1430.33	64.13	1539.63	2400.80	59.58
2004	1188.20	501.45	1689.65	72.29	1966.33	2720.06	62.12
2005	1410.25	543.21	1953.46	76.90	2449.97	3185.92	61.32
2006	1676.98	601.68	2278.66	82.00	3003.1	3662.32	62.22
2007	1996.16	653.83	2649.99	86.08	3710.24	4310.22	61.48
2008	2231.04	722.92	2953.96	94.77	4616.02	4870.76	60.65
2009	3059.55	793.02	3852.57	92.10	5802.11	6299.79	61.15
2010	3294.26	909.61	4203.87	100.00	7062.58	7062.58	59.52
2011	3798.48	1023.40	4821.88	108.69	8687	7992.46	60.33
2012	4483.92	1118.55	5602.47	109.50	10298.41	9404.94	59.57
2013	5050.52	1256.31	6306.83	110.33	11846.6	10737.42	58.74

如表5—27显示，非企业R&D收益1996年为182.58亿元，到2013年为1256.31亿元。企业资本形成额加非企业R&D收益可以进入GDP核算，从中国R&D支出纳入GDP的部分看，1996年为387.70亿元，到2013年达到6306.83亿元。

由表5—27可知，通过R&D支出成本价格指数美国BEA核算方法的测算，中国R&D支出纳入GDP的部分占R&D的比重1996年为51.26%，到2013年为58.74%，平均为56.09%，可见1996—2013年中国R&D支出纳入GDP的部分占R&D的比重缓慢上升，总体趋势比较稳定。

由表5—28可知，通过R&D支出成本价格指数美国BEA核算方法的测算，中国R&D支出纳入GDP后对GDP的贡献率1996年为0.36%，到2013年为1.24%，平均为0.80%，可见1996—

2013 年中国 R&D 支出纳入 GDP 后对 GDP 的贡献率有上升趋势。主要原因是中国 1996—2013 年 R&D 投入强度不断加大，从 1996 年的 0.57% 上升到 2013 年的 2.08%。

表 5—28　中国 R&D 支出纳入 GDP 后对 GDP 的贡献率
（R&D 支出初始增长率为 16.91%，折旧率为 10%）

年份	现价 GDP（亿元）	不变价 GDP（亿元）（2010 年 = 100）	R&D 纳入 GDP 值的部分（亿元）	R&D 纳入后的 GDP（亿元）（2002 年 = 100）	R&D 的纳入对 GDP 的贡献率（%）
符号	(1)	(2)	(3)	(4) = (2) + (3)	(5) = (3) / (2)
1995	60793.7	97946.44	—	—	
1996	71176.6	107749.43	387.70	108137.13	0.36
1997	78973.0	117766.93	445.48	118212.41	0.38
1998	84402.3	126992.03	529.97	127522.00	0.42
1999	89677.1	136668.61	703.89	137372.50	0.52
2000	99214.6	148191.52	1000.21	149191.73	0.67
2001	109655.2	160491.89	1084.42	161576.31	0.68
2002	120332.7	175067.87	1279.86	176347.73	0.73
2003	135822.8	192619.09	1430.33	194049.42	0.74
2004	159878.3	212044.80	1689.65	213734.45	0.80
2005	184937.4	236027.14	1953.46	237980.60	0.83
2006	216314.4	265947.20	2278.66	268225.86	0.86
2007	265810.3	303611.70	2649.99	306261.69	0.87
2008	314045.4	332863.67	2953.96	335817.63	0.89
2009	340902.8	363534.40	3852.57	367386.97	1.06
2010	401512.8	401512.80	4203.87	405716.67	1.05
2011	473104.0	438853.02	4821.88	443674.90	1.10
2012	519470.1	472436.49	5602.47	478038.96	1.19
2013	568845.2	508677.99	6306.83	514984.82	1.24

二 Goldsmith 核算方法的分析

（一）全国 R&D 资本存量的核算

测算结果如表 5—29 所示。

表 5—29　中国 R&D 资本存量以及其增长率（几何平均法）
（R&D 支出初始增长率为 16.56%，折旧率为 10%）

年份	R&D 支出成本价格指数（2010 年 = 100）	现价 R&D 支出额（亿元）	不变价 R&D 支出额（亿元）	R&D 资本存量（亿元）	R&D 资本存量增长率（%）
1995	51.24	348.69	680.50	2562.01	—
1996	53.48	404.48	756.32	3062.20	19.52
1997	54.97	481.50	875.93	3631.90	18.60
1998	55.01	551.12	1001.85	4270.59	17.59
1999	54.82	678.91	1238.43	5081.88	19.00
2000	58.30	895.66	1536.30	6110.11	20.23
2001	59.54	1042.49	1750.91	7249.97	18.66
2002	60.41	1287.64	2131.50	8656.31	19.40
2003	64.13	1539.63	2400.80	10191.32	17.73
2004	72.29	1966.33	2720.06	11892.34	16.69
2005	76.90	2449.97	3185.92	13889.18	16.79
2006	82.00	3003.10	3659.88	16162.60	16.37
2007	86.08	3710.24	4310.22	18856.48	16.67
2008	94.77	4616.02	4870.76	21841.39	15.83
2009	92.10	5802.11	6299.79	25956.73	18.84
2010	100.00	7062.58	7062.58	30423.64	17.21
2011	108.69	8687.00	7992.46	35373.70	16.27
2012	109.50	10298.41	9405.94	41241.53	16.59
2013	110.33	11846.60	10737.42	47854.61	16.03

（二）不同执行部门 R&D 资本存量的核算

不同执行部门现价 R&D 支出和比重见表 5—30。

表 5—30　中国不同执行部门 R&D 的支出和比重（现价）

年份	不同执行部门 R&D 支出额（万元）			不同执行部门 R&D 支出额所占比重（%）		
	高等院校	科研院所	工业企业	高等院校	科研院所	工业企业
1995	42.30	146.40	159.99	12.13	41.99	45.88
1996	47.80	172.90	183.78	11.82	42.75	45.44
1997	57.70	206.40	217.40	11.98	42.87	45.15
1998	57.30	234.30	259.52	10.40	42.51	47.09
1999	63.50	260.50	354.91	9.35	38.37	52.28
2000	76.70	258.00	560.96	8.56	28.81	62.63
2001	102.40	288.50	651.59	9.82	27.67	62.50
2002	130.50	351.30	805.84	10.13	27.28	62.58
2003	162.30	398.99	978.34	10.54	25.91	63.54
2004	200.94	431.75	1333.64	10.22	21.96	67.82
2005	242.30	513.10	1694.57	9.89	20.94	69.17
2006	276.81	567.30	2158.99	9.22	18.89	71.89
2007	314.70	687.90	2707.64	8.48	18.54	72.98
2008	390.20	811.30	3414.52	8.45	17.58	73.97
2009	468.30	996.00	4337.91	8.07	17.17	74.76
2010	597.30	1186.40	5278.88	8.46	16.80	74.74
2011	688.84	1306.74	6691.42	7.93	15.04	77.03
2012	780.56	1548.93	7968.92	7.58	15.04	77.38
2013	856.70	1781.40	9208.50	7.23	15.04	77.73

不同执行部门不变价 R&D 支出对比分析见表 5—31。

表 5—31　中国不同执行部门不变价 R&D 支出（不变价 2010 年 =100）

年份	R&D 支出成本价格指数（2010 年 =100）	高等院校 R&D 支出（亿元）	科研院所 R&D 支出（亿元）	工业企业 R&D 支出（亿元）
1995	51.24	82.56	285.73	312.25
1996	53.48	89.39	323.33	343.67

续表

年份	R&D 支出成本价格指数（2010 年 = 100）	高等院校 R&D 支出（亿元）	科研院所 R&D 支出（亿元）	工业企业 R&D 支出（亿元）
1997	54.97	104.97	375.47	395.48
1998	55.01	104.17	425.93	471.78
1999	54.82	115.82	475.16	647.36
2000	58.30	131.57	442.58	962.28
2001	59.54	171.98	484.54	1094.35
2002	60.41	216.01	581.48	1333.85
2003	64.13	253.06	622.12	1525.46
2004	72.29	277.97	597.27	1844.91
2005	76.90	315.10	667.26	2203.71
2006	82.00	337.58	691.83	2632.93
2007	86.08	365.58	799.12	3145.43
2008	94.77	411.72	856.04	3602.80
2009	92.10	508.34	1081.38	4709.77
2010	100.00	597.30	1186.40	5278.88
2011	108.69	633.76	1202.26	6156.40
2012	109.50	712.86	1414.59	7277.76
2013	110.33	776.47	1614.58	8346.17

不同执行部门 R&D 支出的资本存量分析见表 5—32、表 5—33。

表 5—32　中国不同执行部门 R&D 支出的资本存量分析（一）
（R&D 支出初始增长率为 16.56%，折旧率为 10%）

年份	高等院校 R&D 资本存量（亿元）	科研院所 R&D 资本存量（亿元）	工业企业 R&D 资本存量（亿元）	高等院校+科研院所 R&D 资本存量（亿元）
符号	(1)	(2)	(3)	(4) = (1) + (2)
1995	310.80	1075.68	1175.53	1386.48
1996	369.11	1291.44	1401.65	1660.55

续表

年份	高等院校 R&D 资本存量（亿元）	科研院所 R&D 资本存量（亿元）	工业企业 R&D 资本存量（亿元）	高等院校+科研院所 R&D 资本存量（亿元）
1997	437.16	1537.77	1656.97	1974.93
1998	497.61	1809.93	1963.06	2307.54
1999	563.68	2104.09	2414.11	2667.77
2000	638.88	2336.26	3134.98	2975.14
2001	746.97	2587.17	3915.83	3334.14
2002	888.28	2909.93	4858.09	3798.21
2003	1052.52	3241.06	5897.74	4293.58
2004	1225.24	3514.22	7152.88	4739.46
2005	1417.82	3830.06	8641.30	5247.88
2006	1613.61	4138.89	10410.11	5752.50
2007	1817.83	4524.12	12514.53	6341.95
2008	2047.77	4927.75	14865.88	6975.52
2009	2351.32	5516.35	18089.06	7867.67
2010	2713.49	6151.12	21559.03	8864.61
2011	3075.91	6738.26	25559.53	9814.17
2012	3481.18	7479.03	30281.33	10960.21
2013	3909.53	8345.70	35599.37	12255.23

表 5—33 中国不同执行部门 R&D 支出的资本存量分析（二）
（R&D 支出初始增长率为 16.56%，折旧率为 10%）

年份	工业企业 R&D 资本存量（亿元）	科研院所+高等院校 R&D 资本存量（亿元）	R&D 存量总额（亿元）	企业 R&D 资本存量的比重（%）	高等院校+科研院所 R&D 资本存量的比重（%）	企业 R&D 资本形成额（亿元）	高等院校+科研机构的收益（亿元）
符号	(1)	(2)	(3)=(1)+(2)	(4)=(1)/(3)	(5)=(2)/(3)	(6)	(7)
1995	1175.53	1386.48	2562.01	45.88	54.12	—	—
1996	1401.65	1660.55	3062.20	45.77	54.23	226.12	175.48

续表

年份	工业企业 R&D 资本存量（亿元）	科研院所+高等院校 R&D 资本存量（亿元）	R&D 存量总额（亿元）	企业 R&D 资本存量的比重（%）	高等院校+科研院所 R&D 资本存量的比重（%）	企业 R&D 资本形成额（亿元）	高等院校+科研机构的收益（亿元）
1997	1656.97	1974.93	3631.90	45.62	54.38	255.32	207.33
1998	1963.06	2307.54	4270.60	45.97	54.03	306.09	245.54
1999	2414.11	2667.77	5081.88	47.50	52.50	451.06	283.76
2000	3134.98	2975.14	6110.12	51.31	48.69	720.86	325.87
2001	3915.83	3334.14	7249.97	54.01	45.99	780.85	354.93
2002	4858.09	3798.21	8656.30	56.12	43.88	942.26	399.07
2003	5897.74	4293.58	10191.32	57.87	42.13	1039.65	459.57
2004	7152.88	4739.46	11892.34	60.15	39.85	1255.14	516.88
2005	8641.30	5247.88	13889.18	62.22	37.78	1488.42	561.47
2006	10410.11	5752.50	16162.61	64.41	35.59	1768.80	623.02
2007	12514.53	6341.95	18856.48	66.37	33.63	2104.42	678.19
2008	14865.88	6975.54	21841.40	68.06	31.94	2351.35	750.67
2009	18089.06	7867.67	25956.73	69.69	30.31	3223.18	824.33
2010	21559.03	8864.61	30423.64	70.86	29.14	3469.97	945.74
2011	25559.53	9814.17	35373.70	72.26	27.74	4000.50	1064.83
2012	30281.33	10960.21	41241.54	73.42	26.58	4721.80	1165.02
2013	35599.37	12255.23	47854.60	74.39	25.61	5318.04	1308.76

（三）不同执行部门 R&D 支出纳入 GDP 部分占比和贡献率分析

不同执行部门 R&D 支出纳入 GDP 部分及占比重和贡献率见表 5—34、表 5—35。

表 5—34　中国 R&D 支出纳入 GDP 部分和占 R&D 的比重
（R&D 支出初始增长率为 17.61%，折旧率为 10%）

年份	企业 R&D 资本形成额（亿元）	高等院校+科研机构的收益（亿元）	R&D 纳入 GDP 值的部分（亿元）	R&D 支出成本价格指数（2010 年=100）	现价 R&D 支出额（亿元）	不变价 R&D 支出额（亿元）	R&D 纳入 GDP 部分占 R&D 比重（%）
符号	(1)	(2)	(3)=(1)+(2)	(4)	(5)	(6)=(5)/(4)	(7)=(3)/(6)
1995	—	—	—	51.24	348.69	680.50	—
1996	226.12	175.48	401.60	53.48	404.48	756.32	53.10
1997	255.32	207.33	462.65	54.97	481.5	875.93	52.82
1998	306.09	245.54	551.63	55.01	551.12	1001.85	55.06
1999	451.06	283.76	734.82	54.82	678.91	1238.43	59.33
2000	720.86	325.87	1046.73	58.30	895.66	1536.30	68.13
2001	780.85	354.93	1135.78	59.54	1042.49	1750.91	64.87
2002	942.26	399.07	1341.33	60.41	1287.64	2131.50	62.93
2003	1039.65	459.57	1499.22	64.13	1539.63	2400.80	62.45
2004	1255.14	516.88	1772.02	72.29	1966.33	2720.06	65.15
2005	1488.42	561.47	2049.89	76.90	2449.97	3185.92	64.34
2006	1768.80	623.02	2391.82	82.00	3003.1	3659.88	65.35
2007	2104.42	678.19	2782.61	86.08	3710.24	4310.22	64.56
2008	2351.35	750.67	3102.02	94.77	4616.02	4870.76	63.69
2009	3223.18	824.33	4047.51	92.10	5802.11	6299.79	64.25
2010	3469.97	945.74	4415.71	100.00	7062.58	7062.58	62.52
2011	4000.50	1064.83	5065.33	108.69	8687.00	7992.46	63.38
2012	4721.80	1165.02	5886.82	109.50	10298.41	9405.94	62.59
2013	5318.04	1308.76	6626.80	110.33	11846.6	10737.42	61.72

表 5—35　中国 R&D 支出纳入 GDP 后对 GDP 的贡献率
（R&D 支出初始增长率为 16.56%，折旧率为 10%）

年份	现价 GDP（亿元）	不变价 GDP（亿元）（2010 年 = 100）	R&D 纳入 GDP 值的部分（亿元）	R&D 纳入后的 GDP（亿元）（2010 年 = 100）	R&D 的纳入对 GDP 的贡献率（%）
符号	(1)	(2)	(3)	(4) = (2) + (3)	(5) = (3) / (2)
1995	60793.7	97946.44	—	—	—
1996	71176.6	107749.43	401.60	108151.03	0.37
1997	78973.0	117766.93	462.64	118229.57	0.39
1998	84402.3	126992.03	551.62	127543.65	0.43
1999	89677.1	136668.61	734.82	137403.43	0.54
2000	99214.6	148191.52	1046.74	149238.26	0.71
2001	109655.2	160491.89	1135.78	161627.67	0.71
2002	120332.7	175067.87	1341.33	176409.20	0.77
2003	135822.8	192619.09	1499.22	194118.31	0.78
2004	159878.3	212044.80	1772.01	213816.81	0.84
2005	184937.4	236027.14	2049.89	238077.04	0.87
2006	216314.4	265947.20	2391.83	268339.03	0.90
2007	265810.3	303611.70	2782.61	306394.31	0.92
2008	314045.4	332863.67	3102.02	335965.69	0.93
2009	340902.8	363534.40	4047.51	367581.91	1.11
2010	401512.8	401512.80	4415.71	405928.51	1.10
2011	473104.0	438853.02	5065.33	443918.35	1.15
2012	519470.1	472436.49	5886.82	478323.31	1.25
2013	568845.2	508677.99	6626.80	515304.79	1.30

三 组合法核算分析

由表5—36分析显示：

从R&D纳入GDP比重看，中国R&D纳入GDP占R&D比重1996年为52.18%，2013年为60.23%，17年增加8.05个百分点。发展趋势起伏一个周期。

表5—36　　　中国三种核算方法测算结果对比分析

年份	R&D纳入GDP部分占R&D比重（%）			R&D支出纳入GDP后对GDP贡献率（%）		
	美国BEA方法	Goldsmith方法	组合法	美国BEA方法	Goldsmith方法	组合法
1995	—	—	—	—	—	—
1996	51.26	53.10	52.18	0.36	0.37	0.37
1997	50.86	52.82	51.84	0.38	0.39	0.39
1998	52.90	55.06	53.98	0.42	0.43	0.43
1999	56.84	59.33	58.09	0.52	0.54	0.53
2000	65.11	68.13	66.61	0.67	0.71	0.69
2001	61.93	64.87	63.40	0.68	0.71	0.70
2002	60.05	62.93	61.49	0.73	0.77	0.75
2003	59.58	62.45	61.02	0.74	0.78	0.76
2004	62.12	65.15	63.63	0.80	0.84	0.82
2005	61.32	64.34	62.83	0.83	0.87	0.85
2006	62.22	65.35	63.76	0.86	0.90	0.88
2007	61.48	64.56	63.02	0.87	0.92	0.90
2008	60.65	63.69	62.17	0.89	0.93	0.91
2009	61.15	64.25	62.70	1.06	1.11	1.09
2010	59.52	62.52	61.02	1.05	1.10	1.08
2011	60.33	63.38	61.85	1.10	1.15	1.13
2012	59.57	62.59	61.08	1.19	1.25	1.22
2013	58.74	61.72	60.23	1.24	1.30	1.27
平均	59.20	62.01	60.61	—	—	—

从 R&D 支出纳入 GDP 后对 GDP 贡献率看，中国 R&D 支出纳入 GDP 后对 GDP 贡献率 1996 年为 0.37%，2013 年为 1.27%，17 年增加 0.90 个百分点，发展趋势直线上升。

综上，通过多视角下各种测算方法对比分析，运用组合法测算，其结果较为平稳，发展趋势较为符合中国实际情况。

第五节　中国各地区数据测算结果

一　各地区 R&D 资本的测度

（一）影响区域 R&D 支出纳入 GDP 核算的主要因素

从全国 R&D 支出纳入 GDP 核算过程看，影响 R&D 纳入 GDP 的因素较多，综合来看，主要有以下几种情况。

从不同执行部门看，R&D 支出纳入 GDP 核算主要涉及科研机构、高等院校、工业企业和非工业企事业 R&D 支出额以及占比指标。国家科技统计制度将 R&D 支出执行部门分为四大类：科研机构、高等院校、工业企业和非工业企事业。其中非工业企事业部门中大部分为服务性企业，根据 R&D 统计的实际情况，可将其划分为两大类：一是企业 R&D 支出额（包括工业企业和非工业企事业单位 R&D 支出额），二是科研院所 R&D 支出额（包括科研机构和高等院校 R&D 支出额）。

从不同执行部门 R&D 支出纳入 GDP 核算的准则看，主要涉及 R&D 资本化和 R&D 费用化测算准则。按照 SNA 2008 的要求，企业 R&D 支出经过资本化后可以直接进入 GDP 核算；但是，科研院所 R&D 支出经过资本化后还不能直接进入 GDP，必须进行费用化处理后才能进入 GDP 核算。也就是所谓的企业 R&D 资本化，科研院所 R&D 费用化处理准则。由于企业 R&D 资本化，科研院所 R&D 费用化处理准则不同，各自 R&D 纳入 GDP 的份额也不同。

从 R&D 支出纳入 GDP 核算的测算公式看，主要涉及参数有：R&D 支出初始增长率、R&D 资本折旧率、R&D 支出成本价格指数等。

此外，R&D 投入强度对 R&D 支出纳入 GDP 核算也有较大的影响作用。

(二) 区域 R&D 支出纳入 GDP 核算的测算公式和调整指数

根据上述影响区域 R&D 支出纳入 GDP 核算的主要因素分析，我们可以建立区域 R&D 支出纳入 GDP 核算的测算公式如下：

$$Q_i = \left(\sum_{j=1}^{2} X_{ij} W_{ij}\right) Y_i \qquad (式5-5)$$

$$Y_i = 4\sqrt{\frac{a_i}{A} \frac{b_i}{B} \frac{c_i}{C} \frac{D}{d_i}} \qquad (式5-6)$$

其中，Q_i 代表第 i 区域 R&D 支出纳入 GDP 核算额；X_{i1} 和 W_{i1} 分别代表第 i 区域企业 R&D 支出额和权重；X_{i2} 和 W_{i2} 分别代表第 i 区域科研院所 R&D 支出额和权重；Y_i 代表第 i 区域 R&D 支出横向调整指数；$a_i b_i c_i d_i$ 分别代表第 i 区域 R&D 投入强度、R&D 支出初始增长率、R&D 资本折旧率、R&D 支出成本价格指数；$ABCD$ 分别代表第 i 区域 R&D 投入强度、R&D 支出初始增长率、R&D 资本折旧率和 R&D 支出成本价格指数。其中 R&D 支出成本价格指数为逆指标。

由于全国有 31 个省、市、区具有一定的特征相似性，本书将从聚类的角度对区域进行划分，确定 R&D 特性相似的地区，并对代表性地区进行 R&D 资本化的测算。

(三) 聚类分析法

近十年来聚类分析法 (Cluster Analysis) 发展迅速，它是数值分类学中独立出形成的一门分支，是一种根据"物以类聚"原理的现代统计分析方法，并且在不同的应用领域都有着广泛的应用背景，如生物学、经济学、天文学、考古学、地质学、医学、心理学、语言学以及制定国家标准和区域标准等，因此它也成为目前国外较为流行的多元统计分析方法之一。

我们在实际问题中经常需要依靠一些依据来实现对物品的分类，如在古生物研究中，通过发掘出来的生物的综合特征将古生物化石进行分类；在生物学研究中，通过生物的基因特征来进行种群的分类；在经济区域的划分中，根据各省的主要经济指标将全国分成几大区域。这里用来分类的依据是生物的综合特征，基因的特征以及经济指标，它们被称为指标 (或变量)，$X_1, X_2, X_3, \cdots, X_m$ 表示，m 是变量的个数；需要进行分类的骨骼、生物和区域被称作样品，用 1, 2, 3, $\cdots$, n 表示，n 是样品的个数。数据结构见表 5—37。

聚类分析是研究样品或指标之间的关系，将相似度大的样品或指标归为同一类，将差异性大的归入不同的类，使同一类别内的样品或指标具有尽可能高的同质性,而不同类别之间具有尽可能高的异质性。

表 5—37　　　　　　　　　聚类分析数据结构

样品＼指标	X_1	X_2	…	X_m
1	X_{11}	X_{12}	…	X_{1m}
2	X_{21}	X_{22}	…	X_{2m}
3	X_{3m}	X_{3m}	…	X_{3m}
⋮	⋮	⋮	⋮	⋮
n	X_{n1}	X_{n2}	…	X_{nm}

聚类分析中,我们通常根据分类对象的不同分为 R 型聚类分析和 Q 型聚类分析两大类。R 型聚类是指对变量进行聚类,Q 型聚类是指对样品进行聚类。在实际的应用中,经济区域的划分主要使用 Q 型聚类方法。

研究样品或指标之间的相似度主要有两种方法,一种方法是用相似系数,指标的相似程度越大,它们的相似系数越接近于 1(或 -1),差异性越大的样品,它们的相似系数越接近于 0。把同质性高的样品归为一类,异质性高的样品分属于不同的类。另一种方法是用距离,将每一个样品看成 p 维空间的一个点,n 个样品组成 p 维空间的 n 个点,我们用各点之间的距离衡量样品之间的相似程度,把距离较小的点归为同一类,距离较远的点分属于不同的类。

聚类分析的基本思想是在变量之间定义相似系数,在样品之间定义距离,距离或相似系数代表样品或变量之间的相似程度。确定了相似系数和距离后就要进行分类,分类有许多种方法,最常用的一类方法是在样品距离的基础上定义类与类之间的距离。首先将 n 个样品看成 n 类,每个样品自成一类,然后每次将距离最近的两类合并成新的一类,计算新类与其他类之间的距离,再将距离最近的两类合并,重复这个过程直到所有的样品聚集完毕为止,并把这个过程做成一张聚类图,由聚类图可方便地进行分类。

现在已经出现了很多类型的聚类方法，k-均值算法是运用最广泛的划分聚类算法之一，算法的实现并不复杂且具有良好的可靠性和高效性。但是初始聚类的中心点选取不好严重影响聚类质量与迭代效率。

k-均值算法基本思想是假定数据集包含 n 个数据对象，指定 k 个簇的数目，采用聚类的方法将 D 中的对象划分到合适的簇当中，每一个对象只属于一个簇，且所有距离簇中心的距离 E 最小，其中 E 是数据集 D 中所有数据对象的误差平方和，p 是数据对象，簇的质心为。

k-均值算法很容易理解，就是通过不断的循环，更新聚类簇中心，直到簇内距离最小。但是该算法存在着许多不足，主要有两点：

（1）k 值需要用户依据自己的经验和对数据集的理解指定。k 值的确定将直接影响聚类的结果，如果指定的 k 值不理想，聚类的结果就难以保证是否理想。

（2）随机选取初始中心点。初始中心点的选取对 k-均值算法非常重要：如果初始中心点选取错误，不仅聚类迭代的次数会很多，甚至可能聚类结果不是最理想的。而随机选取的初始中心点具有很大的不确定性，导致聚类的效果有很大的不确定性。

根据聚类分析法的原理，选择了人均 GDP、第三产业占 GDP 比重、商品出口依存度、研究与开发经费占 GDP 比重、财政教育经费、人口自然增长率、城镇人口比重、信息企化业数等 8 个重要指标对 31 个省、市、自治区进行综合测定聚类，其变量及框架如下：

——X_1 人均 GDP

——X_2 第三产业占 GDP 比重

——X_3 商品出口依存度

——X_4 研究与开发经费占 GDP 比重

——X_5 财政教育经费

——X_6 人口自然增长率

——X_7 城镇人口比重

——X_8 信息化企业数

表 5—38 是各指标 2015 年的数据：

表 5—38　　　　2015 年参与聚类分析的指标和数据

省（市、自治区）	人均GDP（元）	第三产业占GDP比重（%）	商品出口依存度（%）	研究与开发经费占GDP比重（%）	财政教育经费（万元）	人口自然增长率（%）	城镇人口比重（%）	信息化企业数（个）
北京	99995	0.78	0.18	5.95	9998366	4.83	86.35	34669
天津	105231	0.50	0.20	2.96	5699615	2.14	82.27	18049
河北	39984	0.37	0.07	1.06	10298143	6.95	49.33	28268
山西	35070	0.44	0.04	1.19	6918247	4.99	53.79	14131
内蒙古	71046	0.40	0.02	0.90	6121559	3.56	59.51	11118
辽宁	65201	0.42	0.12	1.52	9302062	0.26	67.05	37159
吉林	50160	0.36	0.03	0.95	5480347	0.40	54.81	12012
黑龙江	39226	0.46	0.07	1.07	6006258	0.91	58.01	11749
上海	97370	0.65	0.53	3.66	9069715	3.14	89.60	33774
江苏	81874	0.47	0.32	2.54	19862835	2.43	65.21	103661
浙江	73002	0.48	0.41	2.26	14490439	5.00	64.87	80672
安徽	34425	0.35	0.09	1.89	10413043	6.97	49.15	35131
福建	63472	0.40	0.28	1.48	8228012	7.50	61.80	37791
江西	34674	0.37	0.12	0.97	8284996	6.98	50.22	17373
山东	60879	0.43	0.15	2.19	17796101	7.39	55.01	84059
河南	37072	0.37	0.07	1.14	15577127	5.78	45.20	49307
湖北	47145	0.41	0.06	1.87	8972278	4.90	55.67	38836
湖南	40271	0.42	0.04	1.36	10784551	6.63	49.28	29794
广东	63469	0.49	0.57	2.37	24775503	6.10	68.00	92383
广西	33090	0.38	0.09	0.71	7794191	7.86	46.01	13994
海南	38924	0.52	0.08	0.48	2222868	8.61	53.76	2915
重庆	47850	0.47	0.27	1.42	6565622	3.62	59.60	21137
四川	35128	0.39	0.09	1.57	13805525	3.20	46.30	34642
贵州	26437	0.45	0.06	0.60	6799795	5.80	40.01	11408
云南	27264	0.43	0.09	0.67	9006912	6.20	41.73	14194
西藏	29252	0.53	0.14	0.26	1206744	10.55	25.75	597

续表

省份	人均地区生产总值（元）	第三产业所占比重（%）	出口依存度（%）	研究与开发经费占GDP比重（%）	财政教育经费（万元）	人口自然增长率（%）	城镇人口比重（%）	信息化企业数（个）
陕西	46929	0.37	0.05	2.07	8926920	3.87	52.57	15364
甘肃	26433	0.44	0.05	1.12	4811034	6.10	41.68	7560
青海	39671	0.37	0.03	0.62	1569408	8.49	49.78	1960
宁夏	41834	0.43	0.09	0.87	1578935	8.57	53.61	3254
新疆	40648	0.41	0.15	0.53	5989856	11.47	46.07	8761

资料来源：《中国统计年鉴》及《中国科技统计年鉴》。

采用 R 语言得到聚类的结果，采用改进的聚类方法，自动选取初始点，自动比对聚类的类别数量，得到五分类结果见表5—39。

表5—39　　　　　　　　对地区进行聚类的结果

类别	第一类	第二类	第三类	第四类	第五类
省（市）、自治区	北京、上海	广东、江苏、浙江、山东、天津	陕西、安徽、福建、湖北、湖南、四川、重庆	河北、山西、辽宁、吉林、江西、河南、甘肃、黑龙江	新疆、贵州、青海、云南、宁夏、海南、广西、内蒙古、西藏

本书选取北京、广东、福建等省（市）作为代表地区进行 R&D 资本化的研究。

首先我们从价格指数入手，在各地区测算时考虑采用前文提及的 R&D 成本价格指数来测算，我国 R&D 经费内部支出是按照全成本口径核算的，包括日常性支出和资产性支出两部分。其中日常性支出又分为人员劳务费和其他日常性支出；资产性支出又分为仪器和设备支出与其他资产性支出。

R&D 支出成本价格指数是笔者构造的一个合成指数，根据前文

的计算公式 $I_{input} = \lambda_{LC}I^{LC} + \lambda_{ORE}I^{ORE} + \lambda_{EE}I^{EE}$ 来具体计算，它首先由三个分指数来构成，包括 R&D 人员劳务费、原材料费、设备工具购置费，这主要是根据我国现行的 R&D 活动统计报表制度，R&D 内部经费支出中其他日常支出主要包括：为实施 R&D 项目实际消耗的原材料、辅助材料、备用配件、外购半成品、水和燃料（包括煤气和电）的使用费，用于中间试验和产品试制达不到固定资产标准的模具、样品、样机及一般测试手段购置费、试制产品的检验费等，折旧费用与长期费用摊销、无形资产摊销、其他费用（含设计费装备调试费）等。从其他日常支出各部分的构成比重看，原材料与燃料占绝对份额。因此，正常情况下原材料与燃料的价格变化对 R&D 其他日常支出价格变化影响最大。又因为 R&D 项目所用的原材料种类与项目成功以后产业化生产所用的原材料种类基本一致，所以本书用工业生产者购进价格指数中的原材料、燃料、动力购进价格指数作为 R&D 其他日常支出价格指数的替代指标，记为 I^{ORE}，并用工业生产者购进价格指数中的原材料、燃料、动力购进指数代替该指数（2011 年后名称改为工业品购进价格指数），I^{EE} 则用固定资产投资价格指数中的设备工器具购置固定资产投资价格指数，而 R&D 人员劳务费的价格指数情况进一步分析如下（见表 5—40 至表 5—43）。

表 5—40　　北京市人员劳务支出、其他日常性支出和资本性支出的比重

年份	R&D 经费（万元）	日常性支出（万元）	人员劳务费（万元）	资产性支出（万元）	#仪器和设备（万元）	其他日常性（万元）	R&D 人员劳务权重（%）	R&D 资本性权重（%）	R&D 其他日常性支出权重（%）
2009	6686351	5367567	1674560	1318784	974321	3693007	25.04	19.72	55.23
2010	8218234	6559340	1891119	1658893	1187882	4668221	23.01	20.19	56.80
2011	9366439	7678573	2373410	1687868	1228386	5305163	25.34	18.02	56.64
2012	10633640	8967244	2806947	1666396	1239551	6160297	26.40	15.67	57.93
2013	11850469	10020407	3222578	1830062	1340780	6797829	27.19	15.44	57.36
2014	12687953	10738643	3535287	1949310	1356112	7203357	27.86	15.36	56.77
平均	—	—	—	—	—	—	25.81	17.40	56.79

表 5—41　　　广东人员劳务支出、其他日常性支出和
　　　　　　　　资本性支出的比重

年份	R&D经费（万元）	日常性支出（万元）	人员劳务费（万元）	资产性支出（万元）	#仪器和设备（万元）	其他日常性（万元）	R&D人员劳务权重（%）	R&D资本性权重（%）	R&D其他日常性支出权重（%）
2009	6529820	5783323	2438676	746498	637586	3344647	37.35	11.43	51.22
2010	8087478	6957660	2864269	1129817	1032952	4093390	35.42	13.97	50.61
2011	10454872	9033006	3666826	1421865	1272849	5366180	35.07	13.60	51.33
2012	12361501	10917145	4739988	1444356	1320122	6177157	38.34	11.68	49.97
2013	14434527	12800248	5545608	1634279	1466158	7254640	38.42	11.32	50.26
2014	16054458	14403385	6100221	1651073	1514145	8303164	38.00	10.28	51.72
平均	—	—	—	—	—	—	37.10	12.05	50.85

表 5—42　　　福建人员劳务支出、其他日常性支出和
　　　　　　　　资本性支出的比重

年份	R&D经费（万元）	日常性支出（万元）	人员劳务费（万元）	资产性支出（万元）	#仪器和设备（万元）	其他日常性（万元）	R&D人员劳务权重（%）	R&D资本性权重（%）	R&D其他日常性支出权重（%）
2009	1353819	1096674	364757	257145	246703	731917	26.94	18.99	54.06
2010	1708982	1377018	427112	331964	321024	949906	24.99	19.42	55.58
2011	2215151	1729453	547625	485701	470061	1181828	24.72	21.93	53.35
2012	2709891	2260912	739167	448979	428056	1521745	27.28	16.57	56.16
2013	3140589	2652805	903171	487784	464009	1749634	28.76	15.53	55.71
2014	3550325	3029684	1053921	520641	497680	1975763	29.69	14.66	55.65
平均	—	—	—	—	—	—	27.06	17.85	55.09

表 5—43　　区域代表省（市）R&D人员劳务费价格指数（2004 年 = 100）

年份	北京	上海	广东	湖北	福建	辽宁	重庆	青海
2004	100.00	100.00	100.00	100.00	100.00	100.00	100.00	100.00
2005	106.67	107.31	89.98	108.78	104.01	105.81	113.82	99.56

续表

年份	北京	上海	广东	湖北	福建	辽宁	重庆	青海
2006	122.79	111.45	93.67	135.12	116.11	110.30	120.66	111.68
2007	128.67	117.78	89.30	146.75	119.62	120.24	130.53	114.03
2008	138.65	129.00	92.76	181.97	119.15	139.04	153.23	136.37
2009	166.50	110.04	101.42	208.05	148.25	161.05	199.04	143.94
2010	202.59	123.26	103.37	239.66	154.29	190.47	237.11	178.57
2011	205.88	138.99	112.12	251.95	158.41	252.01	276.54	219.17
2012	215.64	152.99	110.62	278.35	163.98	251.47	303.79	220.99
2013	233.68	161.83	126.75	297.97	177.56	263.60	294.13	251.74
2014	246.92	176.99	139.55	322.55	181.04	245.11	303.30	264.17

选择该价格指数的好处是用R&D相关指标来说明价格指数，指标相关性很高，如果数据平稳可以很好地加以利用。但通过比对以上各省（市）R&D人员劳务费价格指数发现，该价格指数部分省（市）数据存在跳跃，存在不平稳现象，且部分省（市）价格指数增长速度过快，通过分析，主要有以下两点原因：

（1）该价格指数是在假设R&D人员的实际工资不变的情况下构造的。是用R&D人均劳务费的本年比上年来推得价格指数，这样的前提是把工作的增长部分全部视作价格增长的因素，而把R&D人员工资增长的其他因素都剔除了，这显然是与实际情况存在不符合。从我国"十五""十一五""十二五"不断加强国家的创新研发工作，也不断地改善研发人员的工资、待遇。现阶段更是鼓励"大众创业、万众创新"，整个国家都在转向创新驱动发展，所以我们会发现该价格指数增长过快，主要是非价格因素对于研发人员工资的提升起到了作用。

（2）该价格指数是在假设R&D人员素质结构不变的情况下构造的，从研发人员的内部结构来看，这样构造价格指数都是假设参与研发的人员其素质、技术能力是恒定不变的，但随着我国经济社会的不断发展，我国高素质劳动者大量进入研发领域，博士毕业人员近年来也有所增长，这在某种程度上都将提升R&D人员的素质，那么其工资的增长是内在结构改善的结果，不仅仅是价格因素。

由于R&D人员劳务费价格指数数据不稳定，所以用CPI指数代替（见附表3—1）。得到综合的R&D成本价格指数（见表5—44）。

表 5—44 2009—2014 年我国区域 R&D 成本价格指数

地区\年份	2009	2010	2011	2012	2013	2014
全 国	100	104.14	109.49	108.82	108.26	107.69
北 京	100	101.62	104.28	104.05	103.26	103.29
天 津	100	103.85	107.19	105.74	104.20	102.75
河 北	100	106.34	113.37	110.09	108.30	105.68
山 西	100	106.60	113.17	109.64	103.17	97.72
内蒙古	100	105.04	112.18	113.49	111.80	110.19
辽 宁	100	105.78	111.96	112.02	112.14	111.06
吉 林	100	104.29	109.03	108.66	108.48	108.63
黑龙江	100	110.44	121.57	121.88	120.25	117.76
上 海	100	102.06	105.24	104.74	104.68	104.86
江 苏	100	105.71	111.18	109.58	108.90	108.54
浙 江	100	104.88	109.81	108.72	108.31	108.49
安 徽	100	106.39	113.24	112.33	111.87	110.45
福 建	100	102.54	106.13	106.27	106.10	106.06
江 西	100	110.19	120.10	117.80	116.89	115.49
山 东	100	105.38	110.83	110.16	109.40	108.67
河 南	100	105.61	112.13	112.36	112.07	111.17
湖 北	100	103.78	109.44	110.31	110.59	109.68
湖 南	100	105.42	112.79	112.77	112.21	111.80
广 东	100	102.69	106.65	107.57	107.93	108.34
广 西	100	108.10	115.13	114.67	113.19	113.51
海 南	100	105.20	112.98	114.54	115.69	113.81
重 庆	100	102.34	106.15	106.70	106.29	105.94
四 川	100	103.55	109.77	109.16	108.92	108.57
贵 州	100	103.85	108.97	110.04	108.36	108.00
云 南	100	105.94	110.53	109.96	109.00	108.00
西 藏	100	104.00	106.79	108.52	108.64	111.39
陕 西	100	106.25	112.18	113.70	112.06	110.34
甘 肃	100	110.39	118.23	117.16	115.50	113.48

续表

年份 地区	2009	2010	2011	2012	2013	2014
青 海	100	107.09	114.10	110.25	108.58	108.05
宁 夏	100	106.18	113.93	113.10	110.87	109.38
新 疆	100	116.43	129.44	128.22	125.54	123.37

另外的两个因素相对简单，$A_iB_iC_iD_i$ 分别代表第 i 区域 R&D 投入强度、R&D 支出初始增长率、R&D 资本折旧率和 R&D 支出成本价格指数。其中 R&D 支出成本价格指数为逆指标。分别测算如表5—45 至表5—47 所示。

表5—45 2007—2014年全国各地区历年 R&D 经费占 GDP 比重　　单位：%

年份 地区	2007	2008	2009	2010	2011	2012	2013	2014
全 国	1.38	1.46	1.68	1.73	1.79	1.93	2.01	2.05
北 京	5.13	4.95	5.50	5.82	5.76	5.95	5.98	5.95
天 津	2.18	2.32	2.37	2.49	2.63	2.80	2.96	2.96
河 北	0.66	0.68	0.78	0.76	0.82	0.92	0.99	1.06
山 西	0.82	0.86	1.10	0.98	1.01	1.09	1.22	1.19
内蒙古	0.38	0.40	0.53	0.55	0.59	0.64	0.69	0.69
辽 宁	1.48	1.39	1.53	1.56	1.64	1.57	1.64	1.52
吉 林	0.96	0.82	1.12	0.87	0.84	0.92	0.92	0.95
黑龙江	0.93	1.04	1.27	1.19	1.02	1.07	1.14	1.07
上 海	2.46	2.53	2.81	2.81	3.11	3.37	3.56	3.66
江 苏	1.65	1.88	2.04	2.07	2.17	2.38	2.49	2.54
浙 江	1.50	1.61	1.73	1.78	1.85	2.08	2.16	2.26
安 徽	0.98	1.11	1.35	1.32	1.40	1.64	1.83	1.89
福 建	0.89	0.94	1.11	1.16	1.26	1.38	1.44	1.48
江 西	0.84	0.91	0.99	0.92	0.83	0.88	0.94	0.97
山 东	1.21	1.40	1.53	1.72	1.86	2.04	2.13	2.19
河 南	0.67	0.68	0.90	0.91	0.98	1.05	1.10	1.14
湖 北	1.19	1.32	1.65	1.65	1.65	1.73	1.80	1.87
湖 南	0.78	0.98	1.18	1.16	1.19	1.30	1.33	1.36

续表

年份 地区	2007	2008	2009	2010	2011	2012	2013	2014
广 东	1.27	1.37	1.65	1.76	1.96	2.17	2.31	2.37
广 西	0.38	0.47	0.61	0.66	0.69	0.75	0.75	0.71
海 南	0.21	0.22	0.35	0.34	0.41	0.48	0.47	0.48
重 庆	1.00	1.04	1.22	1.27	1.28	1.40	1.38	1.42
四 川	1.32	1.27	1.52	1.54	1.40	1.47	1.52	1.57
贵 州	0.48	0.53	0.68	0.65	0.64	0.61	0.58	0.60
云 南	0.54	0.54	0.60	0.61	0.63	0.67	0.67	0.67
西 藏	0.20	0.31	0.33	0.29	0.19	0.25	0.28	0.26
陕 西	2.11	1.96	2.32	2.15	1.99	1.99	2.12	2.07
甘 肃	0.95	1.00	1.10	1.02	0.97	1.07	1.06	1.12
青 海	0.48	0.38	0.70	0.74	0.75	0.69	0.65	0.62
宁 夏	0.81	0.63	0.77	0.68	0.73	0.78	0.81	0.87
新 疆	0.28	0.38	0.51	0.49	0.50	0.53	0.54	0.53

表5—46 2009—2014年全国各地区历年R&D经费总量情况　　单位：万元

年份 地区	2009	2010	2011	2012	2013	2014
全 国	58021068.2	70625774.5	86870093.0	102984090.0	118465979.5	130156296.8
北 京	6686350.8	8218234.2	9366439.0	10633639.9	11850469.0	12687952.8
天 津	1784661.0	2295643.8	2977580.0	3604865.5	4280921.2	4646868.2
河 北	1348445.5	1554491.9	2013377.0	2457669.7	2818550.9	3130881.3
山 西	808563.3	898835.0	1133926.0	1323457.5	1549798.9	1521870.6
内蒙古	520725.9	637205.0	851685.0	1014468.1	1171877.4	1221346.2
辽 宁	2323686.8	2874702.6	3638348.0	3908679.5	4459321.9	4351851.1
吉 林	813601.9	758004.8	891337.0	1098010.4	1196882.3	1307242.9
黑龙江	1091704.0	1230433.8	1287788.0	1459588.3	1647838.1	1613469.0
上 海	4233774.2	4817031.4	5977131.0	6794635.6	7767846.8	8619548.9
江 苏	7019529.0	8579490.7	10655109.0	12878616.0	14874465.5	16528208.4
浙 江	3988366.5	4942348.5	5980824.0	7225867.2	8172674.5	9078500.0
安 徽	1359534.5	1637219.2	2146439.0	2817952.7	3520832.6	3936069.8
福 建	1353819.3	1708982.3	2215151.0	2709890.7	3140589.4	3550324.6

续表

年份地区	2009	2010	2011	2012	2013	2014
江 西	758936.0	871527.1	967529.0	1136551.9	1354971.9	1531114.3
山 东	5195920.2	6720045.0	8443667.0	10203265.6	11758026.6	13040695.0
河 南	1747599.3	2111675.1	2644923.0	3107802.3	3553245.9	4000098.7
湖 北	2134489.5	2641180.3	3230129.0	3845238.6	4462042.5	5108973.1
湖 南	1534995.0	1865583.7	2332181.0	2876779.9	3270252.9	3679345.3
广 东	6529820.4	8087477.6	10454872.0	12361500.8	14434527.4	16054457.5
广 西	472027.7	628696.2	810205.0	971538.7	1076789.5	1119032.6
海 南	57806.0	70203.5	103717.0	137243.5	148357.4	169150.5
重 庆	794599.4	1002663.3	1283560.0	1597973.3	1764911.2	2018528.0
四 川	2144590.3	2642695.3	2941009.0	3508588.5	3999702.3	4493285.1
贵 州	264134.3	299664.6	363089.0	417260.8	471849.5	554794.6
云 南	372304.4	441671.8	560797.0	687547.8	798371.4	859296.8
西 藏	14384.6	14598.5	11530.0	17838.6	23032.5	23519.3
陕 西	1895063.0	2175042.2	2493548.0	2872034.9	3427454.4	3667730.2
甘 肃	372612.4	419384.6	485261.0	604761.8	669193.9	768738.9
青 海	75937.9	99437.9	125756.0	131228.4	137541.4	143235.3
宁 夏	104422.1	115101.3	153183.0	182304.0	209042.4	238580.4
新 疆	218042.6	266545.4	330031.0	397289.3	454597.9	491587.3

表 5—47　　　2009—2014 年我国区域 R&D 支出增长率　　　单位:%

地 区	2010 年	2011 年	2012 年	2013 年	2014 年
全 国	21.72	23.00	18.55	15.03	9.87
北 京	22.91	13.97	13.53	11.44	7.07
天 津	28.63	29.71	21.07	18.75	8.55
河 北	15.28	29.52	22.07	14.68	11.08
山 西	11.16	26.16	16.71	17.10	-1.80
内蒙古	22.37	33.66	19.11	15.52	4.22
辽 宁	23.71	26.56	7.43	14.09	-2.41
吉 林	-6.83	17.59	23.19	9.00	9.22
黑龙江	12.71	4.66	13.34	12.90	-2.09

续表

地 区	2010年	2011年	2012年	2013年	2014年
上 海	13.78	24.08	13.68	14.32	10.96
江 苏	22.22	24.19	20.87	15.50	11.12
浙 江	23.92	21.01	20.82	13.10	11.08
安 徽	20.42	31.10	31.29	24.94	11.79
福 建	26.23	29.62	22.33	15.89	13.05
江 西	14.84	11.02	17.47	19.22	13.00
山 东	29.33	25.65	20.84	15.24	10.91
河 南	20.83	25.25	17.50	14.33	12.58
湖 北	23.74	22.30	19.04	16.04	14.50
湖 南	21.54	25.01	23.35	13.68	12.51
广 东	23.85	29.27	18.24	16.77	11.22
广 西	33.19	28.87	19.91	10.83	3.92
海 南	21.45	47.74	32.32	8.10	14.02
重 庆	26.18	28.02	24.50	10.45	14.37
四 川	23.23	11.29	19.30	14.00	12.34
贵 州	13.45	21.17	14.92	13.08	17.58
云 南	18.63	26.97	22.60	16.12	7.63
西 藏	1.49	-21.02	54.71	29.12	2.11
陕 西	14.77	14.64	15.18	19.34	7.01
甘 肃	12.55	15.71	24.63	10.65	14.88
青 海	30.95	26.47	4.35	4.81	4.14
宁 夏	10.23	33.09	19.01	14.67	14.13
新 疆	22.24	23.82	20.38	14.42	8.14

国家统计局建议，目前我国折旧率采用统一的10%核算，所以各地区都是一致的，不会成为影响的因素，故只需对以上三个因素采用公式 $Y_i = 4\sqrt{\dfrac{abcD}{ABCd}}$ 即可得到以下我国区域R&D支出横向调整，并将调整系数规范化处理，得到如下修订的调整系数（见表5—48）。

表 5—48　2010—2014 年我国区域 R&D 支出横向调整指数

地区\年份	2010	2011	2012	2013	2014
全　国	1.0000	1.0000	1.0000	1.0000	1.0000
北　京	1.2000	1.2000	1.2000	1.2000	1.2000
天　津	1.0650	1.0978	1.0746	1.0856	1.0878
河　北	0.8993	0.9529	0.9128	0.9210	0.9499
山　西	0.9228	0.9720	0.9288	0.9559	0.9582
内蒙古	0.8735	0.9249	0.8644	0.8764	0.8912
辽　宁	0.9925	1.0283	0.9627	0.9807	0.9716
吉　林	0.8932	0.9496	0.9156	0.9060	0.9322
黑龙江	0.9425	0.9464	0.9098	0.9235	0.9242
上　海	1.0673	1.1176	1.0964	1.1091	1.1211
江　苏	1.0288	1.0616	1.0430	1.0470	1.0604
浙　江	1.0112	1.0398	1.0236	1.0234	1.0438
安　徽	0.9673	1.0124	0.9962	1.0091	1.0177
福　建	0.9618	1.0064	0.9700	0.9728	0.9924
江　西	0.9157	0.9332	0.8948	0.9103	0.9315
山　东	1.0117	1.0440	1.0188	1.0226	1.0389
河　南	0.9249	0.9690	0.9219	0.9293	0.9541
湖　北	1.0023	1.0276	0.9925	0.9979	1.0204
湖　南	0.9539	0.9891	0.9551	0.9524	0.9746
广　东	1.0124	1.0590	1.0283	1.0387	1.0509
广　西	0.8979	0.9339	0.8818	0.8797	0.8908
海　南	0.8276	0.9002	0.8438	0.8261	0.8611
重　庆	0.9731	1.0068	0.9738	0.9605	0.9888
四　川	0.9931	0.9973	0.9715	0.9743	0.9962
贵　州	0.8839	0.9260	0.8586	0.8587	0.8913
云　南	0.8799	0.9276	0.8763	0.8765	0.8936
西　藏	0.8000	0.8000	0.8000	0.8000	0.8000
陕　西	1.0246	1.0395	1.0035	1.0235	1.0242
甘　肃	0.9247	0.9543	0.9264	0.9171	0.9519
青　海	0.9094	0.9410	0.8613	0.8626	0.8823

续表

年份 地区	2010	2011	2012	2013	2014
宁 夏	0.8833	0.9435	0.8870	0.8945	0.9265
新 疆	0.8523	0.8903	0.8327	0.8374	0.8579

纵观表5—48，发现该调整指数具有较好的稳定性，说明数据测算的有效性。笔者以2014年的调整系数为例，和前文的聚类方法比较，对照如下（见表5—49、表5—50）。

表5—49　　　　　　　　对地区进行聚类的结果

类别	第一类	第二类	第三类	第四类	第五类
省（市、自治区）	北京、上海	广东、江苏、浙江、山东、天津	陕西、安徽、福建、湖北、湖南、四川、重庆	河北、山西、辽宁、吉林、江西、河南、甘肃、黑龙江	新疆、贵州、青海、云南、宁夏、海南、广西、内蒙古、西藏

表5—50　　　　　　　　对调整系数的分类

类别	第一类	第二类	第三类	第四类	第五类
省（市、自治区）	北京1.2000 上海1.1211	天津1.0878 江苏1.0604 广东1.0509 浙江1.0438 山东1.0389	陕西1.0242 安徽1.0177 福建0.9924 湖北1.0204 湖南0.9746 四川0.9962 重庆0.9888	河北0.9499 山西0.9582 辽宁0.9716 吉林0.9322 江西0.9315 河南0.9541 甘肃0.9519 宁夏0.9265 黑龙江0.9242	新疆0.8579 贵州0.8913 青海0.8823 云南0.8936 海南0.8611 广西0.8908 内蒙古0.8912 西藏0.8000

笔者发现，两种分类方法高度一致，进一步证实该分类方法具有一定的科学性，仅有宁夏在聚类分类法中为第五类，在调整系数中分到了第四类。于是笔者对该调整系数采用全国的R&D纳入比例作为基准，得到以下的转化比例（见表5—51）。

表 5—51　　　　　　各地区转化比例系数　　　　　　单位：%

年份 地区	2010	2011	2012	2013	2014
全国	61.21	59.93	59.03	58.62	57.12
北京	73.45	71.92	70.84	70.34	68.54
天津	65.19	65.79	63.44	63.64	62.13
河北	55.05	57.11	53.89	53.99	54.26
山西	56.48	58.25	54.83	56.04	54.73
内蒙古	53.47	55.43	51.03	51.37	50.91
辽宁	60.75	61.63	56.83	57.49	55.50
吉林	54.67	56.91	54.05	53.11	53.25
黑龙江	57.69	56.72	53.71	54.14	52.79
上海	65.33	66.98	64.72	65.01	64.04
江苏	62.97	63.62	61.57	61.38	60.57
浙江	61.89	62.32	60.42	59.99	59.62
安徽	59.21	60.67	58.81	59.15	58.13
福建	58.87	60.32	57.26	57.02	56.69
江西	56.05	55.93	52.82	53.36	53.21
山东	61.92	62.57	60.14	59.95	59.34
河南	56.61	58.07	54.42	54.48	54.50
湖北	61.35	61.59	58.58	58.50	58.28
湖南	58.39	59.28	56.38	55.83	55.67
广东	61.97	63.47	60.70	60.89	60.03
广西	54.96	55.97	52.05	51.57	50.88
海南	50.66	53.95	49.81	48.43	49.19
重庆	59.56	60.34	57.48	56.30	56.48
四川	60.79	59.77	57.35	57.11	56.90
贵州	54.10	55.50	50.69	50.34	50.91
云南	53.86	55.59	51.73	51.38	51.04
西藏	48.97	47.94	47.22	46.90	45.70
陕西	62.72	62.30	59.23	60.00	58.50
甘肃	56.60	57.19	54.69	53.76	54.37
青海	55.66	56.40	50.85	50.56	50.40

续表

年份 地区	2010	2011	2012	2013	2014
宁夏	54.07	56.55	52.36	52.44	52.92
新疆	52.17	53.36	49.15	49.09	49.00

二 地区 R&D 支出纳入 GDP 核算

应用表 5—51 中 2010—2014 年的平均比例系数，应用表 5—36 组合法测算 1996—2013 年平均 R&D 支出纳入 GDP 比例系数 60.61%，得出各地区 R&D 支出纳入 GDP 比重和总额（见表 5—52）。

表 5—52　　各地区 R&D 支出纳入 GDP 比重和总额

地区	R&D 支出纳入 GDP 平均比重（%）	排序	2014 年 R&D 支出额（亿元）	2014 年 R&D 支出纳入 GDP 部分（亿元）	2015 年 R&D 支出额（亿元）	2015 年 R&D 支出纳入 GDP 部分（亿元）
全国	60.61	—	13015.6	7888.8	14169.9	8588.4
北京	71.02	1	1268.8	894.8	1384.0	975.7
天津	64.04	3	464.7	295.5	510.2	324.3
河北	54.86	20	313.1	170.6	350.9	191.1
山西	56.07	16	152.2	84.7	132.5	73.7
内蒙古	52.44	27	122.1	63.6	136.1	70.8
辽宁	58.44	11	435.2	252.5	363.4	210.8
吉林	54.40	21	130.7	70.6	141.4	76.4
黑龙江	55.01	19	161.3	88.1	157.7	86.1
上海	65.22	2	862.0	558.2	936.1	606.0
江苏	62.02	4	1652.8	1017.9	1801.2	1108.9
浙江	60.85	6	907.9	548.5	1011.2	610.8
安徽	59.19	10	393.6	231.4	431.8	253.7
福建	58.03	13	355.0	204.6	392.9	226.3
江西	54.27	22	153.1	82.5	173.2	93.3
山东	60.78	7	1304.1	787.1	1427.2	861.0
河南	55.62	17	400.0	220.9	435.0	240.2

续表

地区	R&D 支出纳入 GDP 平均比重（%）	排序	2014 年 R&D 支出额（亿元）	2014 年 R&D 支出纳入 GDP 部分（亿元）	2015 年 R&D 支出额（亿元）	2015 年 R&D 支出纳入 GDP 部分（亿元）
湖北	59.66	9	510.9	302.7	561.7	332.6
湖南	57.11	15	367.9	208.7	412.7	234.0
广东	61.41	5	1605.4	979.0	1798.2	1096.1
广西	53.09	24	111.9	59.0	105.9	55.8
海南	50.41	30	16.9	8.5	17.0	8.5
重庆	58.03	13	201.9	116.3	247.0	142.3
四川	58.38	12	449.3	260.5	502.9	291.4
贵州	52.31	28	55.5	28.8	62.3	32.3
云南	52.72	26	85.9	45.0	109.4	57.2
西藏	47.35	31	2.4	1.1	3.1	1.5
陕西	60.55	8	366.8	220.5	393.2	236.3
甘肃	55.32	18	76.9	42.2	82.7	45.4
青海	52.77	25	14.3	7.5	11.6	6.1
宁夏	53.67	23	23.9	12.7	25.5	13.6
新疆	50.55	29	49.2	24.7	52.0	26.1

表5—52中可以看出，1996—2014年全国R&D支出纳入GDP平均比重为60.61%，其中北京最高为71.02%，西藏最低为47.35%。2014年全国R&D支出纳入GDP为7888.8亿元，2015年为8588.4亿元，现价增长8.87%。其中2015年R&D支出纳入GDP超过千亿元的省份有两个，江苏最高为1108.9亿元，广东排名第二为1096.1亿元。

第六章 深圳及全国 R&D 资本化对 GDP 影响程度测算

根据 R&D 资本化对 GDP、投资与消费的影响方式，在此对 R&D 资本化的影响程度进行测度。

第一节 深圳 R&D 资本化对 GDP 影响的分析

一 R&D 资本化对 GDP 影响的因素

无论是联合国教科文组织还是新的会计准则，在对 R&D 资本化时都有一个前提条件，即只对能够带来经济效益的 R&D 支出资本化，对未带来经济效益的费用化。但是在实际操作中，R&D 支出中哪些会带来收益，哪些不会带来收益，很难严格区分。从实际情况看，失败的 R&D 支出所产生的成本往往低于成功的 R&D 支出所带来的收益，因此我们可以忽略这部分成本，将 R&D 全部资本化。许多国家在进行 R&D 资本化时也采用这种方法。

二 R&D 支出中可纳入 GDP 部分的测算和分析

本书运用组合法测算模型进行组合测算，结果显示：2013—2015 年，深圳市可纳入 GDP 核算的 R&D 分别为 270.81 亿元（不变价，下同）、289.08 亿元、327.08 亿元，若折合成现价 R&D 为分别为 363.32 亿元、390.72 亿元、439.56 亿元，占 R&D 总量的比重分别为 62.15%、61.04%、60.40%，对 GDP 的贡献率分别为 2.51%、2.44%、2.51%。从上述数据中可得知，在 R&D 支出纳入 GDP 核算后，深圳市 GDP 显著扩大。

第二节 深圳 R&D 资本化对投资消费比例的变化分析

在讨论 R&D 资本化对投资消费率的影响时，根据数据的可获取性，本书用固定资产投资额表示投资额，用社会消费品零售总额表示消费额。此处，设定投资率=（全社会固定资产投资额/GDP）×100%，最终消费率=最终消费/GDP×100%。

一 R&D 资本化后对消费额的减少额分析

根据前文所述，R&D 支出资本化会导致消费额的变化，进而导致消费率发生相应的变化。在 R&D 支出部门中，科研院所与高等院校部门的 R&D 支出由消费转化为投资，最终消费减少，投资增加，固定资本形成增加，其产生的私人 R&D 收益计入消费中，消费额增加。因此，消费减少额等于科研院所与高等院校部门 R&D 资本形成额减去科研院所和高等院校 R&D 私人收益额。即：

消费减少额=非企业 R&D 资本形成额－非企业 R&D 私人收益额

调整后的消费额=原深圳市消费额－R&D 资本化后消费减少额

调整后的消费率=调整后的消费额/深圳市 GDP

其中非企业 R&D 资本形成额与非企业 R&D 私人收益额的计算结果，如表 6—1 所示。

考虑到我国 R&D 的发展状况与利用效率要低于发达国家，而且受限于数据条件，假设私人收益率为 16%，即非企业 R&D 的私人收益额为非企业 R&D 的资本形成额的 16%。

通过表 6—1，在 R&D 支出未纳入 GDP 之前，2013—2015 年深圳市的消费率分别为 30.58%、30.27% 和 28.67%。R&D 资本化之后，消费额发生变化，导致消费率产生变化，2013—2015 年消费率变为 30.56%、30.26% 和 28.66%，分别减少了 0.02 个、0.01 个和 0.01 个百分点。由消费减少额等于科研院所与高等院校部门 R&D 资本形成额减去科研院所和高等院校 R&D 私人收益额可知，其中科研院所与高等院校部门的 R&D 支出所占比重只有 1%—2%，故其由消费转化为投资，最终消费减少额较少。另外固定资本形成增加，其产生的私人 R&D 收益计入消费中，消费额增加。R&D 资本化后导致消费率变化较小，主要在于科研院所和高等院校R&D支出的比重较小，此外，其R&D的资本形成额和私人收益额左右消费减少额的大小。

表6—1 深圳市R&D支出纳入GDP后对消费率的影响率的变化

年份	对消费率的影响（调整前）			对消费率的影响（调整后，组合法）				
	现价GDP（万元）	社会消费品零售总额（万元）	消费率（%）	科研院所和高等院校R&D资本形成额（万元）	科研院所和高等院校R&D私人收益额（万元）	消费减少额（万元）	调整后消费额（万元）	调整后消费率（%）
2002	29695184	9419443	31.72	—	—	—	—	—
2003	35857235	10951323	30.54	6535	8653	-2119	10953442	30.55
2004	42821428	12506411	29.21	7622	10352	-2730	12509141	29.21
2005	49509078	14416103	29.12	8964	12334	-3370	14419473	29.12
2006	58135624	16804604	28.91	10677	14665	-3988	16808592	28.91
2007	68015706	19308050	28.39	11349	17441	-6092	19314142	28.40
2008	77867920	22765855	29.24	13477	20392	-6915	22772770	29.25
2009	82013176	25679436	31.31	18616	23896	-5280	25684716	31.32
2010	95815101	30007629	31.32	6376	28736	-22361	30029990	31.34
2011	115055298	35208736	30.60	62441	30394	32048	35176688	30.57
2012	129500601	40087794	30.96	45370	46629	-1259	40089053	30.96
2013	145002300	44335900	30.58	87527	58425	29103	44306797	30.56
2014	160019800	48440000	30.27	98560	81182	17379	48422621	30.26
2015	175029900	50178400	28.67	128602	106807	21795	50156605	28.66

二 R&D资本化后对投资额的增加额分析

R&D支出资本化同样会导致投资数额的变化。R&D资本化后，企业部门的R&D支出额由费用额转为投资额，投资增加，固定资本形成增加；科研院所与高等院校部门R&D支出由消费转化为投资，最终消费减少，投资增加，固定资本形成增加。因此，投资增加额等于 R&D 资本形成额。即：

投资增加额 = 企业 R&D 资本形成额 + 科研院所和高等院校 R&D 资本形成额

调整后的投资额 = 原深圳市投资额 + R&D 资本化后的投资增加额

调整后的投资率 = 调整后的投资额/深圳市 GDP

通过表 6—2 可知，在 R&D 支出未纳入 GDP 之前，2013—2015 年深圳市的投资率分别为 17.25%、16.98% 和 18.84%。R&D 资本化之后，投资额发生变化，导致投资率产生变化，2013—2015 年投资率变为 19.14%、18.80% 和 20.73%，分别增加了 1.89 个、1.82 个和 1.89 个百分点。

表 6—2　　　深圳市 R&D 资本化后投资率的变化

年份	对投资率的影响（调整前）			对投资率的影响（调整后，组合法）				
	现价 GDP（万元）	固定资产投资额（万元）	投资率（%）	企业 R&D 资本形成额（万元）	科研院所和高等院校 R&D 资本形成额（万元）	投资增加额（万元）	调整后投资额（万元）	调整后投资率（%）
2002	29695184	7881459	26.54	—	—	—	—	—
2003	35857235	9491016	26.47	533534	6535	540069	10031085	27.98
2004	42821428	10925571	25.51	622327	7622	629949	11555520	26.99
2005	49509078	11810542	23.86	731898	8964	740862	12551404	25.35
2006	58135624	12736693	21.91	871730	10677	882407	13619100	23.43
2007	68015706	13450037	19.77	926596	11349	937945	14387982	21.15
2008	77867920	14676043	18.85	1100340	13477	1113818	15789861	20.28
2009	82013176	17091514	20.84	1503192	18616	1521808	18613322	22.70
2010	95815101	19447008	20.30	1697788	6376	1704164	21151172	22.07
2011	115055298	20609180	17.91	1958051	62441	2020493	22629673	19.67
2012	129500601	21944319	16.95	2227104	45370	2272473	24216792	18.70
2013	145002300	25010100	17.25	2649683	87527	2737210	27747310	19.14
2014	160019800	27174200	16.98	2809587	98560	2908147	30082347	18.80
2015	175029900	32983100	18.84	3163960	128602	3292562	36275662	20.73

综上所述，R&D 资本化之后，消费率和投资率都发生了变化。从深圳市 2013—2015 年数据可以看出，调整后投资率增加幅度较大，而消费率变化相对较小。如 2015 年消费率由调整前的 28.67%到调整后的 28.66%，减少 0.01 个百分点；而投资率由调整前的 18.84%到调整后的 20.73%，增加了 1.89 个百分点。

投资率与消费率的变化对国民经济会产生一定的影响，国民经济发展状况决定着投资与消费水平。投资增加，将会拉动经济发展，从 R&D 支出发展趋势看，R&D 支出逐年增加，国家对研究开发的重视程度逐渐加强，R&D 投资在经济发展中的地位与作用越来越重要。虽然消费也是拉动经济增长的重要因素之一，但从分析结果看，R&D 资本化后最终消费率并没有发生多大的变化。拉动经济增长的消费主要是居民消费，虽然科研院所与高等院校 R&D 支出由居民消费转换为投资，但是 R&D 支出是用来获取收益的，而非用于生活消费。因此，在 R&D 支出方面，应该越高越好，而非单纯看最终消费率的大小。要提高最终消费，最主要的还是采取各种宏观调控政策，增加居民的日常消费需求，以拉动经济发展。

第三节 深圳 R&D 资本化收益分析

R&D 产出来自各个部门，如企业部门、自产自用部门以及非营利部门。从深圳市的实际情况看，R&D 支出虽出自多个部门，但对 GDP 影响最大的还是工业企业部门。

各个部门都存在 R&D 收益，但是商业 R&D 收益有更大的可能性被计入当前的 GDP 中。因为对于商业或企业部门来说，其产品都是在市场中定价、出售，所以其 R&D 产出或收益包含在其利润总额中，不用单独衡量其 R&D 产出的大小。无论是在 R&D 资本化之前还是 R&D 资本化之后，其 R&D 收益都包含在其总收益中，并没有发生变化。

与企业 R&D 收益相反，科研院所与高等院校部门的 R&D 收益被纳入当前 GDP 的可能性很小，部分是由于科研院所与高等院校在 GDP 中的核算方法，部分是由于科研院所与高等院校部门 R&D 的特点。其原因是科研院所与高等院校部门的产出大都不在市场内出售，通常把这些产出假设等于其投入成本，因此没有直接的数据估计科研院所与高等院校部门的 R&D 收益，导致低估了这些部门的 R&D 产出。而 R&D 资本化后，则需要考察 R&D 产生的投资收益。

通过以上分析发现，R&D 资本化后，对 GDP 造成影响的是非营利机构部门的 R&D 收益。但是在整个 GDP 核算过程中，既包含了企业部门的 R&D 收益，又包含了非营利机构部门的 R&D 收益。

R&D 资本化必然导致 GDP 增加，那么应如何确定 GDP 增加的幅度？通过上述对核算 R&D 资本存量的方法的讨论，借用国外学者的模型，利用 R&D 支出数据计算出深圳市 2009—2015 年 R&D 资本存量。资本存量与资本收益存在着相关关系，可以用以下公式表示：

R&D 收益$_{(t)}$ = 收益率×资本存量$_{(t-1)}$ + 折旧率×资本存量$_{(t-1)}$

收益率的确定比较困难，本书借鉴国外计算出的收益率结果，并作相应调整。R&D 收益分为私人 R&D 收益、溢出收益和社会 R&D 收益。私人 R&D 收益加上溢出收益等于社会收益。私人收益率是指直接从事某个研究项目的组织所获得的投资收益率。社会收益率是指全社会从某个研究项目中得到的收益率。社会收益要比私人收益高，这是因为企业创新成功之后，模仿者们不必再去投资原始性的研究工作，节省了大量成本。本书在计算本部分时，统一采用社会收益率。参考美国经济分析局（BEA）2004 年对 R&D 社会收益率的假定，假设商业部门的 R&D 社会收益率为 50%，政府与非营利部门的 R&D 社会收益率为 33.4%。考虑到我国研究与开发的发展状况与利用效率要低于发达国家，而且受限于数据条件，假设企业 R&D 全社会收益率为 35%，科研院所和高等院校的 R&D 全社会收益率为 20%，私人收益率为 16%。折旧率仍旧采用先前的 R&D 折旧率 10%（2014—2015 年采用张军教授测算的 9.6%），资本存量是已求结果。这样，通过上式就可以求出 R&D 资本收益。

第四节 深圳 R&D 资本化收益增长对经济增长的贡献率分析

为了反映 R&D 收益增长在 GDP 增长中所占的比重，可以通过计算 R&D 收益增长对 GDP 增长的贡献度。计算采用的数据都会剔

除价格因素的影响。具体计算公式如下:

R&D 收益对 GDP 增长的贡献度 = R&D 收益增量/国内生产总值增量

企业 R&D 收益$_{(t)}$ = 企业全社会收益率（35%）× 资本存量$_{(t-1)}$ + 折旧率（10%）× 企业资本存量$_{(t-1)}$

非企业 R&D 收益$_{(t)}$ = 非企业全社会收益率（20%）× 资本存量$_{(t-1)}$ + 折旧率（10%）× 非企业资本存量$_{(t-1)}$

通过上述计算公式，结合已知数据（企业、非企业的 R&D 资本存量），由此获得企业 R&D 收益和非企业 R&D 收益，最终获得 R&D 收益对 GDP 增长的贡献率。具体核算过程和结果如表 6—3 所示。

表 6—3　　　　深圳市各个执行部门的 R&D 收益

年份	科研院所 R&D 收益（万元）	高等院校 R&D 收益（万元）	工业企业 R&D 收益（万元）	非工业企事业 R&D 收益（万元）	总 R&D 收益（万元）
2002	—				
2003	4621	5364	764115	51079	825179
2004	5528	6417	914146	61108	987199
2005	6587	7645	1089146	72806	1176184
2006	7831	9090	1294958	86564	1398443
2007	9314	10811	1540090	102950	1663165
2008	10889	12640	1800651	120368	1944548
2009	12761	14812	2110070	141051	2278694
2010	15344	17813	2532797	169281	2735025
2011	15689	19381	3018325	193090	3246485
2012	33349	20454	3586349	212481	3852633
2013	45163	22250	4236804	230158	4534375
2014	68300	25371	4975067	286799	5355537
2015	94325	28914	5772016	332726	6227981

由表 6—4 可知，2013—2015 年 R&D 收益对 GDP 的增长的贡献率分别为 6.03%、7.84%、7.57%，说明 R&D 的投资对经济增长

具有正面、积极的影响。增加 GDP 的途径有很多，如增大投资、扩大消费，但是能保持经济持续平稳增长的一个重要途径就是通过创新来驱动。因此，R&D 对经济持续、稳定发展具有重要的战略性意义。

表 6—4　　　深圳市 R&D 收益对 GDP 增长的影响

年份	总 R&D 收益（万元）	R&D 收益增量（万元）	不变价 GDP（万元）（2002 年 = 100）	GDP 增量（万元）	R&D 收益对 GDP 增长的贡献率（%）
2002	—	—	29695184	—	—
2003	825179	—	35392747	5697563	—
2004	987199	162021	41513010	6120264	2.65
2005	1176184	188985	47770126	6257116	3.02
2006	1398443	222259	55683227	7913101	2.81
2007	1663165	264722	63944531	8261304	3.20
2008	1944548	281383	71691629	7747098	3.63
2009	2278694	334145	79327545	7635916	4.38
2010	2735235	456542	88978095	9650550	4.73
2011	3246485	511249	97919527	8941432	5.72
2012	3852633	606148	107673647	9754120	6.21
2013	4534375	681742	118979373	11305726	6.03
2014	5355537	821163	129449558	10470185	7.84
2015	6227981	872444	140970569	11521011	7.57

第五节　全国 R&D 资本化对 GDP 影响度测算

根据前文分析，R&D 资本化后，GDP 调整幅度为企业 R&D 资本化产生的固定资本形成额与高等院校和科研机构的 R&D 私人收益额之和。具体结果见表 6—5 至表 6—8。

表 6—5　R&D 资本化对 GDP 影响度测算结果（Goldsmith 方法）

年份	调整前不变价 GDP（亿元）	GDP 增加额（亿元）	调整后 GDP（亿元）	变化度（%）
1996	66878.28	364.54	67242.82	0.55
1997	73095.98	410.55	73506.53	0.56
1998	78821.84	474.19	79296.03	0.60
1999	84827.94	590.93	85418.87	0.70
2000	91980.02	795.86	92775.88	0.87
2001	99614.65	868.82	100483.47	0.87
2002	108661.72	1010.02	109671.74	0.93
2003	119555.47	1155.62	120711.09	0.97
2004	131612.69	1405.21	133017.90	1.07
2005	146498.13	1644.60	148142.73	1.12
2006	165069.01	1940.89	167009.90	1.18
2007	188446.74	2186.34	190633.08	1.16
2008	206602.96	2479.26	209082.22	1.20
2009	225639.77	3061.73	228701.50	1.36
2010	249212.33	3412.83	252625.16	1.37
2011	272388.79	3935.46	276324.25	1.44
2012	293233.48	4486.41	297719.89	1.53
2013	315727.98	4992.34	320720.32	1.58

表 6—6　R&D 资本化对 GDP 影响度测算结果（Griliches 方法）

年份	调整前不变价 GDP（亿元）	GDP 增加额（亿元）	调整后 GDP（亿元）	变化度（%）
1996	66878.28	333.43	67211.71	0.50
1997	73095.98	361.84	73457.82	0.50
1998	78821.84	408.11	79229.95	0.52
1999	84827.94	472.00	85299.94	0.56
2000	91980.02	588.96	92568.98	0.64
2001	99614.65	794.09	100408.74	0.80
2002	108661.72	867.23	109528.95	0.80

续表

年份	调整前不变价GDP（亿元）	GDP增加额（亿元）	调整后GDP（亿元）	变化度（%）
2003	119555.47	1008.59	120564.06	0.84
2004	131612.69	1154.33	132767.02	0.88
2005	146498.13	1404.05	147902.18	0.96
2006	165069.01	1643.55	166712.56	1.00
2007	188446.74	1939.95	190386.69	1.03
2008	206602.96	2185.49	208788.45	1.06
2009	225639.77	2478.50	228118.27	1.10
2010	249212.33	3061.04	252273.37	1.23
2011	272388.79	3412.21	275801.00	1.25
2012	293233.48	3934.90	297168.38	1.34
2013	315727.98	4485.91	320213.89	1.42

表6—7　R&D资本化对GDP影响度测算结果（BEA方法）

年份	调整前不变价GDP（亿元）	GDP增加额（亿元）	调整后GDP（亿元）	变化度（%）
1996	66878.28	346.32	67224.60	0.52
1997	73095.98	390.02	73486.00	0.53
1998	78821.84	450.48	79272.32	0.57
1999	84827.94	561.38	85389.32	0.66
2000	91980.02	756.07	92736.09	0.82
2001	99614.65	825.38	100440.03	0.83
2002	108661.72	959.52	109621.24	0.88
2003	119555.47	1097.84	120653.31	0.92
2004	131612.69	1334.95	132947.64	1.01
2005	146498.13	1562.37	148060.50	1.07
2006	165069.01	1843.84	166912.85	1.12
2007	188446.74	2077.02	190523.76	1.10
2008	206602.96	2355.30	208958.26	1.14
2009	225639.77	2908.64	228548.41	1.29

续表

年份	调整前不变价GDP（亿元）	GDP增加额（亿元）	调整后GDP（亿元）	变化度（%）
2010	249212.33	3242.19	252454.52	1.30
2011	272388.79	3738.68	276127.47	1.37
2012	293233.48	4262.09	297495.57	1.45
2013	315727.98	4742.72	320470.70	1.50

表6—8　R&D资本化对GDP影响度测算结果（组合方法）

年份	调整前不变价GDP（亿元）	GDP增加额（亿元）	调整后GDP（亿元）	变化度（%）
1996	66878.28	348.10	67226.38	0.52
1997	73095.98	387.47	73483.45	0.53
1998	78821.84	444.26	79266.10	0.56
1999	84827.94	541.44	85369.38	0.64
2000	91980.02	713.63	92693.65	0.78
2001	99614.65	829.43	100444.08	0.83
2002	108661.72	945.59	109607.31	0.87
2003	119555.47	1087.35	120642.82	0.91
2004	131612.69	1298.16	132910.85	0.99
2005	146498.13	1537.01	148035.14	1.05
2006	165069.01	1809.43	166878.44	1.10
2007	188446.74	2067.77	190514.51	1.10
2008	206602.96	2340.02	208942.98	1.13
2009	225639.77	2816.29	228456.06	1.25
2010	249212.33	3238.69	252451.02	1.30
2011	272388.79	3695.45	276084.24	1.36
2012	293233.48	4227.80	297461.28	1.44
2013	315727.98	4740.32	320468.30	1.50

分别基于Goldsmith方法、Griliches方法、BEA方法、组合方法进行测算，结果显示，R&D资本化后，1996年GDP调整额分别为364.54亿元、333.43亿元、346.32亿元、348.10亿元，调整幅度分

别为 0.55%、0.50%、0.52%、0.52%；之后 GDP 调整额均明显增加，2013 年 GDP 调整额分别为 4992.34 亿元、4485.91 亿元、4742.72 亿元、4740.32 亿元，调整幅度为 1.58%、1.42%、1.50%、1.50%。此外，1996—2013 年，GDP 调整额中企业 R&D 资本化产生的固定资本形成额所占比重逐年提高，分别从 1996 年的 32.2%（Goldsmith 方法）、32.61%（Griliches 方法）、32.2%（BEA 方法）、32.33%（组合方法）增加到 2013 年的 65.25%（Goldsmith 方法）、65.48%（Griliches 方法）、65.25%（BEA 方法）、65.32%（组合方法）；而高等院校和科研机构的 R&D 私人收益额所占比重逐年降低，从 1996 年的 67.8%（Goldsmith 方法）、67.39%（Griliches 方法）、67.8%（BEA 方法）、67.67%（组合方法）降低到 2013 年的 34.75%（Goldsmith 方法）、34.52%（Griliches 方法）、34.75%（BEA 方法）、34.68%（组合方法），表明企业 R&D 资本化产生的固定资本形成额对 GDP 调整的贡献程度逐步提高。

第六节 全国 R&D 资本化对投资影响度测算

R&D 资本化后，企业部门的 R&D 支出额由费用额转为投资额，投资增加，固定资本形成增加；一般政府部门 R&D 支出由消费转化为投资，最终消费减少，投资增加，固定资本形成增加。因此，投资增加额等于企业 R&D 资本形成额加上一般政府部门 R&D 资本形成额。测算结果见表 6—9 至表 6—12。

表 6—9　　R&D 资本化对投资影响度测算结果（Goldsmith 方法）

年份	调整前不变价资本形成额（亿元）	资本形成增加额（亿元）	调整后资本形成额（亿元）	变化度（%）
1996	25636.81	229.68	25866.49	0.90
1997	26501.71	272.32	26774.03	1.03
1998	28049.55	314.11	28363.66	1.12
1999	29540.07	410.21	29950.28	1.39
2000	31484.35	557.34	32041.69	1.77
2001	36079.06	618.29	36697.35	1.71
2002	40013.22	772.18	40785.40	1.93

续表

年份	调整前不变价资本形成额（亿元）	资本形成增加额（亿元）	调整后资本形成额（亿元）	变化度（%）
2003	48281.49	887.44	49168.93	1.84
2004	56106.38	1062.16	57168.54	1.89
2005	60166.96	1277.99	61444.95	2.12
2006	67057.35	1501.11	68558.46	2.24
2007	77718.58	1689.72	79408.30	2.17
2008	88944.18	1927.14	90871.32	2.17
2009	104777.73	2538.01	107315.74	2.42
2010	119180.71	2827.48	122008.19	2.37
2011	131036.31	3162.63	134198.94	2.41
2012	140212.57	3658.15	143870.72	2.61
2013	152177.17	4054.28	156231.45	2.66

表6—10　R&D资本化对投资影响度测算结果（Griliches方法）

年份	调整前不变价资本形成额（亿元）	资本形成增加额（亿元）	调整后资本形成额（亿元）	变化度（%）
1996	25636.81	211.03	25847.84	0.82
1997	26501.71	221.29	26723.00	0.83
1998	28049.55	264.77	28314.32	0.94
1999	29540.07	307.31	29847.38	1.04
2000	31484.35	404.10	31888.45	1.28
2001	36079.06	551.84	36630.90	1.53
2002	40013.22	613.34	40626.56	1.53
2003	48281.49	767.72	49049.21	1.59
2004	56106.38	883.43	56989.81	1.57
2005	60166.96	1058.55	61225.51	1.76
2006	67057.35	1274.74	68332.09	1.90
2007	77718.58	1498.18	79216.76	1.93
2008	88944.18	1687.09	90631.27	1.90
2009	104777.73	1924.77	106702.50	1.84

续表

年份	调整前不变价资本形成额（亿元）	资本形成增加额（亿元）	调整后资本形成额（亿元）	变化度（%）
2010	119180.71	2535.87	121716.58	2.13
2011	131036.31	2825.56	133861.87	2.16
2012	140212.57	3160.90	143373.47	2.25
2013	152177.17	3656.59	155833.76	2.40

表6—11　R&D资本化对投资影响度测算结果（BEA方法）

年份	调整前不变价资本形成额（亿元）	资本形成增加额（亿元）	调整后资本形成额（亿元）	变化度（%）
1996	25636.81	218.19	25855.00	0.85
1997	26501.71	258.71	26760.42	0.98
1998	28049.55	298.40	28347.95	1.06
1999	29540.07	389.70	29929.77	1.32
2000	31484.35	529.48	32013.83	1.68
2001	36079.06	587.38	36666.44	1.63
2002	40013.22	733.57	40746.79	1.83
2003	48281.49	843.07	49124.56	1.75
2004	56106.38	1009.05	57115.43	1.80
2005	60166.96	1214.09	61381.05	2.02
2006	67057.35	1426.05	68483.40	2.13
2007	77718.58	1605.24	79323.82	2.07
2008	88944.18	1830.78	90774.96	2.06
2009	104777.73	2411.11	107188.84	2.30
2010	119180.71	2686.11	121866.82	2.25
2011	131036.31	3004.50	134040.81	2.29
2012	140212.57	3475.24	143687.81	2.48
2013	152177.17	3851.57	156028.74	2.53

表6—12　　R&D资本化对投资影响度测算结果（组合方法）

年份	调整前不变价资本形成额（亿元）	资本形成增加额（亿元）	调整后资本形成额（亿元）	变化度（%）
1996	25636.81	219.63	25856.44	0.86
1997	26501.71	250.77	26752.49	0.95
1998	28049.55	292.43	28341.98	1.04
1999	29540.07	369.08	29909.15	1.25
2000	31484.35	496.97	31981.32	1.58
2001	36079.06	585.84	36664.90	1.62
2002	40013.22	706.36	40719.58	1.77
2003	48281.49	832.74	49114.23	1.72
2004	56106.38	984.88	57091.26	1.76
2005	60166.96	1183.55	61350.51	1.97
2006	67057.35	1400.64	68457.99	2.09
2007	77718.58	1597.71	79316.29	2.06
2008	88944.18	1815.00	90759.18	2.04
2009	104777.73	2291.29	107069.02	2.19
2010	119180.71	2683.15	121863.86	2.25
2011	131036.31	2997.56	134033.87	2.29
2012	140212.57	3431.43	143644.00	2.45
2013	152177.17	3854.15	156031.32	2.53

分别利用Goldsmith方法、Griliches方法、BEA方法和组合方法进行测算，估算结果显示，R&D资本化之后，导致投资额发生变化，1996—2013年资本形成额分别从229.68亿元（Goldsmith方法）、211.03亿元（Griliches方法）、218.19亿元（BEA方法）、219.63亿元（组合方法）增加到4054.28亿元（Goldsmith方法）、3656.59亿元（Griliches方法）、3851.57亿元（BEA方法）、3854.15亿元（组合方法），变化幅度分别从0.90%（Goldsmith方法）、0.82%（Griliches方法）、0.85%（BEA方法）、0.86%（组合方法）增加到2.66%（Goldsmith方法）、2.40%（Griliches方法）、2.53%（BEA方法）、2.53%（组合方法），表明R&D资本化后导致投资额有所增加。

第七节 全国 R&D 资本化对消费影响度测算

根据前文分析，R&D 执行部门有企业部门与一般政府部门，其中一般政府部门的 R&D 支出由消费转化为投资，最终消费减少，投资增加，固定资本形成增加；其产生的私人 R&D 收益计入消费中，消费额增加。因此，消费减少额等于一般政府部门 R&D 资本形成额减去一般政府部门 R&D 私人收益额。具体测算结果如表 6—13 至表 6—16 所示。

表 6—13　R&D 资本化对消费影响度测算结果（Goldsmith 方法）

年份	调整前消费额（亿元）	消费增加额（亿元）	调整后消费额（亿元）	变化度（%）
1996	40513.76	134.87	40648.63	0.33
1997	44017.60	138.22	44155.82	0.31
1998	48104.12	160.08	48264.20	0.33
1999	53616.93	180.72	53797.65	0.34
2000	59082.19	238.52	59320.71	0.40
2001	62334.30	250.53	62584.83	0.40
2002	66977.85	237.84	67215.69	0.36
2003	70102.96	268.18	70371.14	0.38
2004	73450.32	343.05	73793.37	0.47
2005	80485.76	366.61	80852.37	0.46
2006	87676.02	439.78	88115.80	0.50
2007	96728.49	496.62	97225.11	0.51
2008	103777.51	552.12	104329.63	0.53
2009	114568.32	523.72	115092.04	0.46
2010	123831.55	585.35	124416.90	0.47
2011	139088.72	772.83	139861.55	0.56
2012	153381.29	828.26	154209.55	0.54
2013	167069.66	938.05	168007.71	0.56

表 6—14　　R&D 资本化对消费影响度测算结果（Griliches 方法）

年份	调整前消费额（亿元）	消费增加额（亿元）	调整后消费额（亿元）	变化度（%）
1996	40513.76	122.40	40636.16	0.30
1997	44017.60	140.55	44158.15	0.32
1998	48104.12	143.34	48247.46	0.30
1999	53616.93	164.69	53781.62	0.31
2000	59082.19	184.86	59267.05	0.31
2001	62334.30	242.25	62576.55	0.39
2002	66977.85	253.89	67231.74	0.38
2003	70102.96	240.86	70343.82	0.34
2004	73450.32	270.90	73721.22	0.37
2005	80485.76	345.50	80831.26	0.43
2006	87676.02	368.81	88044.83	0.42
2007	96728.49	441.76	97170.25	0.46
2008	103777.51	498.40	104275.91	0.48
2009	114568.32	553.73	115122.05	0.48
2010	123831.55	525.17	124356.72	0.42
2011	139088.72	586.65	139675.38	0.42
2012	153381.29	774.00	154155.29	0.50
2013	167069.66	829.31	167898.97	0.50

表 6—15　　R&D 资本化对消费影响度测算结果（BEA 方法）

年份	调整前消费额（亿元）	消费增加额（亿元）	调整后消费额（亿元）	变化度（%）
1996	40513.76	128.12	40641.88	0.32
1997	44017.60	131.31	44148.91	0.30
1998	48104.12	152.08	48256.20	0.32
1999	53616.93	171.68	53788.61	0.32
2000	59082.19	226.59	59308.78	0.38
2001	62334.30	238.00	62572.30	0.38
2002	66977.85	225.95	67203.80	0.34

续表

年份	调整前消费额（亿元）	消费增加额（亿元）	调整后消费额（亿元）	变化度（%）
2003	70102.96	254.77	70357.73	0.36
2004	73450.32	325.90	73776.22	0.44
2005	80485.76	348.27	80834.03	0.43
2006	87676.02	417.79	88093.81	0.48
2007	96728.49	471.79	97200.28	0.49
2008	103777.51	524.52	104302.03	0.51
2009	114568.32	497.54	115065.86	0.43
2010	123831.55	556.08	124387.63	0.45
2011	139088.72	734.19	139822.91	0.53
2012	153381.29	786.85	154168.14	0.51
2013	167069.66	891.15	167960.81	0.53

表6—16　R&D资本化对消费影响度测算结果（组合方法）

年份	调整前消费额（亿元）	消费增加额（亿元）	调整后消费额（亿元）	变化度（%）
1996	40513.76	128.46	40642.22	0.32
1997	44017.60	136.70	44154.30	0.31
1998	48104.12	151.83	48255.95	0.32
1999	53616.93	172.36	53789.29	0.32
2000	59082.19	216.66	59298.85	0.37
2001	62334.30	243.59	62577.89	0.39
2002	66977.85	239.22	67217.07	0.36
2003	70102.96	254.60	70357.56	0.36
2004	73450.32	313.28	73763.60	0.43
2005	80485.76	353.46	80839.22	0.44
2006	87676.02	408.79	88084.81	0.47
2007	96728.49	470.06	97198.55	0.49

续表

年份	调整前消费额（亿元）	消费增加额（亿元）	调整后消费额（亿元）	变化度（%）
2008	103777.51	525.01	104302.52	0.51
2009	114568.32	525.00	115093.32	0.46
2010	123831.55	555.53	124387.08	0.45
2011	139088.72	697.89	139786.61	0.50
2012	153381.29	796.37	154177.66	0.52
2013	167069.66	886.17	167955.83	0.53

分别利用四种方法进行测算，测算结果显示，R&D 资本化导致消费额变化，1996—2013 年最终消费变化度分别从 0.33%（Goldsmith 方法）、0.30%（Griliches 方法）、0.32%（BEA 方法）、0.32%（组合方法）增加到 0.56%（Goldsmith 方法）、0.50%（Griliches 方法）、0.53%（BEA 方法）、0.53%（组合方法）。最终消费在调整前后变化不大，这是因为：由消费减少额计算公式可知，一方面，科研机构和高等院校部门 R&D 支出所占比重较小，故其由消费转化为投资，最终消费减少额较少；另一方面，其产生的私人 R&D 收益计入消费中，消费额增加。因此，其 R&D 的资本形成额和私人收益额左右着消费减少额的大小。

综上所述，R&D 资本化后，导致消费和投资都发生变化。从 1996—2013 年数据可以看出，调整后投资增加幅度较大，而最终消费相对变化较小。因此，总体来看，GDP 调整幅度主要是受到投资增加幅度的影响。

第八节 采用生产函数理论来看全国 R&D 资本化的影响

本书第三章已经对生产函数理论进行了描述，并考虑将 R&D 纳入无形资本后，对生产函数表达形式的改进。根据上文得出的相关结论，笔者采用生产函数法来分析各个生产要素的贡献情况。先来看调整前后对各年 GDP 增速的影响（见表 6—17）。

表 6—17　　　R&D 经费调整前后对 GDP 增速的影响

年份	调整前不变价 GDP（亿元）	GDP 增加额（亿元）	调整后 GDP（亿元）	变化度（%）	调整前 GDP 增速（%）	调整后 GDP 增速（%）
1996	66878.28	348.1	67226.38	0.52	—	—
1997	73095.98	387.47	73483.45	0.53	9.30	9.31
1998	78821.84	444.26	79266.1	0.56	7.83	7.87
1999	84827.94	541.44	85369.37	0.64	7.62	7.70
2000	91980.02	713.63	92693.65	0.78	8.43	8.58
2001	99614.65	829.43	100444.08	0.83	8.30	8.36
2002	108661.72	945.59	109607.31	0.87	9.08	9.12
2003	119555.47	1087.35	120642.82	0.91	10.03	10.07
2004	131612.69	1298.16	132910.85	0.99	10.09	10.17
2005	146498.13	1537.01	148035.13	1.05	11.31	11.38
2006	165069.01	1809.43	166878.44	1.10	12.68	12.73
2007	188446.74	2067.77	190514.51	1.10	14.16	14.16
2008	206602.96	2340.02	208942.97	1.13	9.63	9.67
2009	225639.77	2816.29	228456.05	1.25	9.21	9.34
2010	249212.33	3238.69	252451.02	1.30	10.45	10.50
2011	272388.79	3695.45	276084.24	1.36	9.30	9.36
2012	293233.48	4227.8	297461.28	1.44	7.65	7.74
2013	315727.98	4740.32	320468.31	1.50	7.67	7.73
平均	—	—	—	—	9.57	9.64

从表 6—17 可以看出，我国经济从 1996 年至 2011 年一直处于高速增长时期，GDP 的增速一直在 10% 左右。近年来，经济增速由高速转为中高速，增速基本在 7% 徘徊。对于 R&D 经费支出纳入 GDP 后，主要是 GDP 增长的因素考虑更为全面，对经济的增速的影响并不像大多数人预料的可以高达 2%—3%，从调整后的增长速度看不到 0.1%，所以从全国范围来看，将 R&D 经费纳入 GDP 核算并不会大幅推高经济的增速，主要的意义在于完善 R&D 无形资产的核算，遵循 SNA 2008，做好 GDP 核算的国际接轨工作。按照前文生产函数的方法，参考倪红福（2004）的资本存量测算方法，从经费

按用途支出进行资本存量测算，结果见表6—18、表6—19。

表6—18　　1995—2013年按经费用途来测算资本存量　　　　单位：亿元

年份	研发总投入		政府支出（包含高校和研究机构）						
			日常性支出			资本性支出		
	名义	存量	名义	实际	存量	名义	实际	存量
1995	188.7	596.5	143.4		453.2	45.4		143.4
1996	220.7	716.6	167.6		539.2	53.0		177.4
1997	264.1	870.9	200.7		655.3	63.5		215.7
1998	291.6	1051.1	221.5		790.4	70.1		260.7
1999	324.0	1251.3	246.1		940.8	77.9		310.5
2000	334.7	1476.4	254.2		1110.3	80.4		366.0
2001	390.9	1707.5	296.9		1284.7	94.0		422.8
2002	481.8	1975.8	366.0	335.1	1487.0	115.8	108.3	488.8
2003	561.3	2308.4	426.4	385.8	1738.4	134.9	123.5	570.0
2004	632.7	2690.3	522.8	455.2	2027.7	165.4	143.3	662.6
2005	755.4	3139.3	651.4	557.2	2369.1	206.1	175.8	770.2
2006	844.1	3689.0	798.4	672.9	2787.0	252.6	212.3	902.0
2007	1002.6	4352.9	986.5	793.3	3291.7	312.1	252.4	1061.2
2008	1201.5	5137.2	1227.3	931.9	3886.6	388.3	288.4	1250.5
2009	1464.1	6052.4	1078.6	824.8	4585.6	385.5	293.3	1466.8
2010	1783.7	6891.1	1320.1	977.2	5204.2	463.6	340.5	1686.8
2011	1995.6	7879.4	1529.3	1074.1	5937.2	466.2	321.2	1942.2
2012	2329.5	8925.9	1794.1	1228.2	6742.8	535.4	364.9	2183.1
2013	2638.1	10120.7	2038.7	1360.2	7663.9	599.4	407.3	2456.8

表6—19　　1995—2013年按经费用途来测算资本存量　　　　单位：亿元

年份	研发总投入		企业						
			日常性支出			资本性支出		
	名义	存量	名义	实际	存量	名义	实际	存量
1995	160.0	505.6	140.6		444.5	19.4		61.2
1996	183.8	625.6	161.6		549.9	22.2		75.7

续表

年份	企业							
	研发总投入		日常性支出			资本性支出		
	名义	存量	名义	实际	存量	名义	实际	存量
1997	245.0	753.5	215.4		661.8	29.6		91.7
1998	259.6	919.6	228.2		806.9	31.4		112.7
1999	354.9	1096.9	312.0		961.8	42.9		135.0
2000	561.0	1342.4	493.1		1176.7	67.9		165.7
2001	651.6	1728.6	572.8		1515.0	78.8		213.6
2002	805.8	2174.2	708.3	648.5	1905.2	97.5	91.2	269.0
2003	978.3	2728.9	860.0	778.1	2391.6	118.4	108.3	337.3
2004	1333.6	3393.7	1123.5	978.3	2975.2	154.6	134.0	418.6
2005	1694.6	4228.0	1399.8	1197.3	3708.9	192.6	164.3	519.0
2006	2159.0	5249.3	1715.9	1446.0	4607.0	236.1	198.4	642.3
2007	2707.6	6482.6	2119.9	1704.8	5691.5	291.7	235.9	791.1
2008	3414.5	7938.2	2637.4	2002.8	6970.1	363.0	269.6	968.1
2009	4338.0	9642.4	3801.3	2906.9	8472.2	536.7	408.4	1170.2
2010	5278.9	12128.9	4620.3	3420.4	10652.3	658.5	483.7	1476.5
2011	6691.5	15056.9	5811.6	4081.8	13217.6	879.9	606.2	1839.3
2012	7968.9	18572.9	7030.2	4812.6	16279.0	938.8	639.8	2293.9
2013	9208.5	22662.2	8149.7	5437.6	19888.4	1058.8	719.4	2773.8

在对名义存量进行实际存量转换时采用分类的价格指数，针对日常性支出采用CPI价格指数，针对资本性支出采用固定资产投资价格指数。

由于从2002年以后该类数据的分类才完整，笔者将对2002年至2013年的数据采用多种方法进行衔接测算，并衡量各要素对于GDP增长的贡献率。由于R&D纳入GDP核算，将对消费、资本形成进行调整（见表6—20、表6—21）。

表6—20　支出法下 GDP 核算的构成要素（消费、资本）　单位：亿元

年份	消费 居民 名义	消费 居民 实际	消费 政府 名义	消费 政府 实际	总消费 调整后	资本形成 固定资本形成 名义	资本形成 固定资本形成 实际	存货增加 名义	存货增加 实际	总资本形成 调整后
2001	49435.9	44902.4	17498.0	15893.3	61080.8	37754.5	1592.5	2014.9	1888.1	3480.6
2002	56851.3	49392.6	19597.8	17482.6	67188.9	45305.4	1656.2	2417.9	2228.0	4246.3
2003	62536.4	54331.9	21949.5	19230.9	73907.8	54366.5	1722.4	2901.5	2629.0	5180.5
2004	68790.1	59765.1	24583.4	21154.0	81298.5	65239.8	1791.3	3481.7	3102.2	6320.2
2005	75669.1	65741.6	27533.4	23269.4	89428.4	78287.7	1863.0	4178.1	3660.6	7710.7
2006	82575.5	69591.5	30528.4	25728.2	95262.9	87954.1	1936.5	5000.1	4201.4	8256.9
2007	96332.5	77467.0	35900.4	28869.8	106270.4	103948.6	1937.5	6994.6	5656.9	10092.4
2008	111670.4	84798.1	41752.1	31704.9	116428.9	128084.4	1938.5	10240.9	7605.4	12478.6
2009	123584.6	94506.8	45690.2	34939.9	129632.6	156679.8	1939.5	7783.4	5922.5	11593.7
2010	140758.6	104201.3	53356.3	39498.8	143873.7	183615.9	1940.5	9988.7	7336.4	13674.6
2011	168956.6	118667.8	63154.9	44357.3	163266.8	215682	1941.5	12662.3	8724.3	15821.7
2012	190584.6	130466.2	71409.0	48883.6	179612.9	241756.8	1942.5	11016.4	7507.7	15490.9
2013	212187.5	141573.8	79978.1	53362.2	195265.9	269075.4	1943.5	11280.7	7664.8	16406.1

资料来源：《中国统计年鉴》。

表6—21　支出法下 GDP 核算的构成要素（净出口、价格指数）　单位：亿元

年份	NX（净出口）名义	NX（净出口）实际	CPI（1995年=100）	固定资产投资指数（1995年=100）	GDP 指数（1995年=100）
2001	2324.7	42471.4	110.1	106.7	108.1
2002	3094.1	47392.0	109.2	106.9	118.4
2003	2964.9	54679.3	110.5	109.3	130.8
2004	4235.6	61038.5	114.8	115.4	144.5
2005	10209.1	68121.0	116.9	117.2	160.1
2006	16654.6	77712.9	118.7	119.0	181.4
2007	23423.1	91398.4	124.4	123.6	207.9
2008	24226.8	100020.9	131.7	134.7	228.9

续表

年份	NX（净出口） 名义	NX（净出口） 实际	CPI（1995年=100）	固定资产投资指数（1995年=100）	GDP指数（1995年=100）
2009	15037.0	107522.7	130.8	131.4	247.9
2010	15097.6	116827.1	135.1	136.2	273.2
2011	12163.3	119586.3	142.4	145.1	297.0
2012	14632.4	129112.4	146.1	146.7	321.9
2013	14151.3	136893.7	149.9	147.2	345.8

由于 R&D 纳入 GDP 后，原有的总消费调整：剔除政府的日常性消费，增加政府 R&D 资本的私人收益，按照 R&D 投入的 16% 来计算私人收益。调整原有资本形成：原有的政府部门和企业的日常投入均由中间投入纳入资本投入。调整后计算 GDP：仍为调整后的消费+调整后的资本形成额+净出口。调整前后 GDP 数值变化如表 6—22 所示。

表 6—22　　　　　　　调整前后的 GDP　　　　　　单位：亿元

年份	GDP 名义	实际 GDP（2000年=100）	调整后
2002	120475.6	116888.7	117867.2
2003	136613.4	129162.0	130325.6
2004	160956.6	142724.0	144151.7
2005	187423.4	158138.2	159859.9
2006	222712.5	179170.6	181232.7
2007	266599.2	205329.5	207761.2
2008	315974.6	226067.8	228928.5
2009	348775.1	244831.4	248749.1
2010	402816.5	269804.2	274375.4
2011	472619.2	293277.2	298674.8
2012	529399.2	317912.5	324215.7
2013	586673.0	341438.0	348565.7

根据生产函数的核算方程，可以测算 R&D 资本、有形的固定资本和劳动对于经济增长的贡献。具体测算结果参见表 6—23。

表 6—23　　资本化后各经济要素对经济增长的贡献情况

年份	R&D资本的贡献	其他固定资本的贡献	劳动的贡献	全要素生产率的贡献	GDP增长率	R&D资本的贡献率（%）	其他固定资本的贡献率（%）	劳动的贡献率（%）	全要素生产率的贡献率（%）
2003	0.21	4.82	2.65	2.89	10.57	2.00	45.61	25.08	27.32
2004	0.24	4.20	5.72	0.45	10.61	2.25	39.59	53.92	4.24
2005	0.28	2.52	2.02	6.08	10.90	2.54	23.11	18.54	55.81
2006	0.33	4.37	3.45	5.22	13.37	2.44	32.71	25.81	39.04
2007	0.36	3.75	1.78	8.75	14.64	2.45	25.60	12.19	59.76
2008	0.37	3.42	2.95	3.44	10.19	3.66	33.60	28.97	33.76
2009	0.38	5.37	1.31	1.61	8.66	4.35	61.98	15.08	18.59
2010	0.32	3.12	2.43	4.44	10.30	3.07	30.28	23.58	43.06
2011	0.36	2.30	2.67	3.53	8.86	4.05	25.96	30.12	39.86
2012	0.38	1.94	2.11	4.13	8.55	4.39	22.73	24.64	48.24
2013	0.42	2.20	2.44	2.45	7.51	5.65	29.28	32.51	32.56
平均	0.33	3.46	2.68	3.91	10.38	3.35	33.68	26.40	36.57

注：2009 年、2010 年 R&D 资本贡献率存在跳跃主要是当年 R&D 统计制度口径调整所致。

第七章 国家现行 R&D 支出纳入 GDP 核算方法

2016年7月5日，国家统计局正式发布了《国家统计局关于改革研发支出核算方法修订国内生产总值核算数据的公告》，在国家层面正式实施 R&D 支出核算方法改革。

第一节 核算范围与核算主体

从核算范围来看，依据 SNA 2008 要求，只有能给所有者带来经济利益的 R&D 支出才作为固定资本形成处理，而不给其所有者带来经济利益的 R&D 支出依然视为中间消耗。因此，根据此原则，对于不成功的 R&D 活动是否应该剔除，值得商榷。国家统计局认为："从宏观层面上看，尽管某些 R&D 活动表面上没有成功，但生产者可从中获得经验教训，为未来 R&D 活动提供指导帮助，也在某种程度上为所有者带来潜在的经济利益，提高未来 R&D 活动的成功率；相反，如果剔除不成功的 R&D 活动，则会低估整个 R&D 活动的总成本。其次，从数据获取角度考虑，现实中很难区分成功的 R&D 活动和不成功的 R&D 活动，特别是某些 R&D 活动跨越时间较长，且未来的不确定性较大，很难判断是否能够成功。"综合以上考虑，国家统计局将全部 R&D 活动纳入 R&D 支出资本化的核算范围。另外，从 R&D 成果的使用来源来看，可分为自研自用和外购两类。

根据我国 R&D 核算实践，我国 R&D 活动是从执行角度进行开展的。据此，按照执行部门，R&D 活动可划分为企业、研究与开发机构、高等学校和其他。其中，将企业视为市场生产者，简称企业；将研究与开发机构、高等学校和其他视为非市场生产者，简称非企业。

结合R&D支出资本化的核算范围和核算主体，R&D支出计入GDP按以下分类进行核算，具体见表7—1。

表7—1　　　　R&D支出纳入GDP核算分类

	企业	非企业
自研自用		
外购		

第二节　核算思路

在国家R&D支出纳入GDP核算过程中，其分别从生产法、收入法、支出法三个视角系统梳理了上述四种类型R&D活动的资本化核算对GDP核算和相关主要变量的影响，进而明确R&D支出纳入GDP核算的基本思路。

一　生产法视角

对于企业自研自用而言，R&D支出资本化之前，企业自研自用R&D活动为辅助性生产活动，在实际核算中对其产出并没有单独核算，而其中间消耗已经纳入企业总生产活动的中间消耗核算中。因此，R&D支出资本化后，企业生产活动的中间消耗未发生变化，其总产出将会增加，进而增加值得以增加，其增加量＝R&D生产活动的总产出。

对于企业外购而言，R&D支出资本化之前，企业外购R&D活动成果是作为企业生产活动的中间消耗进行处理的，因此，R&D支出资本化后，企业生产活动的中间消耗将减少，总产出未发生变化，进而使得增加值增加，即中间消耗减少量＝增加值增加量＝外购的R&D资产价值。

对于非企业自研自用而言，由于非企业的总产出按照总成本计算，无论R&D支出资本化之前还是R&D支出资本化之后，非企业自研自用R&D活动成本和中间消耗已经纳入总生产活动的总成本和中间消耗中，不过由于R&D支出资本化之后，在生产中使用了R&D资产，因此需要计提R&D资产的消耗。这样，非企业总产出增加，使得增加值增加，即总产出增加量＝增加值增加量＝R&D 资产消耗量。

对于非企业外购而言，R&D 支出资本化之前，非企业外购 R&D 活动成果是作为非企业生产活动的中间消耗进行处理的，因此，R&D 支出资本化后，非企业生产活动的中间消耗将减少。并且，由于非企业的总产出按照总成本计算，R&D 支出资本化之后，在生产中使用了 R&D 资产，因此需要计提 R&D 资产的消耗。这样，R&D 支出资本化产生的影响为：总产出增加量＝中间消耗减少量＋R&D 资产消耗量。

二 收入法视角

对于企业自研自用而言，R&D 支出资本化之前，企业自研自用 R&D 活动为辅助性生产活动，在实际核算中对其产出并没有单独核算。R&D 支出资本化之后，R&D 资产参与了企业生产活动，因此需要计提 R&D 资产的消耗。同时，根据收入法核算的基本构成，企业营业盈余也会增加，其增加部分＝R&D 生产活动的总产出－R&D 资产消耗量。

对于企业外购而言，R&D 支出资本化后，企业外购 R&D 活动成果作为资产参与了企业生产活动，因此需要计提 R&D 资产的消耗。同时，根据收入法核算的基本构成，企业营业盈余也会增加，其增加部分＝外购的 R&D 资产价值－R&D 资产消耗量。

对于非企业自研自用而言，由于非企业的总产出按照总成本计算，R&D 支出资本化之后，在生产中使用了 R&D 资产，因此需要计提 R&D 资产的消耗，即增加值增加量＝R&D 资产消耗量。

对于非企业外购而言，由于非企业的总产出按照总成本计算，R&D 支出资本化之后，在生产中使用了 R&D 资产，因此需要计提 R&D 资产的消耗。同时，非企业生产者在实际核算中不计算营业盈余。因此，增加值增加量＝R&D 资产消耗量。

三 支出法视角

对于企业自研自用而言，R&D 支出资本化之后，R&D 活动成果被划归为资产，因此资本形成总额增加，其他构成部分未发生变化，因此，增加值增加量＝资本形成总额增加量＝R&D 生产活动的总产出。

对于企业外购而言，与企业自研自用类似，R&D 支出资本化之后，R&D 活动成果被划归为资产，因此资本形成总额增加，其他构成部分未发生变化，因此，增加值增加量＝资本形成总额增加量＝外购的 R&D 资产价值。

对于非企业自研自用而言，非企业的总产出按照总成本计算。R&D 支出资本化之后，在生产中使用了 R&D 资产，因此需要计提 R&D 资产的消耗，这部分需要计入政府消费中；同时，R&D 支出资本化之前，R&D 生产活动的总产出是作为政府消费来进行处理的，R&D 支出资本化之后，R&D 生产活动的总产出被识别为资产，因此，这一变化导致 R&D 生产活动的总产出需从政府消费中扣除，同时纳入资本形成总额中。总体来看，增加值增加量＝R&D 资产消耗量。

对于非企业外购而言，与非企业自研自用类似，R&D 支出资本化之后，在生产中使用了 R&D 资产，因此需要计提 R&D 资产的消耗，这部分需要计入政府消费中；同时，R&D 支出资本化之前，外购 R&D 活动成果是作为政府消费来进行处理的，R&D 支出资本化之后，外购 R&D 活动成果被识别为资产，因此，这一变化导致外购 R&D 活动成果需从政府消费中扣除，同时纳入资本形成总额中。总体来看，增加值增加量＝外购 R&D 资产消耗量。

综合以上分析，对 R&D 支出资本化所产生的主要影响汇总如下，见表 7—2。

表 7—2　　　　R&D 支出资本化所产生的主要影响

	核算方法	企业自研自用	企业外购	非企业自研自用	非企业外购
生产法	总产出	R&D 生产活动的总产出		R&D 资产消耗量	－外购的 R&D 资产价值＋R&D 资产消耗量
	中间消耗		－外购的 R&D 资产价值		－外购的 R&D 资产价值
	增加值	R&D 生产活动的总产出	外购的 R&D 资产价值	R&D 资产消耗量	R&D 资产消耗量

续表

核算方法		企业自研自用	企业外购	非企业自研自用	非企业外购
收入法	劳动者报酬				
	固定资产折旧	R&D资产消耗量	R&D资产消耗量	R&D资产消耗量	R&D资产消耗量
	生产税净额				
	营业盈余	R&D生产活动的总产出 − R&D资产消耗量	外购的R&D资产价值 − R&D资产消耗量		
	增加值	R&D生产活动的总产出	外购的R&D资产价值	R&D资产消耗量	R&D资产消耗量
支出法	最终消费				
	居民消费				
	政府消费			− R&D生产活动的总产出 + R&D资产消耗量	− 外购的R&D资产价值 + R&D资产消耗量
	资本形成总额	R&D生产活动的总产出	外购的R&D资产价值	R&D生产活动的总产出	外购的R&D资产价值
	净出口				
	增加值	R&D生产活动的总产出	外购的R&D资产价值	R&D资产消耗量	R&D资产消耗量

注：国内生产的R&D产品可能用于出口，国内使用的R&D产品也可能来源于进口。但由于资料限制，核算时暂不考虑R&D产品的进口和出口影响。因此，R&D产出等于国内当期所形成的R&D产品价值。

根据R&D支出资本化所产生的主要影响分析，R&D支出纳入GDP的基本核算思路是：

Δ增加值 = 企业自研自用R&D产出 + 企业外购R&D资产价值 + 非企业自研自用R&D资产消耗量 + 非企业外购R&D资产消耗量

其中，"Δ"表示变动额。理论上，外购的R&D产品价值应按交易价值计算，但因缺乏资料，国家统计局仍按总成本法计算。由此，上式调整为：

Δ增加值 = 企业 R&D 产出 + 非企业 R&D 资产消耗量

总体来看，R&D 支出资本化纳入 GDP 部分由企业 R&D 产出和非企业 R&D 资产消耗量两部分构成。

第三节　测算方法

根据核算思路，在对 R&D 支出资本化纳入 GDP 部分进行测算过程中，主要包括对 R&D 产出和 R&D 资产消耗进行测算。

一　R&D 产出测算

研发活动的产出按总成本法计算。研发活动的总成本，主要包括中间投入成本、劳动力成本和固定资产成本三部分。由于资本回报难以计算，按总成本法计算的研发产出价值暂不包括资本回报。测算 R&D 产出所需的基础数据是 R&D 内部经费支出，包括日常性支出和资本性支出。其中，日常性支出是指人员劳务费和其他日常性支出，资本性支出是指当期购买机器设备等固定资产的支出。而 R&D 产出主要由中间投入成本、劳动力成本、固定资产成本三部分构成，其具体测算公式为：

R&D 产出 = （中间投入成本 + 劳动力成本）+ 固定资产成本 = 日常性支出 + 固定资产消耗 = 日常性支出 + 固定资本存量 × 折旧率

可见，R&D 产出与 R&D 内部经费支出具有很强的相关性，因此在 R&D 内部经费支出基础上进行适当调整，可得到 R&D 产出。具体调整过程为：

（1）对重复的软件 R&D 进行剔除。对于软件 R&D 活动而言，软件 R&D 的试验发展支出在 R&D 支出资本化之前就已计入软件开发活动的产出。因此，在计算 R&D 产出时，为避免重复计算，应扣除这部分支出。为此，国家统计局用 1.8% 比例对 1978 年以来企业 R&D 支出做了适当剔除调整，其依据是：根据《2009 年第二次全国 R&D 资产清查资料汇编》，2009 年软件企业 R&D 的试验发展支出为 76.3 亿元，占企业 R&D 的 1.8%。

（2）固定资产消耗的计算。在估算固定资产折旧①过程中，先计算固定资本存量，然后通过折旧率计算得到固定资产折旧，具体方法是选用 Goldsmith 提出的永续盘存法，即 $K_t = E_t + (1-\delta)K_{t-1}$。这里主要涉及 4 个变量：$E_t$、$\delta$、固定资产投资价格指数、初始固定资本存量。

E_t 取 R&D 内部经费支出的资本性支出。由于 SNA 2008 的固定资本存量不包括土地价值；同时，资本性支出的统计范围只涉及当年新购买资产的支出，未剔除原有资产的处置所得，因此，国家统计局根据其比例关系对资本性支出做了适当的向下调整，约为 5%。

关于 R&D 活动所使用的固定资产的折旧率 δ 的确定。国家统计局假定仪器和设备的平均使用寿命为 15 年，其他固定资产的平均使用寿命为 30 年，并且假定这些固定资产的相对效率以几何方式递减，残值率取为 4%，这样可计算出仪器和设备的折旧率为 19.3%，其他固定资产的折旧率为 10.2%。然后，用这两类资产在总固定资产中的比重进行加权计算。1995—2014 年市场生产者和非市场生产者中这两类资产支出的年平均比例分别为 95：5 和 72：28，因此，国家统计局将市场生产者和非市场生产者的固定资产折旧率 δ 分别取为 18.8% 和 16.8%。

关于固定资产投资价格指数。考虑到我国的固定资产投资价格指数从 1990 年才开始公布，国家统计局采用 1952—1989 年的 GDP 缩减指数代替同期的固定资产价格指数，GDP 缩减指数根据《中国国内生产总值历史资料：1952—2004》计算，而 1990 年及以后的固定资产价格指数直接取自《中国统计年鉴》，不变价基期取为 2010 年。

关于初始资本存量的确定。国家统计局根据其资本性支出占比及类似张军等（2004）的初始资本存量计算方法（初始资本存量等于初始固定资产投资除以折旧率与投资增长率之和），估计 1952 年用于 R&D 活动的固定资本存量为 0.10 亿元。

根据以上相关变量，可测算出历年 R&D 活动所使用的固定资产的资本存量，再根据永续盘存法，可得到相应年份的固定资产消耗，即固定资产消耗 $CFC_t = \delta K_t$。

---

① 国家统计局未区分固定资产折旧和固定资产消耗。

二　R&D 资产消耗测算

与实物固定资本存量测算相似，测算 R&D 资产消耗之前，首先要测算 R&D 资本存量，然后再根据 R&D 资产折旧率进行推算。其选择的方法依然是选用 Goldsmith（1951）提出的永续盘存法，即 $R_t = (1-\delta')R_{t-1} + A_t$。这里主要涉及 4 个变量：$A_t$、$\delta'$、R&D 资产投资价格指数、初始 R&D 资本存量。

关于 A_t 的确定。国家统计局认为 R&D 内部经费支出与 R&D 投资在概念上存在差异，A_t 应使用每期的 R&D 投资，即先前所测算的当期 R&D 产出。

关于 δ' 的确定。国家统计局假定我国 R&D 资产平均使用寿命为 10 年，这个假定与 OCED 等的建议是一致的。同时，假定 R&D 资产的相对效率以几何方式递减，并用代表几何折旧模式的余额折旧法来计算其折旧率，在 R&D 资产使用寿命取为 10 年的情况下，如果将残值率取为 10%，那么可得出 R&D 资产折旧率为 20.6%。据此国家统计局将我国 R&D 资产折旧率取为 20.6%。

关于 R&D 资产投资价格指数的计算。国家统计局选用成本价格指数法来构造 R&D 资产价格指数，R&D 投资价格指数为工业生产者购进价格指数、R&D 人员工资指数、固定资产投资价格指数的加权平均值，权重为研发支出占比。

关于初始 R&D 资本存量的确定。国家统计局假定投资增长率和资本存量增长率大体相同，据此选用初始 R&D 资本存量等于初始 R&D 资产投资除以折旧率与投资增长率之和来确定初始 R&D 资本存量。其中，投资增长率取 1952—1959 年 R&D 投资的年平均增长率，折旧率取 20.6%。

通过对以上相关变量的确定，可测算出历年 R&D 资本存量，再根据永续盘存法，可得到相应年份的 R&D 资本消耗，即 R&D 资本消耗 $CRC_t = \delta' R_t$。

第四节　全国测算结果

根据以上核算思路和测算方法，对中国 R&D 支出纳入 GDP 部分进行测算，具体结果见表 7—3、表 7—4。

表 7—3　　不同部门 R&D 产出与资本存量

年份	R&D 资产价格指数（2010 年 = 100）	非企业部门 R&D 产出（不变价）（亿元）	企业部门 R&D 产出（不变价）（亿元）	R&D 总产出（不变价）（亿元）	非企业部门 R&D 资本存量（不变价）（亿元）	企业部门 R&D 资本存量（不变价）（亿元）
1995	51.24	213.35	260.11	473.46	725.14	760.52
1996	53.48	241.54	287.83	529.37	817.30	891.68
1997	54.97	289.22	327.18	616.40	938.16	1035.18
1998	55.01	337.80	379.21	717.00	1082.70	1201.14
1999	54.82	380.86	491.50	872.36	1240.52	1445.21
2000	58.30	391.32	667.95	1059.27	1376.29	1815.45
2001	59.54	423.84	760.85	1184.69	1516.62	2202.31
2002	60.41	525.19	919.38	1444.57	1729.38	2668.01
2003	64.13	570.66	1043.97	1614.63	1943.79	3162.38
2004	72.29	581.72	1240.93	1822.65	2125.09	3751.86
2005	76.90	638.76	1467.22	2105.98	2326.08	4446.20
2006	82.00	653.84	1738.20	2392.04	2500.74	5268.48
2007	86.08	744.42	2067.44	2811.85	2730.01	6250.61
2008	94.77	813.60	2360.66	3174.26	2981.23	7323.64
2009	92.10	1064.92	3019.34	4084.26	3432.02	8834.31
2010	100.00	1183.26	3376.72	4559.98	3908.28	10391.16
2011	108.69	1260.40	3900.31	5160.70	4363.57	12150.89
2012	109.50	1451.18	4657.75	6108.93	4915.86	14305.55
2013	110.33	1622.82	5354.54	6977.36	5526.02	16713.15
2014	110.81	2071.67	5346.53	7418.20	6459.33	18616.77

表 7—4　　　　R&D 支出资本化后对 GDP 的影响

年份	R&D 中纳入 GDP 部分（不变价）（亿元）	R&D 中纳入 GDP 部分（现价）（亿元）	R&D 经费支出（不变价）（亿元）	R&D 纳入 GDP 部分占 R&D 经费支出比重（不变价）（%）	R&D 纳入 GDP 部分占 GDP 比重（不变价）（%）	R&D 纳入 GDP 部分占 GDP 比重（现价）（%）
1995	409.49	209.81	680.53	60.17	0.42	0.34
1996	456.20	243.95	756.39	60.31	0.42	0.34
1997	520.44	286.09	875.92	59.42	0.44	0.36
1998	602.24	331.29	1001.88	60.11	0.47	0.39
1999	747.05	409.56	1238.34	60.33	0.55	0.45
2000	951.47	554.66	1536.42	61.93	0.64	0.56
2001	1073.27	639.04	1750.87	61.30	0.67	0.58
2002	1275.63	770.67	2131.33	59.85	0.73	0.64
2003	1444.39	926.35	2400.64	60.17	0.75	0.68
2004	1678.70	1213.49	2720.15	61.71	0.79	0.76
2005	1946.39	1496.70	3186.08	61.09	0.82	0.81
2006	2253.35	1847.73	3662.34	61.53	0.85	0.85
2007	2629.82	2263.79	4310.14	61.01	0.87	0.84
2008	2974.79	2819.32	4870.56	61.08	0.89	0.89
2009	3726.33	3432.12	6299.48	59.15	1.03	0.99
2010	4181.83	4181.83	7062.58	59.21	1.04	1.02
2011	4799.20	5216.28	7992.42	60.05	1.09	1.08
2012	5670.41	6208.93	9405.20	60.29	1.20	1.16
2013	6492.90	7163.75	10737.23	60.47	1.25	1.22
2014	6677.15	7398.89	11745.96	56.85	1.20	1.16
均值	—	—	—	60.30	0.81	0.76

统计数据显示，实施研发支出核算方法改革后，1995—2014 年我国 GDP 总量有所增加，其中，1995—2014 年，改革后现价 GDP 总量年均提高 0.76 个百分点。此外，R&D 纳入 GDP 部分占 R&D 经费支出平均比重为 60.30%。

第五节　国家统计局发布的测算结果

根据以上核算思路和测算方法，国家统计局于 7 月 5 日发布了关于改革研发支出核算方法、修订国内生产总值核算数据的公告，具体结果见表 7—5。

表 7—5　R&D 支出资本化后对 GDP 的影响

年份	GDP（当年价）（亿元） 修订后	修订前	变化	增长速度（%）修订后	修订前	变化	贡献率*（现价）（%）	R&D 经费支出*（现价）（亿元）	R&D 纳入 GDP 部分占 R&D 经费支出比重*（%）
2000	100280	99776	504	8.5	8.4	0.06	0.51	895.66	56.27
2001	110863	110270	593	8.3	8.3	0.03	0.54	1042.49	56.88
2002	121717	121002	715	9.1	9.1	0.05	0.59	1287.64	55.53
2003	137422	136565	857	10.0	10.0	0.02	0.63	1539.63	55.66
2004	161840	160714	1126	10.1	10.1	0.04	0.70	1966.33	57.26
2005	187319	185896	1423	11.4	11.3	0.05	0.77	2449.97	58.08
2006	219438	217657	1781	12.7	12.7	0.03	0.82	3003.10	59.31
2007	270232	268019	2213	14.2	14.2	0.03	0.83	3710.24	59.65
2008	319516	316752	2764	9.7	9.6	0.03	0.87	4616.02	59.88
2009	349081	345629	3452	9.4	9.2	0.16	1.00	5802.11	59.50
2010	413030	408903	4127	10.6	10.6	0.01	1.01	7062.58	58.43
2011	489301	484124	5177	9.5	9.5	0.05	1.07	8687.00	59.59
2012	540367	534123	6244	7.9	7.7	0.11	1.17	10298.41	60.63
2013	595244	588019	7225	7.8	7.7	0.07	1.23	11846.60	60.99
2014	643974	635910	8064	7.3	7.3	0.04	1.27	13015.60	61.96
2015	685506	676708	8798	6.9	6.9	0.04	1.30	1416.99	62.09

注："*"表示根据国家统计局对改革研发支出核算方法、修订国内生产总值核算数据的发布，笔者计算整理。

统计数据显示，实施研发支出核算方法改革后，2000—2015年我国GDP总量、速度均有所增加。其中，2000—2015年，改革后GDP增速年均提高0.06个百分点，GDP总量年均提高0.89个百分点。两个计算结果比较相同。

第八章 按国家现行 R&D 支出纳入 GDP 核算方法深圳测算实践

在国家层面正式实施 R&D 支出核算方法改革后，深圳市在前期开展 R&D 支出纳入 GDP 核算方法研究的基础上，继续按国家统计局 R&D 支出核算方法并结合地区实际情况进行研究，为下一步国家统计局制定地区版的 R&D 支出核算方法提供有益的探索和有价值的参考。为此，深圳市统计局根据国家统计局核算司提供的资料，严格按照国家统计局的测算思路和方法对深圳市的数据进行了研究、试算。

第一节 深圳核算思路

深圳市在 R&D 支出纳入 GDP 核算试点过程中，以国家 R&D 支出核算方法为基础，结合深圳市 R&D 支出的结构、特点，对 R&D 相关数据进行了评估和试算。在纳入 GDP 核算国家 R&D 支出纳入 GDP 核算过程中，分别从生产法、收入法、支出法三个视角系统梳理了上述四种类型 R&D 活动的资本化核算对 GDP 核算和相关主要变量的影响，进而明确 R&D 支出纳入 GDP 核算的基本思路。

一 生产法视角

对于企业自研自用而言，R&D 支出资本化之前，企业自研自用 R&D 活动为辅助性生产活动，在实际核算中对其产出并没有单独核算，而其中间消耗已经纳入企业总生产活动的中间消耗核算中。R&D 支出资本化后，企业生产活动的中间消耗未发生变化，因 R&D 生产活动独立出来核算，总产出将会增加，进而增加值得以增加，其增加量 = R&D 生产活动的总产出。

对于企业外购而言，R&D 支出资本化之前，企业外购 R&D 活动成果是作为企业生产活动的中间消耗进行处理的。R&D 支出资本化后，企业生产活动的中间消耗将减少，总产出未发生变化，进而使得增加值增加，即中间消耗减少量＝增加值增加量＝外购的 R&D 资产价值。

对于非企业自研自用而言，由于非企业的总产出按照总成本计算，无论 R&D 支出资本化之前还是 R&D 支出资本化之后，非企业自研自用 R&D 活动成本和中间消耗已经纳入总生产活动的总成本和中间消耗中。R&D 支出资本化之后，R&D 资产参与了企业生产活动，因此需要计提 R&D 资产的消耗。这样，非企业总产出增加，使得增加值增加，即总产出增加量＝增加值增加量＝R&D 资产消耗。

对于非企业外购而言，R&D 支出资本化之前，非企业外购 R&D 活动成果是作为非企业生产活动的中间消耗进行处理的。R&D 支出资本化后，非企业生产活动的中间消耗将减少。并且，由于非企业的总产出按照总成本计算，R&D 支出资本化之后，R&D 资产参与了企业生产活动，因此需要计提 R&D 资产的消耗。这样，R&D 支出资本化产生的影响为：总产出增加量＝中间消耗减少量＋R&D 资产消耗；增加值增加量＝R&D 资产消耗。

二　收入法视角

对于企业自研自用而言，R&D 支出资本化之前，企业自研自用 R&D 活动为辅助性生产活动，在实际核算中对其产出并没有单独核算。R&D 支出资本化之后，R&D 资产参与了企业生产活动，因此需要计提 R&D 资产的消耗。同时，根据收入法核算的基本构成，企业营业盈余也会增加，其增加部分＝R&D 生产活动的总产出－R&D 资产消耗。

对于企业外购而言，R&D 支出资本化后，企业外购 R&D 活动成果作为资产参与了企业生产活动，因此需要计提 R&D 资产的消耗。同时，根据收入法核算的基本构成，企业营业盈余也会增加，其增加部分＝外购的 R&D 资产价值－R&D 资产消耗。

对于非企业自研自用而言，由于非企业的总产出按照总成本计算，R&D 支出资本化之后，在生产中使用了 R&D 资产，因此需要计提 R&D 资产的消耗，即增加值增加量＝R&D 资产消耗。

对于非企业外购而言，由于非企业的总产出按照总成本计算，R&D 支出资本化之后，在生产中使用了 R&D 资产，因此需要计提 R&D 资产的消耗。同时，非企业生产者在实际核算中不计算营业盈余。因此，增加值增加量 = R&D 资产消耗。

三 支出法视角

对于企业自研自用而言，R&D 支出资本化之后，R&D 活动成果被划归为资产，因此资本形成总额增加，其他构成部分未发生变化，因此，增加值增加量 = 资本形成总额增加量 = R&D 生产活动的总产出。

对于企业外购而言，与企业自研自用类似。R&D 支出资本化之后，R&D 活动成果被划归为资产，资本形成总额增加，其他构成部分未发生变化。因此，增加值增加量 = 资本形成总额增加量 = 外购的 R&D 资产价值。

对于非企业自研自用而言，非企业的总产出按照总成本计算。R&D 支出资本化之后，在生产中使用了 R&D 资产，因此需要计提 R&D 资产的消耗，这部分需要计入政府消费中。同时，R&D 支出资本化之前，R&D 生产活动的总产出是作为政府消费来进行处理的，R&D 支出资本化之后，R&D 生产活动的总产出被识别为资产。这一变化导致 R&D 生产活动的总产出需从政府消费中扣除，同时纳入资本形成总额中。总体来看，增加值增加量 = R&D 资产消耗。

对于非企业外购而言，与非企业自研自用类似。R&D 支出资本化之后，在生产中使用了 R&D 资产，因此需要计提 R&D 资产的消耗，这部分需要计入政府消费中。同时，R&D 支出资本化之前，外购 R&D 活动成果是作为政府消费来进行处理的；R&D 支出资本化之后，外购 R&D 活动成果被识别为资产。这一变化导致外购 R&D 活动成果需从政府消费中扣除，同时纳入资本形成总额中。总体来看，增加值增加量 = 外购 R&D 资产消耗。

综合以上分析，R&D 支出资本化所产生的主要影响如下（见表 8—1）。

表 8—1　　　　R&D 支出资本化所产生的主要影响

核算方法		企业自研自用	企业外购	非企业自研自用	非企业外购
生产法	总产出	R&D 生产活动的总产出		R&D 资产消耗	－外购的 R&D 资产价值＋R&D 资产消耗
	中间消耗		－外购的 R&D 资产价值		－外购的 R&D 资产价值
	增加值	R&D 生产活动的总产出	外购的 R&D 资产价值	R&D 资产消耗	R&D 资产消耗
收入法	劳动者报酬				
	固定资产消耗	R&D 资产消耗	R&D 资产消耗	R&D 资产消耗	R&D 资产消耗
	生产税净额				
	营业盈余	R&D 生产活动的总产出－R&D 资产消耗	外购的 R&D 资产价值－R&D 资产消耗		
	增加值	R&D 生产活动的总产出	外购的 R&D 资产价值	R&D 资产消耗	R&D 资产消耗
支出法	最终消费				
	居民消费				
	政府消费			－R&D 生产活动的总产出＋R&D 资产消耗	－外购的 R&D 资产价值＋R&D 资产消耗
	资本形成总额	R&D 生产活动的总产出	外购的 R&D 资产价值	R&D 生产活动的总产出	外购的 R&D 资产价值
	净出口				
	增加值	R&D 生产活动的总产出	外购的 R&D 资产价值	R&D 资产消耗	R&D 资产消耗

注：国内生产的 R&D 产品可能用于出口，国内使用的 R&D 产品也可能来源于进口。但由于资料限制，核算时暂不考虑 R&D 产品的进口和出口影响。因此，R&D 产出等于国内当期所形成的 R&D 产品价值。

根据 R&D 支出资本化所产生的主要影响分析，R&D 支出纳入 GDP 的基本核算思路是：

Δ 增加值 = 企业自研自用 R&D 产出 + 企业外购 R&D 资产价值 + 非企业自研自用 R&D 资产消耗 + 非企业外购 R&D 资产消耗

其中，"Δ"表示变动额。理论上，外购的 R&D 产品价值应按交易价值计算，但因缺乏资料，国家统计局仍按总成本法计算。由此，上式调整为：

Δ 增加值 = 企业 R&D 产出 + 非企业 R&D 资产消耗

总体来看，R&D 支出资本化纳入 GDP 部分由企业 R&D 产出和非企业 R&D 资产消耗两部分构成。

此外，从前面整个 R&D 支出资本化核算思路来看，R&D 支出资本化不会引起 GDP 重复核算。此前部分学者担忧 R&D 支出资本化可能导致 GDP 重复核算，其担忧主要有两个：一是 R&D 支出中已经有一部分形成了无形资产；二是 R&D 支出中一部分劳动力成本和固定资产作为使用成本，已计入了 GDP。实际上，在 SNA 1993 中，虽然部分 R&D 支出形成了无形资产，但是在后续核算中，这部分无形资产并不像固定资产那样提取固定资产消耗，而是以无形资产摊销费或服务费计入了使用者的中间消耗，仍作为费用化处理，因此第一个担忧不成立。R&D 支出资本化核算后，GDP 总量虽然增加了，但劳动者报酬没有变化，固定资产消耗所增加的部分只是 R&D 资产消耗，原来计提的固定资产消耗并没有变化，因此第二个担忧也不成立。

第二节　深圳测算方法

根据上述核算思路，对 R&D 支出资本化纳入 GDP 部分进行测算主要包括对 R&D 产出和 R&D 资产消耗进行测算。

一　R&D 产出测算

R&D 生产活动的产出是计算 R&D 投资的基础。SNA 2008 认为，当存在可观测的市场价格时，R&D 产出要按市场价值来估算；当缺乏可观测的市场价格时，R&D 产出可按照总成本法来估计。据此，国家统计局在实际核算中，囿于资料的限制，研发活动的产出按总成本法计算。研发活动的总成本，主要包括中间投入成本、劳动力成本和固定资产成本三部分。由于资本回报难以计算，按总成本法计算的研发产出价值暂不包括资本回报。测算 R&D 产出所需的基础数据是 R&D 内部经费支出，包括日常性支出和资本性支出。其中，日常性支出是指人员劳务费和其他日常性支出，资本性支出是指当期购买机器设备等固定资产的支出。而 R&D 产出主要由中间投入成本、劳动力成本、固定资产成本三部分构成，其具体测算公式为：

R&D 产出 =（中间投入成本 + 劳动力成本）+ 固定资产成本
　　　　 = 日常性支出 + 固定资产消耗
　　　　 = 日常性支出 + 固定资本存量 × 折旧率

可见，R&D 产出与 R&D 内部经费支出具有很强的相关性，但也存在一些区别（见表 8—2）。

表 8—2　R&D 产出与 R&D 内部经费支出的联系与区别

指标	R&D 产出构成	R&D 内部经费支出构成
相似的处理	中间投入成本	其他日常性支出
	劳动力成本	人员劳务费
不同的处理	固定资产成本	资本性支出

其中，两者的主要区别有：一是 R&D 内部经费支出包括软件 R&D 支出，而在 SNA 2008 中软件与 R&D 资产为并列关系，都是知识产权产品，因此在计算 R&D 产出时应将软件 R&D 支出扣除，否则会引起重复核算。二是对固定资产的处理方式不同，R&D 产出计算的是已有固定资产在生产中的耗减成本，而 R&D 内部经费支出计算的是对新增固定资产的购买支出。三是其他覆盖范围存在一些差别。因此，在 R&D 内部经费支出基础上进行适当调整，可得到 R&D 产出（见表 8—3）。

表 8—3　从 R&D 内部经费支出到 R&D 产出的调整

加减（+ 或 -）	R&D 内部经费支出
-	重复的软件 R&D
-	资本性支出
+	固定资产消耗

续表

加减（+ 或 -）	R&D 内部经费支出
+	其他调整
=	产出

具体调整过程为：

(1) 对重复的软件 R&D 进行剔除。对于软件 R&D 活动而言，软件 R&D 的试验发展支出在 R&D 支出资本化之前就已计入软件开发活动的产出。因此，在计算 R&D 产出时，为避免重复计算，应扣除这部分支出。为此，国家统计局对 1978 年以来企业 R&D 支出做了适当剔除调整。根据深圳市软件 R&D 活动情况，按照 14% 的比例对深圳市 R&D 经费支出做相应剔除。

(2) 对不成功的 R&D 活动进行适当剔除。R&D 活动根据其活动的性质和目的分为基础研究、应用研究和试验发展三种类型。

基础研究是对所要研究的方面的一种探索，通过了解事物的客观现象，对现实中各种问题提出的假设，以及对各种理论或者定律进行分析、验证，以求寻找内在事物运动的规律，是对研究过程中认知的一种活动。基础研究在进行研究时对实际的研究前景并不清楚，只是一种理论的认识。其一般是科学家或科研人员进行研究，研究成果具有普遍的适用性与正确性，并常发表在论文期刊上或用于学术会议交流。因此，谈不上为研究者带来经济收益。

应用研究是指为获得新的知识，针对某一特定的实际目的而进行的创造性研究，其成果是某一专门用途的新知识或模型。应用研究与基础研究的根本不同之处就在于应用研究是在解决实际问题的前提下进行的，是为了达到某种应用目标。

应用研究一旦获得成功，就可以迅速进入试验发展阶段。试验发展是指利用现有的科学知识或实际经验，为了生产新的材料、产品和装置，建立新的工艺、系统和服务，或对已生产或建立的上述各项进行实质性的改进所进行的系统性的工作。试验发展就是利用已经获得的科学知识，或者在已有产品基础上通过系统集成开发出新产品。新产品开发出来一旦进入市场，就可以从营销中获益。

在上述三类 R&D 活动中，基础研究与研究者未来的经济收益不直接相关，它一般由政府担当，政府是基础研究的主体，而企业则是应用研究和试验发展领域的主体。因此，在实际 R&D 核算中，将基础研究作费用化处理，同时还必须考虑应用研究与试验发展转化为资本的程度。为此，结合深圳市实际情况，对深圳市 R&D 经费支出做适当下调，约为 7%。

（3）固定资产消耗的计算。在估算固定资产折旧①过程中，先计算固定资本存量，然后通过折旧率计算得到固定资产折旧，具体方法是选用 Goldsmith（1951）提出的永续盘存法，即 $K_t = E_t + (1+\delta)K_{t-1}$。其中，$K_t$、$K_{t-1}$ 分别为第 t、第 $t-1$ 期的固定资本存量，E_t 为第 t 期的新增的固定资产，δ 为固定资产折旧率。

永续盘存法的理论基础来自耐用品生产模型。耐用资本品在使用过程中，其效率会随着使用年限的增加而发生改变，即资产能够提供的生产能力会发生改变，由此其资产价值也会发生改变，因而永续盘存法在对资产进行累加时根据耐用品生产模型考虑了资产效率的改变。

设 d_τ 为役龄为 τ 的资本品相对于新资本品的效率（或旧资本品相对于新资本品的边际产出）；$E_{t-\tau}$ 为过去投资不同役龄的资产额，则其资本存量的估算公式为：

$$K_t = \sum_{\tau=0}^{x} d_\tau E_{t-\tau} \qquad (式8-1)$$

其中，d_τ 对于某一资产而言，全新时其相对效率为 1；随着资产的使用相对效率将表现为递减的状态；当该资产最终退役或报废时，其相对效率递减为 0，即：

$$\begin{cases} d_0 = 1 \\ d_\tau - d_{\tau-1} \leq 0 \qquad \tau = 0,1,2,\cdots,\infty \\ \lim_{\tau \to x} d_\tau = 0 \end{cases}$$

经证明，Goldsmith 的永续盘存法的基本公式可以表达为：

$$K_t = E_t + (1-\delta)K_{t-1} \qquad (式8-2)$$

其中，K_t 表示第 t 年的资本存量，K_{t-1} 表示第 $t-1$ 年的资本存量，E_t 表示第 t 年的投资额，δ 表示第 t 年的折旧率。

可以证明，式 8-1 等于式 8-2。

设 m_τ 为 d_τ 的效率减少量（或称役龄死亡率），即 $m_\tau = (d_{\tau-1} - d_\tau) = -(d_\tau - d_{\tau-1})$，$\tau = 0, 1, 2, \cdots, L$。其中 L 是资本品的寿命期，所有役龄死亡率之和为 1。

---

① 国家统计局未区分固定资产折旧和固定资产消耗。

$$\sum_{\tau=1} m_\tau = -\sum_{\tau=1}(d_\tau - d_{\tau-1}) = d_0 = 1 \qquad (式8-3)$$

设 δ_τ 为初始投资购置后第 τ 期需要重置比例（或称重置率，也称折旧率），利用更新方程，重置率可由役龄死亡率序列递归计算：

$$\delta_\tau = m_1\delta_{\tau-1} + m_2\delta_{\tau-2} + \cdots + m_\tau\delta_0, \tau = 1, 2, \cdots$$

$$(式8-4)$$

由式 8—1，对相邻两期资本存量做一阶差分，得到：

$$K_t - K_{t-1} = \sum_{\tau=0}^{\infty} d_\tau E_{t-\tau} - \sum_{\tau=0}^{\infty} d_\tau E_{(t-1)-\tau}$$

$$= E_t + \sum_{\tau=1}^{\infty} d_\tau E_{t-\tau} - \sum_{\tau=1}^{\infty} d_{(\tau-1)} E_{(t-1)-(\tau-1)}$$

$$= E_t - \left(\sum_{\tau=1}^{\infty} d_{(\tau-1)} E_{(t-\tau)} - \sum_{\tau=1}^{\infty} d_\tau E_{(t-\tau)}\right)$$

$$= E_t - R_t \qquad (式8-5)$$

其中，令 $R_t = \left(\sum_{\tau=1} d_{(\tau-1)} E_{(t-\tau)} - \sum_{\tau=1} d_\tau E_{(t-\tau)}\right) = \sum_{\tau=1}(d_{(\tau-1)} - d_\tau) E_{(t-\tau)} = \sum_{\tau=1} m_\tau E_{(t-\tau)}$，称 R_t 为第 t 年资本品需要重置的价值（或称折旧额）。由此可得：

$$K_t = K_{t-1} + E_t - R_t \qquad (式8-6)$$

在几何递减模式下，可以证明，平均重置率等于重置率，即 $\hat{\delta}_\tau = R_t/K_{t-1} = \delta$，代入式 8—6，可得到 Goldsmith 的永续盘存法基本公式：

$$K_t = E_t + (1-\delta)K_{t-1} \qquad (式8-7)$$

因此，在具体测算过程中主要涉及 4 个变量：E_t、δ、固定资产投资价格指数、初始固定资本存量。

E_t 取 R&D 内部经费支出的资本性支出。考虑到资本性支出由仪器和设备、土地和建筑物、软件和数据库等固定资产支出组成，而 SNA 2008 的固定资本存量不包括土地价值；同时，资本性支出的统计范围只涉及当年新购买资产的支出，未剔除原有资产的处置所得，因此，深圳市根据其比例关系对资本性支出做了适当的向下调整，约为 5%。

关于 R&D 活动所使用的固定资产的折旧率 δ 的确定。国家统计局假定仪器和设备的平均使用寿命为 15 年，其他固定资产的平均使用寿命为 30 年，并且假定这些固定资产的相对效率以几何方式递减，残值率取为 4%，与张军等（2004）的取值相同。这样可计算出仪器和设备的折旧率为 19.3%，其他固定资产的折旧率为 10.2%。然后，用这两类资产在总固定资产中的比重进行加权计算。1995—2014 年市场生产者和非市场生产者中这两类资产支出的年平均比例分别为 95：5 和 72：28，因此，国家统计局将市场生产者和非市场生产者的固定资产折旧率 δ 分别取为 18.8% 和 16.8%。通过调研，这种折旧模式和折旧率的设定也符合深圳市 R&D 活动所使用的固定资产的实际情况。

关于固定资产投资价格指数。考虑到我国的固定资产投资价格指数从 1990 年才开始公布，国家统计局采用 1952—1989 年的 GDP 缩减指数代替同期的固定资产价格指数，GDP 缩减指数根据《中国国内生产总值历史资料：1952—2004》计算，而 1990 年及以后的固定资产价格指数直接取自《中国统计年鉴》，不变价基期取为 2010 年。选取 2010 年为不变价基期，原因是：从价格指数理论可知，在构造拉式链式价格指数时，与基期较近的价格指数偏差较小，由于更关注近期的资本存量大小，所以选择了国民经济核算中最近的不变价基期。据此，深圳市在实际测算过程中，不变价基期取为 2010 年。

关于初始资本存量的确定。初始资本存量的选择对核算资本存量有着重要影响，但随着时间的延长，初始资本存量对后续年份的影响会越来越小。早些年，对初始资本存量的研究主要采取经验比例的定性方法。如帕金斯（Perkins）通过经验估算，得出中国 1953 年资本产出比为 3 的假设；邹（Chou，1993）利用一些私人可得的数据进行经验推算，得出中国 1952 年资本产出比为 2.58 的假设。后来发展到数学模型测算的定量方法，如霍尔和琼斯（Hall and Jones，1999）在估计世界各国 1960 年的资本存量时，采取了 1960—1970 年各国投资增长的几何平均数加上折旧率进行定量测算，其理论逻辑是，从长期看投资增长率和资本存量增长率大体相同。在实践中，该方法得到普遍应用，比如，Young（2003）、张军等（2004）用初始投资除以投资增长率与折旧率之和，推算出我国 1952 年的初始资本存量。类似 Young（2003）、张军等（2004）的初始资本存量计算方法，国家统计局估计 1952 年用于 R&D 活动的固定资本存量为 0.10 亿元。

根据以上相关变量，可测算出历年 R&D 活动所使用的固定资产的资本存量，再根据永续盘存法，可得到相应年份的固定资产消耗，即固定资产消耗 $CFC_t = \delta K_t$。

二 R&D 资产消耗测算

与实物固定资本存量测算相似，测算 R&D 资产消耗之前，首先要测算 R&D 资本存量，然后再根据 R&D 资产折旧率进行推算。其选择的方法依然是 Goldsmith 提出的永续盘存法，即 $R_t = (1-\delta) R_{t-1} + A_t$。其中，$R_t$、$R_{t-1}$ 分别为第 t、第 $t-1$ 期的 R&D 资本存量，A_t 为第 t 期的 R&D 资产价值，δ 为 R&D 资产折旧率。R&D 资本存量的测算主要涉及 4 个变量：A_t、δ、R&D 资产投资价格指数、初始 R&D 资本存量。

（1）关于 A_t 的确定。国家统计局认为 R&D 内部经费支出与 R&D 投资在概念上存在差异，A_t 应使用每期的 R&D 投资，即先前所测算的当期 R&D 产出。因此，在深圳市 R&D 支出纳入 GDP 核算过程中，A_t 为深圳市当期 R&D 活动的产出。

（2）关于 δ 的确定。R&D 资产需要计提折旧，是因为 R&D 资产中的"知识"会随时间推移而过时或失效，进而对生产的贡献下降，这一过程等同于生产中资产相对效率的降低。因此，与其他固定资产折旧率的计算相似，R&D 资产折旧率与 R&D 资产的使用寿命和折旧模式密切相关。从各国的实践看，主要通过如下几种方式来确定 R&D 资产的使用寿命：一是开展专项调查，如英国、以色列等；二是根据各种专利的保护期长短或所购买专利的付费期长短计算，如澳大利亚等；三是通过建立生产函数，并测度 R&D 资产对生产的贡献来确定，如美国等；四是根据经验分析主观判断。OECD（2010）和欧盟统计局（2014）建议，理论上应该通过调查分析确定每类 R&D 资产的使用寿命，如果没有其他可用的信息，R&D 资产预期使用寿命可定为 10 年。我国官方并没有公布专利的平均使用寿命，也没有关于 R&D 资产使用寿命的权威分析。国家统计局根据《中华人民共和国企业所得税法实施条例》第六十七条第二款规定"无形资产的摊销年限不得低于 10 年"，假定我国 R&D 资产平均使用寿命为 10 年。这个假定与 OCED 等的建议是一致的。

对于固定资产的折旧模式，现有研究在理论上和方法上均较为成熟，常见的有直线折旧、几何折旧等。考虑到知识产权产品资产价值在最初几年下降较快，OECD（2010）建议使用几何模型来计算 R&D 资产的折旧率。事实上，大多数国家都采用了几何折旧模型来计算。这样，国家统计局假定 R&D 资产的相对效率以几何方式递减，并用代表几何折旧模式的余额折旧法来计算其折旧率，在 R&D 资产使用寿命取为 10 年的情况下，如果将残值率取为 10%，那么可得出 R&D 资产折旧率为 20.6%。考虑到现阶段我国的科技创新质量不及发达国家，R&D 资产的使用寿命相对较短，相应地 R&D 资产折旧率相对较高。对比各国 R&D 资产所采用的平均折旧率，同时结合深圳市 R&D 资产的实际使用情况，将深圳市 R&D 资产折旧率选取为 20.6%。

（3）关于 R&D 资产投资价格指数的计算。R&D 资产价格指数对测算当期的 R&D 资产价值、R&D 资本存量以及 R&D 资产折旧都非常重要。但是，由于缺乏可观测的市场价格，各国均未编制 R&D 资产价格指数，因此，需要构造合适的 R&D 资产价格指数。不同学者对 R&D 资产价格指数的测算方法不尽相同，总的来看使用相关价格指数替代或用一组价格指数加权计算比较普遍。例如，Jaffe（1972）、Griliches（1980）用非金融企业工资价格指数和 GNP 价格指数加权计算，Loeb 和 Lin（1977）用 R&D 人员工资价格指数和设备投资的 GNP 价格指数加权计算等。也有部分学者用其他方法来测算，如 Mansfield（1984）根据企业层面的价格调查信息利用生产函数来推导各行业的 R&D 价格指数。我国学者普遍借鉴国外学者的做法，朱平芳和徐伟民（2003）用居民消费价格指数和固定资产投资价格指数来加权计算；李小胜（2007）用工业生产者出厂价格指数和 GDP 缩减指数来加权计算；魏和清（2012）则建议用劳动用工价格指数、原材料价格指数和固定资产价格指数三者加权平均，原因是 R&D 经费主要由劳务费、原材料费用及固定资产购建费等构成。

从各国统计机构的实践看，采用较多的是成本价格指数法。前文已指出，SNA 2008 建议 R&D 产出价格按照总成本来估价，所以根据 R&D 投入成本项的价格指数来构造 R&D 资产价格指数是一个可行的替代方法，即分别对总成本中的中间消耗、劳动者报酬和固定资产消耗等进行价格缩减，然后再加权计算。借鉴各国的经验，国家统计局选用成本价格指数法来构造 R&D 资产价格指数，即 R&D 投资价格指数为中间消耗缩减指数、劳动者报酬缩减指数和固定资产折旧缩减指数的加权平均，权重为各自所占的比重。据此，深圳市构造 R&D 资产价格指数选取成本价格指数法。其中，中间消耗缩减指数用工业生产者购进价格指数中的原材料燃料动力购进指数代替。劳动者报酬缩减指数为R&D人员工资指数,用R&D内部支出中劳务费除以R&D人员全时当量,得到每单位R&D全时当量的劳务费,相邻时期之比即为R&D人员劳务费价格指数。固定资产折旧缩减指数,用固定资产投资价格指数中的设备、工器具购置价格指数代替。

（4）关于初始R&D资本存量的确定,仍然选用当期投资与资本存量的比例关系推算。与Young（2003）、张军等（2004）推算方法一样,国家统计局假定R&D投资增长率和R&D资本存量增长率大体相同,即初始R&D资本存量等于初始R&D资产投资除以折旧率与投资增长率之和来确定初始R&D资本存量,全国R&D投资增长率取1952—1959年R&D投资的年平均增长率。

通过对以上相关变量的确定,可测算出历年R&D资本存量,再根据永续盘存法,可得到相应年份的R&D资本消耗,即R&D资本消耗 $CRC_t = \delta R_t$。

第三节　深圳测算结果

根据以上核算思路和测算方法,对深圳市R&D支出纳入GDP部分进行测算（见表8—4、表8—5）。

一　R&D产出与资本存量

表8—4　　　深圳市不同部门R&D产出与资本存量

年份	R&D资产价格指数（2010年=100）	非企业部门 R&D产出（不变价）（万元）	企业部门 R&D产出（不变价）（万元）	R&D总产出（不变价）（万元）	非企业部门 R&D资本存量（不变价）（万元）	企业部门 R&D资本存量（不变价）（万元）
2002	80.50	7869	621866	629735	—	—
2003	80.20	9136	710364	719501	9400	745137
2004	83.02	10876	835884	846760	18340	1427523

续表

年份	R&D 资产价格指数（2010年=100）	非企业部门 R&D 产出（不变价）（万元）	企业部门 R&D 产出（不变价）（万元）	R&D 总产出（不变价）（万元）	非企业部门 R&D 资本存量（不变价）（万元）	企业部门 R&D 资本存量（不变价）（万元）
2005	86.26	12944	987520	1000464	27506	2120973
2006	89.60	15483	1175595	1191078	37323	2859647
2007	92.34	17244	1300997	1318240	46878	3571557
2008	97.99	20425	1536236	1556660	57646	4372052
2009	96.22	26667	1988811	2015478	72437	5460220
2010	100.00	16644	2293154	2309797	74159	6628569
2011	105.26	69573	2673401	2742974	128455	7936485
2012	107.77	61719	3083675	3145394	163713	9385244
2013	107.99	105421	3653788	3759208	235408	11105671
2014	110.92	132241	3876615	4008856	319155	12694518
2015	113.92	181262	4288892	4470154	434671	14368339

二 R&D 支出资本化后对 GDP 的影响

表 8—5　深圳市 R&D 支出资本化后对 GDP 的影响

年份	R&D 中纳入 GDP 部分（不变价）（万元）	R&D 经费支出（不变价）（万元）	R&D 经费支出（现价）（万元）	R&D 中纳入 GDP 部分（现价）（万元）	R&D 纳入 GDP 部分占 R&D 经费支出比重（%）	R&D 纳入 GDP 部分占 GDP 比重（现价）（%）
2002	621935	909412	732039	500631	68.39	1.69
2003	712301	1038599	832936	571251	68.58	1.59
2004	839662	1221925	1014484	697116	68.72	1.63
2005	993186	1443452	1245112	856716	68.81	1.73
2006	1183283	1718249	1539550	1060221	68.87	1.82
2007	1310654	1901381	1755674	1210216	68.93	1.78
2008	1548111	2245087	2199907	1516956	68.96	1.95

续表

年份	R&D 中纳入 GDP 部分（不变价）（万元）	R&D 经费支出（不变价）（万元）	R&D 经费支出（现价）（万元）	R&D 中纳入 GDP 部分（现价）（万元）	R&D 纳入 GDP 部分占 R&D 经费支出比重（%）	R&D 纳入 GDP 部分占 GDP 比重（现价）（%）
2009	2003734	2906853	2797112	1928087	68.93	2.35
2010	2308430	3333102	3333102	2308430	69.26	2.41
2011	2699863	3953247	4161363	2841995	68.29	2.47
2012	3117400	4531722	4883739	3359555	68.79	2.59
2013	3702282	5413408	5846115	3998214	68.39	2.76
2014	3942361	5770670	6381479	4359649	68.32	2.73
2015	4378434	6428930	7323851	4987921	68.11	2.85
均值	—	—	—	—	68.67	2.17

结果显示，实施研发支出核算方法改革后，2002—2015 年深圳市 GDP 总量有所增加。2002—2015 年，改革后现价 GDP 总量年均增加 2.17 个百分点，R&D 纳入 GDP 部分占 R&D 经费支出平均比重为 68.67%。具体来看，2013—2015 年深圳市可纳入 GDP 核算的 R&D 分别为 399.82 亿元、435.96 亿元、498.79 亿元，占全市 R&D 经费支出比重分别为 68.39%、68.32%、68.11%，全市 GDP 总量分别增加 2.76%、2.73%、2.85%。

第四节　对测算结果的简要分析

由表 8—5 所示，实施研发支出核算方法改革后，2002—2015 年我国 GDP 总量有所增加。2002—2015 年，改革后现价 GDP 总量年均提高 2.17 个百分点，R&D 纳入 GDP 部分占 R&D 经费支出平均比重为 68.67%，但比重逐年提高，2015 年达到 68.11%。

与全国 R&D 纳入 GDP 核算结果相比，深圳市 R&D 纳入 GDP 部分占 R&D 经费支出比重相对较高，2015 年该比重比全国高 6.02 个百分点。究其原因，主要有以下几点。

一 深圳 R&D 数据质量较高

近几年，国家统计局为提高 R&D 数据质量，从严控制全国 R&D 经费总量，对各地上报的 R&D 经费进行部分核减。为支持和配合国家统计局工作，深圳市每年都对上报的 R&D 数据进行大幅核减。2015 年，深圳市工业 R&D 经费上报数据为 868 亿元，国家最终核定 673 亿元，核减了 195 亿元。深圳市 R&D 经费占广东省的 40%，被核减额占广东省的 45%。以华为为例，2015 年华为研发支出 590 亿元（华为官网），国家统计局核减后其 R&D 支出为 329 亿元，仅占其研发支出的 55.8%。经国家统计局大幅核减后深圳市的 R&D 数据已经非常真实，数据质量较高。同时，作为改革开放的排头兵，深圳市市场经济发达，政府对企业干预较少，统计部门对企业的填报从不干涉。因此，相对于全国其他地区，深圳的 R&D 数据更真实，数据质量更高。据此，深圳在核算 R&D 原始数据时，相对于全国剔除的部分更少，R&D 支出纳入 GDP 的比例更高。

二 深圳企业 R&D 支出占比大，无效支出少

从 R&D 支出构成结构看，深圳的企业支出占比远高于全国。以 2015 年为例，深圳市企业 R&D 支出占全市 R&D 总支出的 96.2%，全国为 76.8%。按国家 R&D 支出纳入 GDP 核算思路，核算后企业形成的增加值等于其 R&D 活动的总产出，非企业形成的增加值等于其 R&D 资产的折旧。据此，企业占比越大的地区，R&D 支出纳入 GDP 的比例越高。

三 深圳有 R&D 支出的企业效益显著高于同业

调查表明，深圳工业企业中，有 R&D 支出的企业效益显著高于同业。以深圳市 R&D 投入最大的行业——计算机、通信和其他电子设备制造业为例，2015 年该行业共有企业 1968 家，R&D 投入 551.8 亿元，增加值率为 25.4%。其中，华为 R&D 投入最大为 328.6 亿元，其增加值率也最高为 40.8%，显著高于行业内其他企业。如果扣除华为，该行业增加值率仅为 22.4%。正好说明企业的 R&D 支出最能给所有者带来直接的经济利益，因此企业 R&D 支出占比越大，R&D 支出纳入 GDP 的比例应该越高。

四 深圳 PCT 专利申请占全国半成，R&D 支出成效大

企业 R&D 投入成效最直接的体现就是专利，尤其是 PCT 国际专利。PCT 国际专利申请已成为衡量国家创新能力和科技竞争力的重要指标，成为全球技术竞争格局及发展态势的重要反映。2015 年，深圳市 PCT 国际专利申请 13308 件，占全国的 46.9%，连续十二年保持全国大中城市首位。2015 年国内企业 PCT 申请量前十强 6 家来自深圳，其中华为以 3538 件高居全国首位，中兴通讯紧随其后。专利申请越多，表明 R&D 支出的成效越大，越能给所有者带来经济利益。因此，R&D 支出成效越大的地区，R&D 支出纳入 GDP 的比例应该越高。

此外，据第五章运用美国 BEA、Griliches、Goldsmith 等三种 R&D 资本化核算方法对深圳市数据和全国各省数据进行研究、试算的结果都表明，经济越发达、R&D 活动越活跃的地区 R&D 支出纳入 GDP 的比例应该越高。

综上，深圳市 R&D 支出纳入 GDP 的比例高于全国水平是正常的、合理的，也是有充分依据的。

第九章 探索开展规模以下企业R&D统计调查方法与路径
——深圳案例与建议

近年来,随着"大众创业、万众创新"国家战略的不断推进,全国各地政府部门不断推出各种普惠性政策扶持体系,培育和支持各类市场主体研究新技术、开发新产品,以期推动经济结构调整,打造发展新引擎,增强发展新动力,实现创新驱动发展新道路。在政府扶持政策的支持、引导下,许多小微企业纷纷开展研究、创新,研发活动日趋活跃。

我国现行的科技统计体系下,数量众多的规模以下小微企业虽有研发活动,但无法纳入科技统计范围。由于缺乏小微企业的研发活动统计数据,政府各部门对小微企业的研发活动开展情况都知之甚少。如何获取小微企业的研发活动数据,更好地监测、评估"双创"建设进程,通过在深圳开展规模以下企业研发统计调查试点,全面了解规模以下小微企业的研发活动开展和分布情况,客观、真实地反映规模以下企业研发投入的规模、构成以及分布情况,可为现有的创新创业扶持政策的成效、短板和问题提供数据参考,为国家统计局研发统计改革提供有价值的参考。

第一节 调查思路、内容与组织实施

一 调查思路与原则

以"客观、真实地反映规模以下企业研发投入的规模、构成以及分布情况"为目的,遵循全面性、代表性、科学性和适用性原则，结合规模以下企业的实际情况开展统计调查。

二　调查对象与内容

本次调查对象是深圳市辖区内规模以下采矿业，制造业，电力、热力、燃气及水生产和供应业企业；不在一套表范围内的建筑业企业；规模以下交通运输、仓储和邮政业，信息传输、软件和信息技术服务业，租赁和商务服务业，科学研究和技术服务业，水利、环境和公共设施管理业，卫生和社会工作，文化、体育和娱乐业企业。调查内容为规模以下企业的生产经营、研发项目、研发投入、研发产出及其他相关情况。

三　调查组织与实施

为做好调查工作，深圳市统计局成立了以局长为组长、各专业业务骨干为组员的规模以下企业研发统计抽样调查工作小组（以下简称调查工作小组），领导、组织和实施全市抽样调查工作。调查期间，调查工作小组多次召开统计专业委员会会议，对调查方案、调查表式、抽样方法和工作开展方式等事项进行讨论、修订，对调查数据进行评估、审定。同时制定和印发了《深圳市统计局关于开展全市规模以下企业研发统计抽样调查的通知》《深圳市规模以下企业研发统计抽样调查方案》《深圳市规模以下企业研发统计抽样调查表》等一系列通知、文件，并对参与此项工作的市、区、街道各级统计机构100余统计人员及部分企业开展了专项培训。多次召开工作会议就样本数据质量、抽样推断的科学性、严谨性和专业性等问题进行细致研究，对企业填报的报表进行全面审查，将调查数据与科技、税务部门的相关数据进行比较，多方位、多维度地对数据进行评估，有效保证了数据质量。2017年底将调查过程、方法、结果以《深圳市统计局关于深圳市规模以下企业研发统计抽样调查试点情况的报告》（深统字〔2017〕59号）的形式正式上报国家统计局。

第二节　调查的方法与抽样方案

一　调查方法

考虑到规模以下企业数量庞大，本次调查采用抽样调查方式，主要采取发放和回收统计报表方法收集数据。调查的标准时点为 2016 年 12 月 31 日，时期指标为 2016 年。专门设计了合法的规模以下企业研发统计调查表。基层表式为 2 张，分别是《企业研发项目情况表》（见表 9—1）和《企业研发活动及相关情况表》（见表 9—2）。为满足指标计算及汇总需要，同时设置了 1 张过录表（见表 9—3）。

表 9—1　　　　　　　　企业研发项目情况表

表号：临调 1701 表

组织机构代码□□□□□□□□□　　　　　制定机关：深圳市统计普查中心
统一社会信用代码□□□□□□□□□□□□□□□□□□

文号：深统法字〔2017〕9 号

单位详细名称：　　　　2016 年　　　　　　　有效期至：2017 年 12 月

序号	项目名称	项目来源	项目合作形式	项目成果形式	项目技术经济目标	项目起始日期	项目完成日期	跨年项目所处主要进展阶段	参加项目人员（人）	项目人员实际工作时间（人月）	项目经费内部支出（千元）	政府资金
甲	乙	1	2	3	4	5	6	7	8	9	10	11

单位负责人：_____　统计负责人：_____　填表人：_____　联系电话：
_____　报出日期：2017 年____月____日

说明：1. 统计范围：企业全部研发项目。

2. 报送日期：调查单位 11 月 10 日前填报并由区级统计机构完成数据审核、验收、上报。

3. 本表"项目来源"按《研发项目来源分类目录》填报；

"项目合作形式"按《研发项目合作形式分类目录》填报；

"项目成果形式"按《研发项目成果形式分类目录》填报；

"项目技术经济目标"按《研发项目技术经济目标分类目录》填报；

"跨年项目所处主要进展阶段"按《跨年研发项目所处主要进展阶段分类目录》填报，非跨年项目免填。

4. 审核关系：

表内审核：

（1）若 6≠000000，则 5≤6 且 5≤201612 且 6≥201601

（2）若 5≤201512 或 6≥201701，则第 7 项的有效代码为 1、2、3 或 4

（3）9＞0　　　　（4）10＞0　　　　（5）10≥11

表间审核：

（1）1701 表∑（8）≤1702 表（3）

（2）1701 表∑（10）≤1702 表（9＋20－12－13）

（3）1701 表∑（11）≤1702 表（21）

表 9—2　　企业研发活动及相关情况表

表号：临调 1702 表
组织机构代码□□□□□□□□-□　　　制定机关：深圳市统计普查中心
统一社会信用代码□□□□□□□□□□□□□□□□□□
文号：深统法字（2017）9 号
单位详细名称：　　　　　　　　　　　　　有效期至：2017 年 12 月

指标名称	计量单位	代码	数量	指标名称	计量单位	代码	数量
甲	乙	丙	1	甲	乙	丙	1
一　企业基本情况	—	—		四　企业办（境内）研发机构情况	—	—	
主营业务收入	千元	56		期末机构数	个	24	
工业总产值（限工业企业填报）	千元	57		机构人员合计	人	25	
从业人员年平均人数	人	58		机构经费支出	千元	29	
二　研发人员情况	—	—		期末仪器和设备原价	千元	30	
研发人员合计	人	3		五　研发产出及相关情况	—	—	
其中：全职人员	人	8		（一）自主知识产权情况	—	—	
其中：本科毕业及以上人员	人	53		当年专利申请受理数（2016 年）	件	32	
三　研发经费情况	—	—		其中：发明专利	件	33	
研发经费支出合计（9+19+15）	千元	54		期末有效发明专利数（累计）	件	34	
其中：使用来自政府部门的研发资金	千元	21		（二）新产品生产及销售情况	—	—	
（一）企业内部的日常研发经费支出	千元	9		新产品产值（限工业企业填报）	千元	38	
人员人工费（包含各种补贴）	千元	10		新产品销售收入（限工业企业填报）	千元	39	
原材料费	千元	11		六　其他相关情况	—	—	

续表

指标名称	计量单位	代码	数量	指标名称	计量单位	代码	数量
折旧费用与长期费用摊销	千元	12		（一）政府相关政策落实情况	—	—	
无形资产摊销	千元	13		研究开发费用加计扣除减免税	千元	45	
其他费用	千元	14		高新技术企业减免税	千元	46	
（二）当年形成用于研发的固定资产支出	千元	19		（二）技术获取和技术改造情况	—	—	
其中：仪器和设备	千元	20		引进境外技术经费支出	千元	47	
（三）委托外单位开展研发的经费支出	千元	15		引进境外技术的消化吸收经费支出	千元	48	
				购买境内技术经费支出	千元	49	
				技术改造经费支出	千元	50	

单位负责人：_____ 统计负责人：_____ 填表人：_____ 联系电话：_____ 报出日期：2017 年____月____日

说明：1. 报送日期：调查单位 11 月 10 日前填报并由区级统计机构完成数据审核、验收、上报。

2. 审核关系：

表内审核：

(1) 3≥8　　　(2) 3≥53　　　(3) 3≥25　　　(4) 54 = 9 + 19 + 15≥21

(5) 9 = 10 + 11 + 12 + 13 + 14　　　(6) 9 = 10 + 11 + 12 + 13 + 14

(7) 若 3 > 0，则 10 > 0　　(8) 若 10 > 0，则 3 > 0　　(9) 19≥20

(10) 9 + 19 − 12 − 13≥29　　(11) 若 24 > 0，则 25 > 0 且 29 > 0

(12) 若 25 > 0，则 24 > 0 且 29 > 0　　(13) 若 29 > 0，则 24 > 0 且 25 > 0

(14) 若 30 > 0，则 24 > 0　　(15) 若 30 > 0，则 24 > 0　　(16) 32≥33

表间审核：

(1) 1702 表 (3) ≥1701 表 Σ (8)

(2) 1702 表 (9 + 20 − 12 − 13) ≥1701 表 Σ (10)

(3) 1702 表 (21) ≥1701 表 Σ (11)

表 9—3　　　　企业 R&D 活动及相关情况过录表

指标名称	计量单位	代码	过录数据（附说明）
甲	乙	丙	1
一　企业基本情况			
（一）企业属性情况	—	—	—
单位地址		1	由"调查单位基本情况"（101—1表）取得
邮政编码		3	同上
电话号码		4	同上
开业时间年份		104	同上
开业时间月份		105	同上
企业报表类别		106	同上
建筑业企业资质等级		107	同上
（二）企业分组情况	—	—	—
行政区划代码		2	同上
企业登记注册类型		5	同上
行业代码		6	同上
单位规模		7	同上
企业控股情况		8	同上
隶属关系		9	同上
甲	乙	丙	1
（三）企业生产经营情况	—	—	—
从业人员平均人数	人	89	由"企业研发活动及相关情况"（临调1702表）取得
主营业务收入	千元	110	同上
工业总产值	千元	12	同上
二　R&D 人员情况			
1. R&D 人员合计	人	17	过录表（参加项目人员+管理和服务人员）
参加项目人员	人	18	项目表 R&D 项目人员合计

续表

指标名称	计量单位	代码	过录数据（附说明）
甲	乙	丙	1
管理和服务人员	人	19	项目表^{a}R&D 项目^{b}人员所占比重×过录表^{c}科技管理和服务人员×折算系数
其中：研究人员	人	21	min［(活动表本科毕业及以上人员/过录表参加科技项目人员)，1］×过录表 R&D 人员合计×折算系数
其中：①全时人员	人	22	活动表^{d}全职人员所占比重×过录表 R&D 人员合计×折算系数
②非全时人员	人	23	过录表（R&D 人员合计×全时人员）
2. R&D 人员折合全时当量合计	人年	24	min（项目表 R&D 项目人员平均工作量，1）×过录表 R&D 人员合计
其中：研究人员	人年	25	过录表（R&D 人员中研究人员所占比重×R&D 人员折合全时当量合计）
其中：①基础研究人员	人年	26	项目表基础研究项目^{e}人员实际工作时间合计/10
②应用研究人员	人年	27	项目表应用研究项目^{f}人员实际工作时间合计/10.8
③试验发展人员	人年	28	max［过录表（R&D 人员折合全时当量合计 − 基础研究人员 − 应用研究人员），0］
三　R&D 经费支出情况			
1. R&D 经费内部支出合计	千元	29	过录表（经常费支出 + 资产性支出）
其中：①经常费支出	千元	30	项目表中 R&D 项目经费内部支出所占比重×活动表（企业内部的日常研发经费支出 − 折旧费用与长期待摊费用 − 无形资产摊销）
其中：人员劳务费	千元	31	活动表［人员人工费/（企业内部的日常研发经费支出 − 折旧费用与长期待摊费用 − 无形资产摊销）］×过录表 R&D 经常费支出×折算系数

续表

指标名称	计量单位	代码	过录数据（附说明）
甲	乙	丙	1
②资产性支出	千元	32	项目表 R&D 项目经费内部支出所占比重×[活动表当年形成用于研发的固定资产支出中仪器设备+（固定资产－仪器设备）×折算系数]
其中：土建工程	千元	33	过录表（资产性支出－其中仪器和设备）
仪器和设备	千元	34	项目表 R&D 项目经费内部支出所占比重×活动表当年形成用于研发的固定资产支出中仪器和设备
其中：①基础研究支出	千元	35	项目表 R&D 项目中基础研究项目经费支出
②应用研究支出	千元	36	项目表 R&D 项目中应用研究项目经费所占比重×过录表 R&D 经费内部支出合计
③试验发展支出	千元	37	过录表（R&D 经费内部支出合计－其中基础研究支出－应用研究支出）
其中：①政府资金	千元	38	max（项目表 R&D 项目经费内部支出所占比重，项目表 R&D 项目政府资金占全部项目政府资金比重）×活动表使用来自政府部门的研发资金×折算系数
②企业资金	千元	39	过录表（R&D 经费内部支出合计－政府资金－境外资金－其他资金）
③境外资金	千元	40	项目表 R&D 项目中（境外项目[g]经费×折算系数）/（非政府项目[h]经费+政府项目经费×折算系数）×过录表（R&D 经费内部支出合计－政府资金）
④其他资金	千元	41	项目表 R&D 项目中（其他项目[i]经费×折算系数）/（非政府项目经费+政府项目经费×折算系数）×过录表（R&D 经费内部支出合计－政府资金）

续表

指标名称	计量单位	代码	过录数据（附说明）
甲	乙	丙	1
2. R&D 经费外部支出合计	千元	42	过录表（对境内研究机构支出 + 对境内高等学校支出 + 对境内企业支出 + 对境外支出）
其中：对境内研究机构支出	千元	43	项目表 R&D 项目经费内部支出所占比重×活动表对境内研究机构支出
对境内高等学校支出	千元	44	项目表 R&D 项目经费内部支出所占比重×活动表对境内高等学校支出
对境内企业支出	千元	96	项目表 R&D 项目经费内部支出所占比重×活动表对境内企业支出
对境外支出	千元	45	项目表 R&D 项目经费内部支出所占比重×活动表对境外支出
四　全部 R&D 项目情况			
1. 项目数	项	46	项目表中 R&D 项目数合计
2. 项目人员折合全时当量	人年	47	项目表中 R&D 项目人员折合全时当量合计
其中：研究人员	人年	113	项目表中 R&D 项目研究人员折合全时当量合计
3. 项目经费内部支出	千元	48	项目表中 R&D 项目经费内部支出合计
其中：政府资金	千元	114	项目表中 R&D 项目经费内部支出中政府资金合计
五　企业办研发机构情况			
1. 机构数	个	49	若活动表中机构经费支出 >0 并且仪器和设备原价 >0，则取活动表对应指标
2. 企业在境外设立的研发机构数	个	50	活动表相应指标
3. 机构人员合计	人	51	若活动表中机构经费支出 >0 并且仪器和设备原价 >0，则取活动表对应指标

续表

指标名称	计量单位	代码	过录数据（附说明）
甲	乙	丙	1
4. 机构经费支出	千元	55	同上
5. 仪器和设备原价	千元	56	同上
六　研发产出及相关情况			
（一）自主知识产权情况			
1. 专利申请数	件	58	活动表相应指标
其中：发明专利	件	59	同上
2. 有效发明专利数	件	60	同上
（二）新产品开发、生产及销售情况			
1. 新产品开发项目数	项	64	项目表新产品开发项目j合计
2. 新产品开发经费支出	千元	65	项目表新产品开发项目经费所占比重×活动表［企业内部的日常研发经费支出－折旧费用与长期待摊费用－无形资产摊销＋当年形成用于研发的固定资产支出中仪器设备＋（固定资产－仪器设备）×折算系数］
3. 新产品产值	千元	66	活动表相应指标
4. 新产品销售收入	千元	67	同上
七　其他情况			
（一）政府相关政策落实情况	—	—	
1. 使用来自政府部门的研发资金	千元	73	活动表相应指标×折算系数
2. 研究开发费用加计扣除减免税	千元	74	活动表相应指标
3. 高新技术企业减免税	千元	75	同上
（二）技术获取和技术改造情况	—	—	
1. 引进境外技术经费支出	千元	76	活动表相应指标
2. 引进境外技术的消化吸收经费支出	千元	77	同上
3. 购买境内技术经费支出	千元	78	同上
4. 技术改造经费支出	千元	79	同上

续表

指标名称	计量单位	代码	过录数据（附说明）
甲	乙	丙	1
（三）科技项目情况	—	—	—
全部项目数	项	97	项目表中项目数合计
全部参加项目人员合计	人	98	项目表中项目人员合计
全部项目人员实际工作时间合计	人月	99	项目表中项目人员实际工作时间合计
全部项目经费内部支出合计	千元	100	项目表中项目经费内部支出合计
其中：政府资金	千元	101	项目表中项目经费内部支出中政府资金合计
（四）科技活动情况	—	—	—
1. 从事科技活动人员合计	人	80	活动表研发人员合计
其中：本科毕业及以上人员	人	81	活动表研发人员合计中本科毕业及以上人员
其中：科技管理和服务人员	人	102	过录表（从事科技活动人员合计－全部参加项目人员合计）
2. 科技相关费用合计	千元	103	活动表（企业内部的日常研发经费支出－折旧费用与长期费用摊销－无形资产摊销＋当年形成用于研发的固定资产支出）

说明：a. 项目表指"企业研发项目情况（临调1701表）"，下同。

b. R&D项目指主要成果形式代码为1、2、3、4、8，且跨年项目所处主要进展阶段为1、2、3、空的项目，但不包括项目成果形式代码为2并且技术经济目标代码为5的项目。

c. 过录表指"企业R&D活动及相关情况过录表（L506表）"，下同。

d. 活动表指"企业单位研发活动及相关情况（临调1702表）"，下同。

e. 基础研究项目指：（1）项目表中项目成果形式为1，且项目来源为1或2，且项目技术经济目标为1或2，且跨年项目所处主要进展阶段为1或空的R&D项目；（2）项目成果形式为1，项目来源为4，项目技术经济目标为1，跨年项目所处主要进展阶段为1或空的R&D项目。

f. 应用研究项目指项目表中项目成果形式为2、3、4、8，且项目技术经济目标为1或2，且跨年项目所处主要进展阶段为1或空的R&D项目。

g. 境外项目指项目表中项目来源代码为5的项目。

h. 政府项目指项目表中项目来源代码为1和2的项目；非政府项目指项目表中项目来源代码为3、4、5、6的项目。

i. 其他项目指项目表中项目来源代码为6的项目。

j. 新产品开发项目指项目表中项目的技术经济目标代码为3和4的项目。

二 调查方案

抽样调查方案按照科学、便利、可推算分层总体原则设计，要求样本对分类指标有代表性，样本统计量均可推算出全市各行业、各区数据。

（一）抽样总体和抽样框

目标总体为在深圳市内所有规模以下采矿业，制造业，电力、热力、燃气及水生产和供应业；不在一套表内的建筑业；规模以下交通运输、仓储和邮政业，信息传输、软件和信息技术服务业，租赁和商务服务业，科学研究和技术服务业，水利、环境和公共设施管理业，卫生和社会工作，文化、体育和娱乐业法人单位。每一基本单位为调查单位。

以深圳市统计普查中心记录的基本单位作为抽样框。

（二）样本单位采用多阶分层抽样

第一阶：按行业分采矿业，化学原料、制品和医药制造业，设备制造业，电气机械和器材制造业，计算机、通信和其他电子设备制造业，其他制造业，电力、燃气及水的生产和供应业，建筑业，信息传输、软件和信息技术服务业，科学研究和技术服务业，其他服务业 11 层（分类行业层）；

第二阶：各行业按区域再分罗湖、福田、南山、宝安、龙岗、盐田、龙华、坪山、光明、大鹏 10 层（区层）；

第三阶：在区层中采用系统抽样（等距抽样）抽选出调查单位。

（三）样本容量的确定和分配

由于无法知道总体方差和有关经验值，本次调查无法按公式计算样本容量。由于无法知道总体单位值的分布状况，同时也为了样本统计量均可推算出全市各行业、各区（新区）数据，因此在第三阶中抽样，各层样本量均参考层内总体量及规模以上企业研发比例确定。

（四）样本的分布

以深圳市统计普查中心记录的基本单位（共 156863 家）作为抽样框，按分层后系统抽样抽出样本 7850 家，总抽样比为 5.0%。样本量分配原则为：（1）保证行业层内样本量大于等于 10；（2）小层样本量不设最小样本量。经过调整的样本容量在数据估计时按实际概率抽样。总体单位数量、样本分层抽样率和样本量详见表 9—4 至表 9—6。

表9—4　深圳市规模以下基本单位数

单位：个

行　业	行业码	全市	罗湖区	福田区	南山区	宝安区	龙岗区	盐田区	龙华区	坪山区	光明新区	大鹏新区
合　计		156881	9770	27775	20992	39551	22430	2121	20318	4721	8291	912
采矿业	06－12	26	—	6	6	9	1	—	3	1	—	—
化学原料、制品和医药制造业	26－27	1244	11	19	92	413	285	3	196	82	128	15
设备制造业	34－35	9159	20	69	399	4143	1420	8	1754	361	964	21
电气机械和器材制造业	38	7621	23	70	320	3495	1118	5	1600	183	785	22
计算机、通信和其他电子设备制造业	39	15522	20	179	897	8505	1909	18	2353	311	1304	26
其他制造业	13－25/28－33/36－37/40－43	32366	637	655	1388	10818	8509	205	4000	1908	4039	207
电力、燃气及水的生产和供应业	44－46	133	5	15	11	55	16	3	8	7	4	9
建筑业	47－50	5088	268	861	488	1062	697	55	1063	372	131	91
信息传输、软件和信息技术服务业	63－65	15265	909	4440	5153	1658	1137	57	1591	232	48	40
科学研究和技术服务业	73－75	14480	1025	3721	3590	1610	1817	108	2211	162	151	85
其他服务业	53－60/71－72/76－78/83－89	55977	6852	17740	8648	7783	5521	1659	5539	1102	737	396

表 9—5　　　　深圳市规模以下样本分层抽样率

分 层	总单位数（个）	样本量（个）	抽样率（%）
合计	156881	7850	5.0
一　按行业分	—	—	—
采矿业	26	10	38.5
化学原料、制品和医药制造业	1244	100	8.0
设备制造业	9159	733	8.0
电气机械和器材制造业	7621	762	10.0
计算机、通信和其他电子设备制造业	15522	2329	15.0
其他制造业	32366	647	2.0
电力、燃气及水的生产和供应业	133	10	7.5
建筑业	5088	45	0.9
信息传输、软件和信息技术服务业	15265	916	6.0
科学研究和技术服务业	14480	1738	12.0
其他服务业	55977	560	1.0
二　按区域分	—	—	—
罗湖区	9770	271	2.8
福田区	27775	957	3.4
南山区	20992	1068	5.1
宝安区	39551	2593	6.6
龙岗区	22430	1053	4.7
盐田区	2121	42	2.0
龙华区	20318	1176	5.8
坪山区	4721	187	4.0
光明新区	8291	472	5.7
大鹏新区	912	31	3.4

表9—6　深圳市规模以下样本单位数及分配

单位：个

行　业	行业码	全市	罗湖区	福田区	南山区	宝安区	龙岗区	盐田区	龙华区	坪山区	光明新区	大鹏新区
合　计		7850	271	957	1068	2593	1053	42	1176	187	472	31
采矿业	06–12	10	0	3	3	3	0	0	1	0	0	0
化学原料、制品和医药制造业	26–27	100	1	2	7	33	23	0	16	7	10	1
设备制造业	34–35	733	2	5	32	331	114	1	140	29	77	2
电气机械和器材制造业	38	762	2	7	32	350	111	1	160	18	79	2
计算机、通信和其他电子设备制造业	39	2329	3	27	135	1276	286	3	352	47	196	4
其他制造业	13–25/28–33/36–37/40–43	647	13	13	28	216	170	4	80	38	81	4
电力、燃气及水的生产和供应业	44–46	10	1	1	1	3	1	0	1	1	0	1
建筑业	47–50	45	2	8	4	10	6	0	10	3	1	1
信息传输、软件和信息技术服务业	63–65	916	55	266	309	100	69	3	95	14	3	2
科学研究和技术服务业	73–75	1738	123	447	431	193	218	13	266	19	18	10
其他服务业	53–60/71–72/76–78/83–89	560	69	178	86	78	55	17	55	11	7	4

(五) 数据的推算

全市 R&D 投入额总体数据计算公式为：

$$\hat{Y}_{st} = \sum_{h=1}^{L} = \sum_{h=1}^{L} N_h \bar{\hat{Y}}_h \qquad (式9-1)$$

式中，$\bar{\hat{Y}}_h$ 表示第 h 层的总体均值；h 下标，表示第 h 层；N_h 表示第 h 层的单位总数。

各层 R&D 投入额数据采用点估计：

$$\hat{Y}_h = N_h \bar{y}_h \qquad (式9-2)$$

式中，N_h 表示第 h 层的单位总数；$\bar{y}_h$ 表示第 h 层的样本均值。

全市 R&D 投入额按分类行业层推算的数据汇总后取得，各区 R&D 投入额按区内样本推算。

确定全市 R&D 投入额后，按各区推算的总体数据比例调整各区（新区）R&D 投入额。

为了解 R&D 投入额的离散程度，总体方差的计算公式为：

$$v(\hat{Y}_{st}) = \sum_{h=1}^{L} [N_h(N_h - n_h)](s_h^2/n_h)(1 - \frac{n_h}{N_h}) \quad (式9-3)$$

式中，N_h 表示第 h 层的单位总数；n_h 表示第 h 层的样本数；s_h^2 表示第 h 层的总体方差。

层内方差公式：

$$s^2 = \frac{\sum_{i=1}^{n_h}(y_{hi} - \bar{y}_h)^2}{n_h - 1} \qquad (式9-4)$$

总体数据的区间估计，采用的上、下限公式分别（95% 置信水平）为：

$$\hat{Y}_{st} + u_{0.025}\sqrt{v(\hat{Y}_{st})} \qquad (式9-5)$$

$$\hat{Y}_{st} - u_{0.025}\sqrt{v(\hat{Y}_{st})} \qquad (式9-6)$$

按总体分层抽样情况，能计算出全市及各区数据、全市的分类行业数据，但各区不能计算出主要行业的数据。

第三节 调查的主要结果

一 抽样调查结果

2016 年，深圳市规模以下企业中开展科技活动的企业占企业总量的 5.2%，其中开展 R&D 活动的占 1.4%；共投入科技经费 193.38 亿元，其中 R&D 经费 48.21 亿元；科研人员 8.75 万人，其中 R&D 人员 2.03 万人。R&D 经费、R&D 人员分别占全市企业总量（规模以上企业+规模以下企业数据）的 5.6%、8.3%。从行业分布看，R&D 经费主要集中在计算机、通信和其他电子设备制造业，信息传输、软件和信息技术服务业。从区域分布看，R&D 经费投入主要集中在南山区和宝安区。分布情况与深圳市产业结构和区域构成情况相符，较好反映了深圳的实际情况，数据基本可靠。详见表 9—7。

表 9—7　　2016 年深圳市规模以下企业研发活动开展情况

分　层	企业数（个）	有科技活动（个）	R&D活动（个）	科技经费（万元）	R&D经费（万元）	研发人员（人）	R&D人员（人）
合计	156881	8205	2271	1933836	482136	87542	20347
按行业分	—	—	—	—	—	—	—
采矿业	26	0	0	0	0	0	0
化学原料、制品和医药制造业	1244	187	137	36954	31036	2202	1779
设备制造业	9159	850	362	139588	49613	9409	2899
电气机械和器材制造业	7621	470	200	85003	37274	6571	1891
计算机、通信和其他电子设备制造业	15522	793	447	293305	104836	10823	3786
其他制造业	32366	1501	200	221626	43474	11906	1901
电力、燃气及水的生产和供应业	133	0	0	0	0	0	0
建筑业	5088	113	0	18049	0	565	0
信息传输、软件和信息技术服务业	15265	2716	333	772188	117125	27197	2833
科学研究和技术服务业	14480	575	292	200498	79851	9373	3659
其他服务业	55977	1000	300	166625	18927	9496	1599
按区域分	—	—	—	—	—	—	—
罗湖区	9770	283	72	124584	57505	3512	1270

续表

分 层	企业数（个）	有科技活动（个）	R&D活动（个）	科技经费（万元）	R&D经费（万元）	研发人员（人）	R&D人员（人）
福田区	27775	817	120	311549	93944	10037	2120
南山区	20992	2420	553	659596	111406	25641	4851
宝安区	39551	2153	793	394651	111360	23364	6291
龙岗区	22430	864	228	135725	24888	8246	1632
盐田区	2121	126	24	17040	2283	1138	238
龙华区	20318	1053	336	234605	56550	10481	2630
坪山区	4721	204	72	15545	9427	1374	578
光明新区	8291	204	60	35340	13147	2332	601
大鹏新区	912	81	13	5201	1626	1417	136

二 各层统计值

7850个样本经过调查，开展科技活动的企业有522家，占样本总量的6.6%。其中，有R&D活动的企业189家，占样本总量的2.4%，占开展科技活动企业的36.2%。共投入科技经费14.33亿元，其中R&D经费4.36亿元，R&D经费占科技经费的30.4%。从事科技活动人员6306人，其中R&D人员1795人，R&D人员占科技人员的28.5%，详见表9—8。

表9—8　　2016年深圳市规模以下抽样调查样本单位各层统计值

分 层	样本量（个）	有科技活动（个）	R&D活动（个）	科技经费（万元）	R&D经费（万元）	研发人员（人）	R&D人员（人）
合计	7850	522	189	143308	43593	6306	1795
按行业分	—	—	—	—	—	—	—
采矿业	10	0	0	0	0	0	0
化学原料、制品和医药制造业	100	15	11	2971	2495	177	143
设备制造业	733	68	29	11171	3971	753	232
电气机械和器材制造业	762	47	20	8499	3727	657	189

续表

分　层	样本量（个）	有科技活动（个）	R&D活动（个）	科技经费（万元）	R&D经费（万元）	研发人员（人）	R&D人员（人）
计算机、通信和其他电子设备制造业	2329	119	67	44009	15730	1624	568
其他制造业	647	30	4	4430	869	238	38
电力、燃气及水的生产和供应业	10	0	0	0	0	0	0
建筑业	45	1	0	160	0	5	0
信息传输、软件和信息技术服务业	916	163	20	46336	7028	1632	170
科学研究和技术服务业	1738	69	35	24065	9584	1125	439
其他服务业	560	10	3	1667	189	95	16
按区域分	—	—	—	—	—	—	—
罗湖区	271	18	6	9232	5199	253	112
福田区	957	52	10	23088	8494	723	187
南山区	1068	154	46	48880	10073	1847	428
宝安区	2593	137	66	29246	10069	1683	555
龙岗区	1053	55	19	10058	2250	594	144
盐田区	42	8	2	1263	206	82	21
龙华区	1176	67	28	17386	5113	755	232
坪山区	187	13	6	1152	852	99	51
光明新区	472	13	5	2619	1189	168	53
大鹏新区	31	5	1	384	148	102	12

三　参数估计

从总体参数的区间估计来看，2016 年全市规模以下企业 R&D 经费上、下限分别为 59.81 亿元、36.62 亿元（按 95% 概率推算），可以推断出规模以下企业 R&D 经费占全市总量比重最高不超过 7.0%。整体抽样误差与总体参数中值之比为 24.1%，相对高的主要原因是总体不呈正态分布造成的（93.4% 的单位没有 R&D 投入）。从行业层内的样本标准差绝对数据来看，信息传输、软件和信息技术服务业，计算机、通信和其他电子设备制造业相对大，表明此行业中各企业间 R&D 项目投入经费差距较大，详见表9—9。

表 9—9　　2016 年深圳市规模以下企业 R&D 经费参数区间估计

行　业	总单位数（个）	中值（万元）	下限（万元）	上限（万元）	95%概率极限误差（万元）	样本标准差（万元）
合　计	156881	482136	366156	598116	115980	—
采矿业	26	0	0	0	0	0
化学原料、制品和医药制造业	1244	31036	25161	36911	5875	26.2
设备制造业	9159	49613	23993	75233	25620	42.0
电气机械和器材制造业	7621	37274	17599	56949	19675	40.4
计算机、通信和其他电子设备制造业	15522	104836	53666	156006	51170	95.5
其他制造业	32366	43474	1191	85757	42283	17.3
电力、燃气及水的生产和供应业	133	0	0	0	0	0.0
建筑业	5088	0	0	0	0	0.0
信息传输、软件和信息技术服务业	15265	117125	33586	200664	83539	89.9
科学研究和技术服务业	14480	79851	48580	111122	31271	52.2
其他服务业	55977	18927	15714	22140	3213	0.7

第四节　调查数据分析

一　规模以下有科技活动的企业占同类企业的比重远低于规模以上企业的占比

2016 年，深圳市规模以下企业 156881 家，有科技活动的企业 8204 家，占企业总数的 5.2%。其中，有 R&D 活动的企业 2271 家，仅占企业总数的 1.4%，远低于规模以上企业的 28.8%。通过表 9—10 可以看出，企业开展科技活动的比例与企业规模呈正相关关系。企业规模越大，开展科技活动和 R&D 活动的企业占比越高，反之亦然。从另一侧面印证了此次抽样调查数据的合理性。

表 9—10 　　　　2016 年深圳市企业科技活动开展情况

规　模	企业数（个）	有科技活动（个）	占比（%）	有 R&D 活动（个）	占比（%）
规模以上企业	8072	3573	44.3	2324	28.8
大型	700	459	65.6	316	45.1
中型	2691	1276	47.4	743	27.6
小型	4681	1838	39.3	1265	27.0
规模以下企业	156881	8204	5.2	2271	1.4

二　R&D 投入规模小，仅占全市企业总量的 5.6%

2016 年，深圳市规模以下企业科技经费投入 193.38 亿元，其中 R&D 经费投入 48.21 亿元；科技经费、R&D 经费分别占全市企业总量（规模以上+规模以下企业数据）的 11.2%、5.6%。通过表 9—11 可以看出，企业的科技经费投入规模与企业规模同样呈正相关关系。企业规模越大，科技经费、R&D 经费投入越多。如 2016 年大型企业 R&D 经费投入 660.71 亿元，占全市企业 R&D 经费投入总量的 76.1%，成为深圳市 R&D 投入的绝对主力。规模以下企业由于规模小，生存压力大，很难有多余的资金投入研发活动。

表 9—11 　　　　2016 年深圳市企业科技投入情况

规　模	科技经费（亿元）	占比（%）	R&D 经费（亿元）	占比（%）
合　计	1721.49	100	868.28	100
规模以上企业	1528.11	88.8	820.07	94.4
大型	1200.46	69.7	660.71	76.1
中型	208.28	12.1	93.04	10.7
小型	119.37	6.9	66.32	7.6
规模以下企业	193.38	11.2	48.21	5.6

三　制造业与服务业各占半壁江山

与规模以上企业制造业一家独大不同，2016 年深圳市规模以下制造业企业投入 R&D 经费 26.62 亿元，占全市规模以下企业 R&D

经费总量的 55.2%；服务业投入 R&D 经费 21.59 亿元，占 44.8%，各占半壁江山，详见表 9—12。

表 9—12　　2016 年深圳市企业分专业 R&D 经费投入情况

专　业	R&D 经费（亿元）	占比（%）
规模以上企业	820.06	100
制造业	757.38	92.4
服务业	56.06	6.8
其他	6.62	0.8
规模以下企业	48.21	100
制造业	26.62	55.2
服务业	21.59	44.8
其他	0.00	0

四　行业分布较为集中

从行业分布看，2016 年规模以下企业中信息传输、软件和信息技术服务业投入 R&D 经费最多，为 11.71 亿元；其次是计算机、通信和其他电子设备制造业 10.48 亿元。两大行业合计占规模以下企业 R&D 经费总投入的 46.1%。其余行业 R&D 经费都不到 10 亿元，投入较多的行业还有科学研究和技术服务业 7.99 亿元，设备制造业 4.96 亿元，化学原料、制品和医药制造业 3.10 亿元，详见表 9—13。

计算机、通信和其他电子设备制造业，信息传输、软件和信息技术服务业是深圳市的两大支柱产业，在华为、中兴、腾讯三大领头羊的带领下，研发活动活跃，投入巨大。2016 年，两大行业规模以上企业 R&D 经费投入占全市规模以上企业 R&D 经费总投入的 78.3%，远高于规模以下企业占比。因此，从规模以下企业 R&D 经费投入的行业分布看，符合深圳市的产业结构特征。

表 9—13　　2016 年深圳市规模以下企业 R&D 经费
投入行业分布情况

行　业	R&D 经费（万元）	占比（%）
合计	482136	100
采矿业	0	0

续表

行　业	R&D 经费（万元）	占比（%）
化学原料、制品和医药制造业	31036	6.4
设备制造业	49613	10.3
电气机械和器材制造业	37274	7.7
计算机、通信和其他电子设备制造业	104836	21.7
其他制造业	43474	9.0
电力、燃气及水的生产和供应业	0	0
建筑业	0	0
信息传输、软件和信息技术服务业	117125	24.3
科学研究和技术服务业	79851	16.6
其他服务业	18927	3.9

五　区域聚集度高，南山和宝安合计接近五成

从区域分布看，南山区和宝安区投入 R&D 经费最多，均为 11.14 亿元，合计占规模以下企业 R&D 经费总投入的 46.2%，详见表 9—14。南山区是深圳市的高技术企业聚集区，企业研发活动活跃；宝安区则是深圳市的制造业大区，尤其是计算机、通信和其他电子设备制造业企业很多，这些都是研发活动较为密集的企业，与深圳市的产业区域分布及各区经济结构现状基本一致。

表 9—14　　2016 年深圳市规模以下企业 R&D 经费投入区域分布情况

区　域	R&D 经费（万元）	占比（%）
合计	482136	100
罗湖区	57505	11.9
福田区	93944	19.5
南山区	111406	23.1
宝安区	111360	23.1
龙岗区	24888	5.2
盐田区	2283	0.5
龙华区	56550	11.7

续表

区域	R&D经费（万元）	占比（%）
坪山区	9427	2.0
光明新区	13147	2.7
大鹏新区	1626	0.3

六 从资金来源看，企业自筹资金占绝对地位

从资金来源看，企业资金是规模以下企业R&D经费投入的最大来源。2016年，规模以下企业投入R&D经费48.22亿元，其中来源于企业的资金46.28亿元，占96.0%；来源于政府的资金1.94亿元，占4.0%。规模以下企业政府资金占比高于规模以上企业0.9个百分点，对规模以下企业来说开展研发活动更需要政府的引导和扶持。

表9—15　　2016年深圳市R&D经费资金来源情况

规模	R&D资金（亿元）	政府资金（亿元）	占比（%）	企业资金（亿元）	占比（%）	其他资金（亿元）	占比（%）
规模以上企业	820.06	25.22	3.1	788.82	96.2	6.02	0.7
规模以下企业	48.22	1.94	4.0	46.28	96.0	0.00	0.0

第五节　启示及相关建议

调查结果表明，深圳虽然企业科技创新较为活跃，开展研发活动的企业数量较多，但主要集中于规模以上企业。规模以下小微企业开展研发活动尤其是R&D活动的少之又少。作为创新创业热土的深圳尚且如此，其他地区小微企业开展研发活动的比例应该会更少。

小微企业不开展研发活动的主要原因是研发活动周期长、见效慢、风险高，企业受困于资金、人才、技术的短缺，在自身承受能力有限的情况下，不敢贸然开展；次要原因是现行的创业创新政策还有待进一步完善，政府对小微企业开展研发创新的扶持力度和方式还有所欠缺。

要释放小微企业的研发创新活力,提高小微企业的研发创新能力,一是进一步加大对小微企业开展研发的财政资金支持力度。梳理和完善现有的政府研发扶持资金政策,在投向上向小微企业倾斜,适当降低小微企业的申报要求,精简审批流程;设立小微企业研发专项资金,对研发项目给予直接支持;利用众创空间等平台,为小微企业开展研发活动提供场地、补贴等优惠。二是进一步提高政府资金投向的精准程度,由以企业为主逐渐过渡到以研发项目为主。目前各类创业创新企业快速涌现,难免良莠不齐,采用普惠式的资金扶持,无法有效确保政府资金真正用于企业研发,研发扶持资金应逐步转向以研发项目为主。三是加快众创空间、创业服务中心、技术交易等研发平台建设。进一步加快众创空间、创业服务中心、技术交易平台建设,为小微企业开展研发活动提供人才、技术支持。四是营造"鼓励创新宽容失败"的研发创新环境,让小微企业想干、敢干、能干。

第十章 深圳 R&D 相关分析

国际上通常采用 R&D 活动的规模和强度指标反映一国的科技实力和核心竞争力。一个地区的 R&D 水平体现着该地的政治经济实力，一个企业的 R&D 水平体现着该企业的竞争力。2009 年，国际上修订 GDP 核算方法，将能够为所有者带来经济利益的研发成果，视为知识产权产品列入固定资产，该研发支出由中间投入，修订为固定资本形成计入 GDP。我国在 2016 年借鉴国际做法，研究形成将研发支出计入 GDP 的方法。在试点时，深圳成为研发支出纳入 GDP 核算全国唯一试点城市。

习近平总书记在党的十九大报告中指出，创新是引领发展的第一动力，是建设现代化经济体系的战略支撑。深圳 R&D 经费规模位居全国前列，2016 年深圳全社会研发投入就高达 842.97 亿元，全社会研发投入占 GDP 比重提高到 4.32%，标志着科技创新已逐步成为经济结构转型升级的推动力量。《中国城市和产业创新力报告 2017》显示，深圳城市创新能力全国排名第二，是中国创新发展战略的排头兵和先行者。本章基于 2009—2016 年统计数据，对深圳 R&D 投入配置现状、变化趋势以及存在的问题进行深入分析，并提出有针对性的政策建议。

第一节 深圳 R&D 经费支出总体情况

一 深圳市 R&D 经费支出总体情况

2016 年，深圳市 R&D 经费支出 842.97 亿元，比上年增长 15.1%；R&D 经费投入强度（与国内生产总值之比）为 4.20%，比上年提高 0.13 个百分点。

从 1995 年以来的数据看，R&D 经费支出及投入强度均呈现总体向上快速增长的趋势。R&D 经费支出从 1995 年的 0.44 亿元增加到2016年的842.97亿元,年均增加40.12亿元;R&D经费投入强度持续提高,从1995年的0.05%上升到2016年的4.20%,年均提高0.20个百分点(见表10—1)。

表10—1 1995年以来深圳市研究与试验发展(R&D)经费支出情况

年份	R&D经费支出(亿元)	R&D经费投入强度(%)
1995	0.44	0.05
1996	2.95	0.28
1997	7.41	0.57
1998	15.40	1.00
1999	31.75	1.74
2000	48.10	2.17
2001	60.65	2.40
2002	73.20	2.43
2003	83.29	2.29
2004	101.45	2.33
2005	124.51	2.47
2006	153.96	2.60
2007	175.57	2.54
2008	219.99	2.77
2009	279.71	3.30
2010	333.31	3.33
2011	416.14	3.52
2012	488.37	3.67
2013	584.61	3.90
2014	640.07	3.89
2015	732.39	4.07
2016	842.97	4.20

二 深圳市R&D经费投入强度分析

比较近5年深圳与全国、全省的R&D经费投入强度,深圳的数据远超全国、全省平均水平(见图10—1)。R&D经费投入强度是衡量一个地区对科技和创新的投入力度、被国际社会广泛使用的科技指标,反映了一个地区的科技实力和核心竞争力。近年来,深圳的R&D经费投入一直维持在4%左右的较高水平,体现了深圳对创新发展的重视,是经济后续平稳增长的有力支撑。

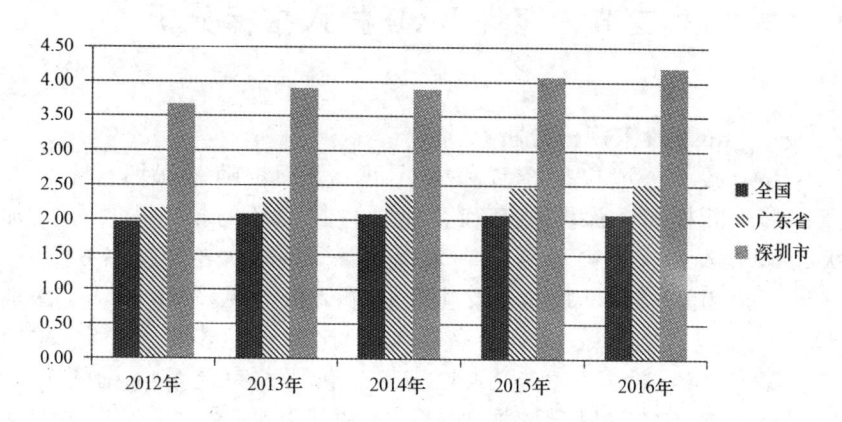

图 10—1 近年全国、广东省、深圳市 R&D 经费投入强度比较(%)

三 深圳市 R&D 经费支出结构特点

深圳是改革开放以来经济与社会发展最快的城市之一,R&D 活动也走在全国前列,但是仍然存在薄弱环节和巨大的发展空间。从 R&D 经费的资金来源构成看,2016 年深圳市的 R&D 经费支出总量中企业占比高达 97.3%。观察近年数据,R&D 经费支出总量中企业占比均达到 95% 以上,存在高等院校、科研机构支出规模较小的情况(见图 10—2)。

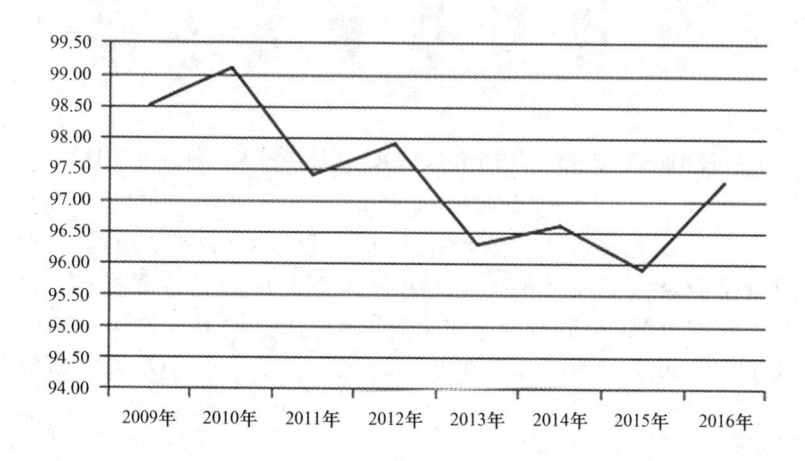

图 10—2 近年 R&D 经费支出中企业占比(%)

第二节 深圳 R&D 投入指标分析

一 R&D 投入规模分析

R&D 投入一般包括经费和人员两个方面。随着深圳自主创新意识的不断提高，深圳政府和企业对科技创新的投入力度不断加大，R&D 经费保持高速增长，2016 年深圳 R&D 经费支出 842.97 亿元，比 2009 年 R&D 经费支出增加了 2 倍（见图 10—3）。深圳 R&D 经费投入强度（R&D 经费与 GDP 比例）稳步提升，到 2016 年，深圳 R&D 投入强度达到 4.32%，仅居北京之后（见图 10—4）。经过多年的积累，科技创新投入的成效将逐步显现，深圳的投资结构正在发生深刻的变化。

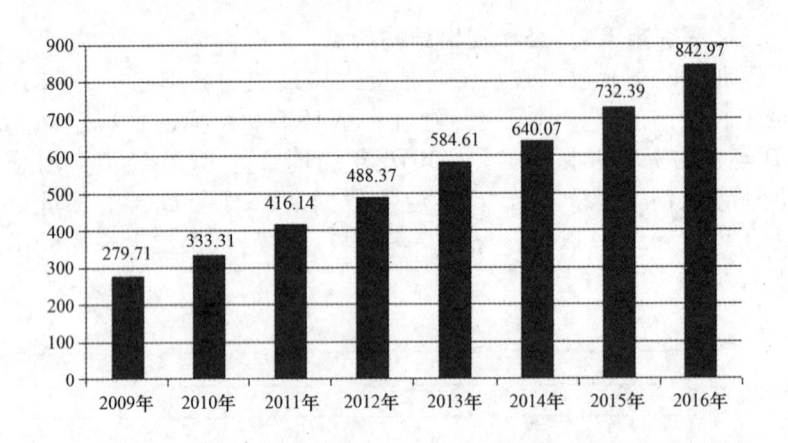

图 10—3 2009—2016 年深圳 R&D 经费投入总量（亿元）

R&D 人员是科技人力资源的核心。参与 R&D 活动的人员数量和质量是衡量一个地区科技实力和技术创新能力的主要指标。2009 以来，深圳 R&D 人员折合全时全量[①]总体上呈现上升趋势。2016 年达到了 17.60 万人年，比 2009 年增加了约 5.24 万人年。研究人

---

① 指本年度从事 R&D 活动的人员中的全时人员折合全时工作量与所有非全时人员工作量之和。

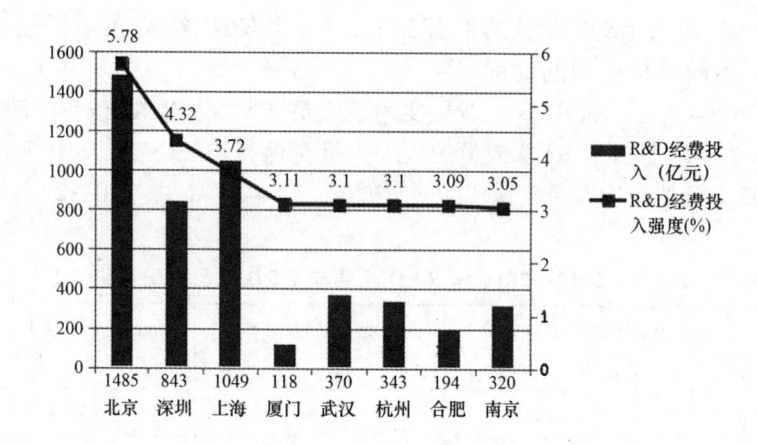

图 10—4 2016 年中国 R&D 经费投入强度前列城市对比

员①每年均保持在 7 万人年以上，占比均超过 40%，R&D 活动人员素质水平较高（见图 10—5）。

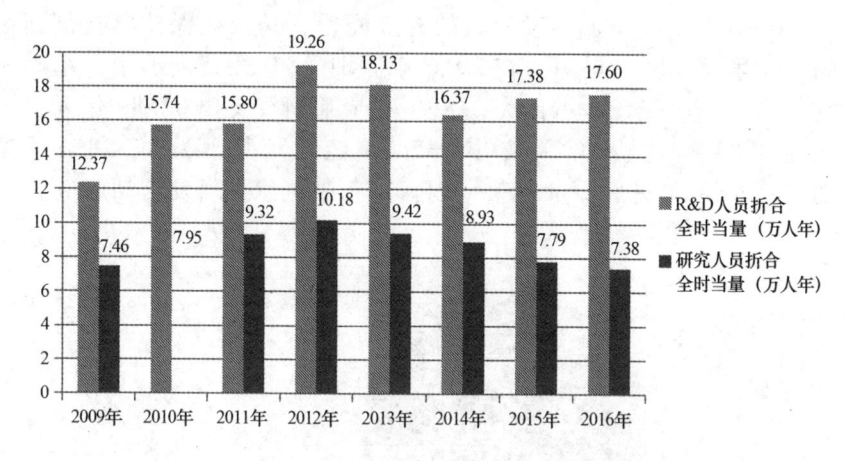

图 10—5 深圳 2009—2016 年 R&D 人员投入情况

二 R&D 经费配置结构分析

R&D 经费的总体规模是提升创新能力的重要基础，而合理的配置结构则是提升 R&D 投入效率的基本保证。R&D 经费配置结构指

---

① 指从事新知识、新产品、新工艺、新方法、新系统的构想或创造的专业人员及 R&D 课题的高级管理人员。

R&D 经费与 R&D 人员的匹配结构，以及 R&D 经费在不同研发阶段、不同单位类型间的配置。

近年来，深圳 R&D 经费主要用于人员费①，占 R&D 经费比例通常保持在 50% 以上。R&D 人员的人均人员费保持增长态势，2016 年深圳 R&D 人员的人均人员费比 2013 年增长了 31.10%（见表 10—2）。

表 10—2　　2013—2016 年 R&D 经费与 R&D 人员匹配结构

年份	R&D 经费中的人员费支出（亿元）	人员费占 R&D 经费的比重（%）	R&D 人员的人均人员费（万元/人年）
2013 年	306.30	52.40	14.34
2014 年	321.31	50.20	16.68
2015 年	371.21	50.68	17.99
2016 年	439.80	52.17	18.80

R&D 经费在不同研发阶段的有效配置，是长久保持科技创新活力和竞争力的基本保障。在 2016 年深圳 R&D 经费支出中，基础研究支出 24.33 亿元，占比为 2.89%；应用研究支出 82.89 亿元，占比为 9.83%；试验发展支出 735.75 亿元，占比为 87.28%（见图 10—6）。可见，深圳在整个创新链条中更偏重研发活动后端。

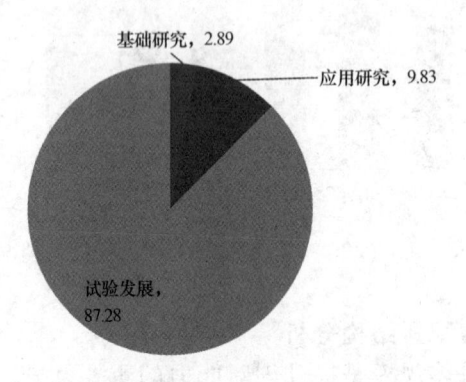

图 10—6　深圳 2016 年 R&D 经费在不同研发阶段配置情况（%）

---

① R&D 经费按照用途，可以分为资本性支出、人员费和其他日常性支出。人员费是以现金或实物形式支付给 R&D 人员的工资、薪金，以及所有其他劳务费用。

2016年深圳R&D经费支出中，科研院所支出10.97亿元，占比为1.30%；高等院校支出10.56亿元，占比为1.25%；规模以上工业企业支出760.03亿元，占比为90.17%；规模以上服务业企业支出56.07亿元，占比为6.65%（见图10—7）。按资金来源分，政府资金40.77亿元，占比为4.84%；企业资金795.26亿元，占比为94.34%；其他资金6.93亿元，占比为0.82%（见图10—8）。相比较而言，企业已是R&D经费的最主要来源和最大的执行部门，在R&D活动中的主体地位进一步巩固。

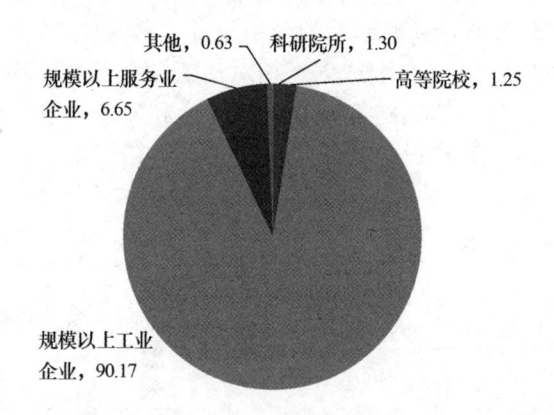

图 10—7　深圳 2016 年 R&D 经费支出按单位类型分（%）

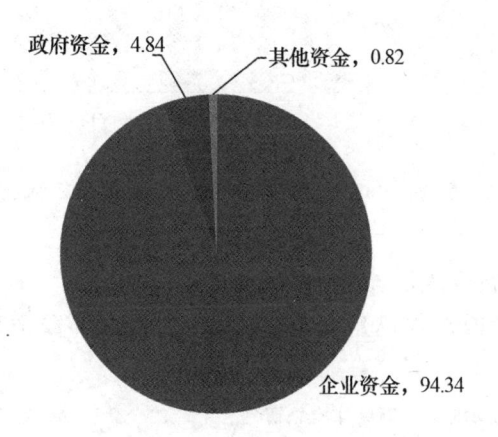

图 10—8　深圳 2016 年 R&D 经费支出按资金来源分（%）

第三节 科技创新产出情况分析

一 专利申请授权情况分析

专利是企业科技活动的重要产出之一。2016年，深圳专利申请量为145294件，其中发明专利申请量为56336件（见图10—9），分别是2009年的3.4倍和2.7倍。2016年，深圳PCT国际专利申请量达19648件，已连续13年居全国各大城市首位。根据对国际知识产权组织（WIPO）的PCT专利数据库的分析统计，截至2016年底，深圳累计PCT专利69347件。在全球创新相对活跃的全部城市中，深圳居第二名，仅次于东京，领先硅谷。专利申请量和发明专利申请量的大幅上升说明企业的专利意识在增强，专利的质量在提高。

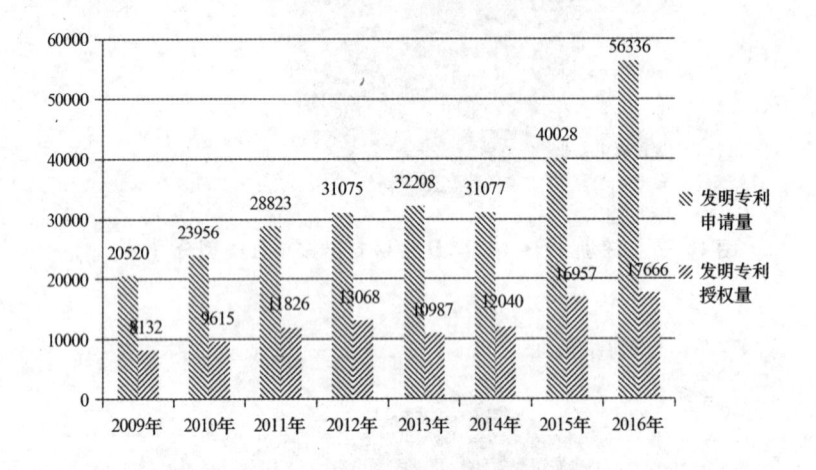

图10—9 深圳2009—2016年发明专利申请授权情况（件）

二 新产品产值情况分析

新产品①产值是反映经济转型升级情况的重要指标之一。近年

---

① 指采用新技术原理、新设计构思研制、生产的全新产品，或在结构、材质、工艺等某一方面比原有产品有明显改进，从而显著提高了产品性能或扩大了使用功能的产品。既包括政府有关部门认定并在有效期内的新产品，也包括企业自行研制开发，未经政府有关部门认定，从投产之日起一年之内的新产品。

来，深圳规模以上工业企业新产品产值率呈上升趋势，新产品对工业经济增长贡献越来越大。2016年深圳规模以上工业企业新产品产值突破万亿，达到10498.69亿元（见图10—10），比上年增长18.3%。新产品销售收入达到10188.36亿元，占主营业务收入比重为38.07%。新产品出口达4526.46亿元，比上年增长1.2%，占新产品销售收入的44.43%。新产品出口总额及其占新产品销售收入比例的上升说明深圳大中型工业企业新产品的国际竞争力进一步增强。

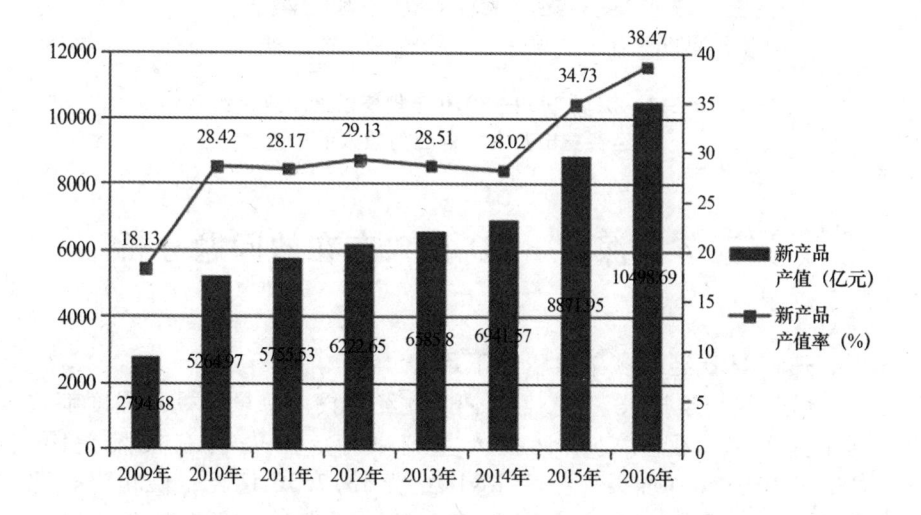

图10—10 深圳规模以上工业企业2009—2016年新产品产值

第四节 企业科技创新情况分析

企业研发机构是企业开展科技创新活动的重要载体。2016年，在深圳6629家规模以上工业企业中，有32.39%的企业设有研发机构，研发机构总数为2147个，比上年增加了1.6倍。

企业R&D经费支出快速增长，2016年深圳规模以上工业企业的R&D经费支出达到760.03亿元（见图10—11），平均每个研发机构的R&D活动经费为3540万元。

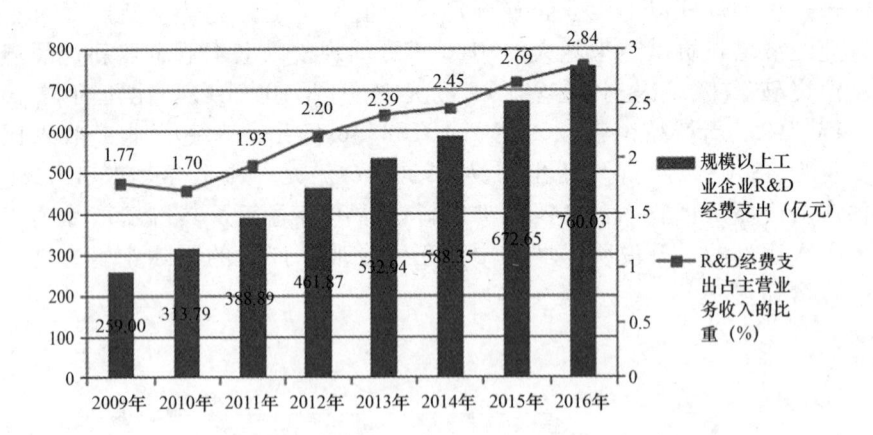

图 10—11　深圳 2009—2016 年规模以上工业企业 R&D 经费支出及占主营业务收入的比重

第五节　深圳 R&D 投入存在的问题分析

一　R&D 经费多年累积量不足

尽管从当年投入来看，深圳 R&D 经费投入总量与投入强度都位居全国前列，但历史累计投入量与北京、上海仍有较大差距。2009—2016 年深圳累计投入 R&D 经费 4317.56 亿元，仅相当于北京投入总量的 49.0%、上海的 74.4%。研发投入具有很强的循环累计效应，科技创新成果的显现依赖长期持续的投入和累积。

二　R&D 人员的人均人员费偏低

按当年美元价折合，2016 年深圳 R&D 人员的人均人员费为 2.83 万美元/人年，欧洲国家普遍在 10 万美元/人年左右，日本和韩国也分别达到 8 万美元/人年和 5 万美元/人年。人员费偏低将制约科研人员研究效率与产出水平的提高，更直接的影响在于难以吸引国际创新人才，甚至造成高级人才流失。

三　基础研究经费和应用研究经费占 R&D 经费比例较低

基础研究和应用研究是试验发展的理论来源，是生产新的产品、建立新的工艺的基础。在 2016 年深圳 R&D 经费支出中，基础研究支出占比为2.89%；应用研究支出占比为9.83%，与国际先进水平相比，处于落后位置。基础研究经费和应用研究经费的长期不足势必会影响深圳的原始创新能力和科技总体发展水平。

四 服务业R&D投入滞后

2016年深圳现代服务业增加值8278.31亿元，占地区生产总值42.47%，但在2016年深圳R&D经费中，规模以上服务业企业支出56.07亿元，仅占6.65%。信息通信、商务与研发、金融与保险等知识密集型服务业高度依赖技术与智力要素，而R&D投入水平的滞后会对调整产业结构、加速转型升级产生影响。

第六节 深圳加快建设国际化创新型城市的政策建议

一 进一步加大政府对研发活动的资助水平

因为创新具有高风险和高溢出性特性，政府对研发活动的直接投入对全社会加大研发投资具有重要的示范、引导和带动作用。地方财政科学技术支出是政府R&D经费的主要来源。2016年深圳财政科技支出403.52亿元，但用于研发活动的仅有1/10。政府要进一步加大对研发活动的资助水平，提高财政科学技术支出用于研发活动的比例。

二 逐步调整R&D投入的资源配置结构

第一，提高R&D人员的人均人员费。深圳政府应出台科技计划项目经费的管理办法和细则，进一步扩大人员劳务费的支出范围和列支内容。对于重大科技专项和重点研发计划的经费管理，建议适度放宽对人员费的限制，提高R&D人员的人均人员费，吸引、留住和激励人才投入科技创新工作。

第二，改善R&D经费在不同研发阶段的配置结构。深圳基础研究和应用研究经费占R&D经费比例偏低，原因之一是企业对科学研究投入严重不足。当前，企业已成为深圳最主要的研发主体。为此，应将调整企业R&D投入结构作为着力点，鼓励企业尤其是行业领军企业提高对基础研究和应用研究的投入水平。

三 支持企业普遍建立研发机构

制定规模以上工业企业研发机构建设推进方案，引导深圳市规模以上工业企业建设研发机构，优先支持高新技术企业、创新型企业和龙头企业，建设一批高水准的市级以上企业技术中心、工程（技术）研究中心和重点实验室。同时，鼓励深圳企业在境外建设研发中心，充分利用全球科技资源，主动融入全球创新网络。

四 促进知识密集型服务业发展

根据国际经验，经济发展到一定阶段以后，服务业企业尤其是知识密集型服务业企业在全社会研发活动中的地位将迅速提升，并可能逐渐成为研发活动的主体部门。建议政府通过制定相应的财税政策，充分释放科技人力资源红利，促进企业创新向创新链上游发展，支持和引导知识密集型服务业的发展。

五 完善 R&D 统计体系

深圳的 R&D 统计范围长期高度集中在规模以上工业企业、高等院校和政府研究机构三大研发活动主体。随着"大众创业、万众创新"政策的贯彻和落实，规模以下小微企业创新活动蓬勃发展，大量企业和民办非企业的研究机构和专业技术服务不断涌现，向社会提供研发外包和专业技术服务。因此，建议将小微企业、服务业企业纳入年度研发统计范围，以全面反映深圳研发活动发展状态。

第十一章 结论和启示

R&D 资本化是 SNA 2008 的重要内容,在实践上面临许多技术难题,是一项复杂的系统工程。我国相关统计基础相对薄弱,R&D 卫星账户尚未建立,客观上限制 R&D 资本化测算方法的应用与拓展。与此同时,中国将 R&D 支出纳入 GDP 统计过程中缺乏相应的理论与方法基础,成为制约 R&D 资本化核算的又一重要因素。基于此,从现有的研究成果与国外 R&D 资本化核算经验出发,本书从不同视角对 R&D 资本化测算方法进行了比较,并结合中国国民经济核算的实践,对深圳和全国 R&D 资本化进行了初步估算。

本书系统评述了 R&D 纳入 GDP 核算研究成果,梳理了国内外 R&D 投入变化趋势,在对 R&D 资本化核算基本范畴研究的基础上,对 R&D 资本化方法进行研究,结合中国经济核算实践,分别对 R&D 资本化核算中关键参数初始资本存量、初始增长率、R&D 折旧率以及 R&D 支出价格指数以及私人收益率等进行科学设定,通过美国 BEA 核算方法、Goldsmith 核算方法以及组合法〔(Goldsmith 核算方法+美国 BEA 核算方法)/2〕等各种测算方法对深圳、全国和各地区 R&D 支出纳入 GDP 的测算对比分析,形成了 R&D 支出纳入 GDP 的组合法〔(Goldsmith 核算方法+美国 BEA 核算方法)/2〕测算方法。

对深圳和全国 R&D 资本化对 GDP、投资、消费的影响程度进行测度的结果显示:2013—2015 年,深圳市可纳入 GDP 核算的 R&D 占 R&D 总量的比重分别为 62.15%、61.04%、60.40%,对 GDP 的贡献率分别为 2.51%、2.44%、2.51%。在 R&D 支出纳入 GDP 核算后,深圳市 GDP 显著扩大。2013—2015 年深圳 R&D 收益对 GDP 的增长的贡献率分别为 6.03%、7.84%、7.57%,R&D 投资对经济增长具有正面、积极的影响。R&D 资本化之后,深圳市消费率和投资率都发生了变化,调整后投资率增加幅度较大,而消费率变化相对较小。

以国家现行 R&D 支出核算方法为基础，结合深圳市 R&D 支出的结构、特点，对深圳 R&D 支出资本化纳入 GDP 部分主要包括对 R&D 产出和 R&D 资产消耗进行测算的结果显示：实施研发支出核算方法改革后，2002—2015 年深圳市 GDP 总量有所增加。2002—2015 年，改革后现价 GDP 总量年均增加 2.17 个百分点，R&D 纳入 GDP 部分占 R&D 经费支出平均比重为 68.67%。深圳 R&D 数据质量较高，企业 R&D 支出占比大、无效支出少，有 R&D 支出的企业效益显著高于同业，R&D 支出成效大。

为验证试算结果，运用美国 BEA、Griliches、Goldsmith 等三种核算方法对深圳市数据和全国各省数据进行研究试算以及采用国家统计局 R&D 支出纳入 GDP 核算方法对深圳市数据进行研究试算的结果表明，多种方法的试算结果差异不大。

企业 R&D 支出占比越大、R&D 支出成效越大的地区，R&D 支出纳入 GDP 的比例越高。同时，通过对全国各省数据进行的试算结果也表明经济越发达、R&D 活动越活跃的地区，R&D 支出纳入 GDP 的比例越高。因此，建议国家统计局在实施地方 R&D 核算时，应充分考虑各地 R&D 支出的结构、特点，进行差异化的核算。

鉴于我国地域辽阔，东、西部，南、北方，经济发展差异明显，R&D 活动结构迥异。在实施地方 R&D 核算后，建议国家统计局出台可操作的 R&D 核算细则，以便于各地科学、规范地使用，减少差异。

我国现行科技统计体系下，规模以下企业的研发活动无法纳入科技统计范围。深圳探索开展规模以下企业 R&D 统计调查的结果表明，规模以下有科技活动的企业占同类企业的比重远低于规模以上企业的占比，规模以下企业 R&D 投入规模小，仅占全市企业总量的 5.6%，企业自筹资金占 R&D 投入资金来源绝对地位。应进一步加大对小微企业开展研发的财政资金支持力度，进一步提高政府资金投向的精准程度，由以企业为主逐渐过渡到以研发项目为主，加快众创空间、创业服务中心、技术交易等研发平台建设。

深圳作为统计改革创新计划单列市，改革项目上不封顶，于 2014 年先于全国进行 R&D 纳入 GDP 先行先试，为国家层面探索积累了深圳案例与全国核算方法。经过 3 年多的方法制度改革创新实践，2017 年 7 月全国统一 R&D 纳入 GDP 核算方法，深圳市经济总量由此跃升全国第三大城市经济体，意义非凡，充分体现创新增长在经济发展中的主引擎作用。

附录一　全国R&D支出纳入GDP核算基础数据（深圳方法）

附表1—1　1995—2014年中国R&D经费支出情况（现价）　　单位：亿元

年份	R&D经费支出	基础研究	应用研究	试验发展
1995	348.70	18.10	92.00	238.60
1996	404.40	20.20	99.10	285.10
1997	481.40	27.40	130.60	323.40
1998	551.11	28.95	124.62	397.54
1999	678.91	33.90	151.55	493.46
2000	895.66	46.73	151.90	697.03
2001	1042.48	55.60	184.85	802.03
2002	1287.65	73.77	246.68	967.20
2003	1539.62	87.65	311.45	1140.52
2004	1966.34	117.18	400.49	1448.67
2005	2449.98	131.21	433.53	1885.24
2006	3003.10	155.76	488.97	2358.37
2007	3710.24	174.52	492.94	3042.78
2008	4616.02	220.82	575.16	3820.04
2009	5802.11	270.29	730.79	4801.03
2010	7062.58	324.49	893.79	5844.30
2011	8687.01	411.81	1028.40	7246.80
2012	10298.41	498.81	1161.97	8637.63
2013	11846.57	554.95	1269.12	10022.50
2014	13015.67	613.54	1398.53	11003.60

附表 1—2　　1995—2014 年中国 R&D 经费支出情况
（不变价）　　　　　　　单位：亿元

年份	R&D 经费支出	基础研究	应用研究	试验发展
1995	348.70	18.10	92.00	238.60
1996	379.98	18.98	93.12	267.88
1997	445.57	25.36	120.88	299.33
1998	514.68	27.04	116.38	371.26
1999	642.21	32.07	143.36	466.78
2000	830.34	43.32	140.82	646.20
2001	947.02	50.51	167.92	728.59
2002	1162.76	66.62	222.75	873.39
2003	1355.22	77.15	274.15	1003.92
2004	1618.70	96.46	329.69	1192.55
2005	1940.75	103.94	343.42	1493.39
2006	2291.66	118.86	373.13	1799.67
2007	2630.38	123.73	349.47	2157.18
2008	3036.76	145.27	378.38	2513.11
2009	3840.35	178.90	483.70	3177.75
2010	4383.63	201.41	554.76	3627.46
2011	5001.53	237.10	592.10	4172.33
2012	5813.31	281.57	655.92	4875.82
2013	6575.24	308.02	704.40	5562.82
2014	6991.24	329.50	751.13	5910.61

注：选用 GDP 平减价格指数（1995 年 = 100）作为 R&D 支出价格指数的替代指标。

附表 1—3　　1995—2014 年中国 R&D 经费支出情况
（不变价）　　　　　　　单位：亿元

年份	R&D 经费支出	基础研究	应用研究	试验发展
1995	348.70	18.10	92.00	238.60
1996	373.36	18.65	91.49	263.22
1997	432.38	24.61	117.30	290.47
1998	498.94	26.21	112.82	359.91
1999	623.46	31.13	139.17	453.16
2000	819.11	42.74	138.92	637.45

续表

年份	R&D经费支出	基础研究	应用研究	试验发展
2001	946.82	50.50	167.89	728.43
2002	1178.93	67.54	225.85	885.54
2003	1392.92	79.30	281.77	1031.85
2004	1712.25	102.04	348.74	1261.47
2005	2095.69	112.24	370.84	1612.61
2006	2530.64	131.26	412.04	1987.34
2007	2983.38	140.33	396.37	2446.68
2008	3505.06	167.67	436.73	2900.66
2009	4437.10	206.70	558.86	3671.54
2010	5228.76	240.24	661.71	4326.81
2011	6102.44	289.29	722.43	5090.72
2012	7050.96	341.52	795.56	5913.88
2013	7905.02	370.31	846.86	6687.85
2014	8514.31	401.38	914.38	7198.55

注：选用居民消费价格指数（1995年＝100）作为R&D支出价格指数的替代指标。

附表1—4　　1995—2014年不同执行部门R&D经费支出情况（现价）　　单位：亿元

年份	R&D经费支出	高等院校	科研机构	企业
1995	348.69	42.30	146.40	159.99
1996	404.48	47.80	172.90	183.78
1997	481.50	57.70	206.40	217.41
1998	551.11	57.30	234.29	259.52
1999	678.91	63.50	260.50	354.91
2000	895.66	76.70	258.00	560.96
2001	1042.49	102.40	288.50	651.59
2002	1287.64	130.50	351.30	805.84
2003	1539.63	162.30	398.99	978.34
2004	1966.33	200.94	431.75	1333.64
2005	2449.97	242.30	513.10	1694.57

年份	R&D 经费支出	高等院校	科研机构	企业
2006	3003.10	276.81	567.30	2158.99
2007	3710.24	314.70	687.90	2707.64
2008	4616.02	390.20	811.30	3414.52
2009	5802.11	468.20	996.00	4337.91
2010	7062.58	597.30	1186.40	5278.88
2011	8687.00	688.84	1306.74	6691.42
2012	10298.41	780.56	1548.93	7968.92
2013	11846.60	856.70	1781.40	9208.50
2014	12078.59	898.15	1926.18	9254.26

附表 1—5　1995—2014 年不同执行部门 R&D 经费支出情况（不变价）　　单位：亿元

年份	R&D 经费支出	高等院校	科研机构	企业
1995	348.69	42.30	146.40	159.99
1996	380.05	44.91	162.46	172.68
1997	445.67	53.41	191.04	201.22
1998	514.68	53.51	218.81	242.36
1999	642.20	60.07	246.41	335.72
2000	830.36	71.11	239.19	520.06
2001	947.03	93.02	262.08	591.93
2002	1162.75	117.84	317.23	727.68
2003	1355.23	142.86	351.20	861.17
2004	1618.69	165.41	355.42	1097.86
2005	1940.74	191.94	406.45	1342.35
2006	2291.66	211.23	432.91	1647.52
2007	2630.39	223.11	487.69	1919.59
2008	3036.76	256.70	533.73	2246.33
2009	3840.35	309.90	659.24	2871.21
2010	4383.62	370.73	736.38	3276.51
2011	5001.52	396.60	752.35	3852.57

续表

年份	R&D 经费支出	高等院校	科研机构	企业
2012	5813.31	440.62	874.35	4498.34
2013	6575.26	475.50	988.74	5111.02
2014	6991.28	329.56	751.21	5910.51

注：选用 GDP 平减价格指数（1995 年 = 100）作为 R&D 支出价格指数的替代指标。

附表 1—6 1995—2014 年高等院校 R&D 经费不同来源情况（现价） 单位：亿元

年份	总经费	来源于政府	来源于企业	其他
1995	42.30	24.28	14.90	3.12
1996	47.80	27.44	16.84	3.52
1997	57.70	33.12	20.33	4.25
1998	57.30	32.89	20.19	4.22
1999	63.50	36.45	22.37	4.68
2000	76.70	44.03	27.02	5.65
2001	102.40	58.78	36.08	7.54
2002	130.50	74.91	45.98	9.61
2003	162.30	93.17	57.18	11.95
2004	200.94	108.83	74.55	17.56
2005	242.30	133.12	88.93	20.25
2006	276.81	151.52	101.22	24.07
2007	314.70	177.70	110.31	26.69
2008	390.20	225.45	134.90	29.85
2009	468.20	262.20	171.70	34.30
2010	597.30	358.84	198.51	39.95
2011	688.84	405.15	242.91	40.78
2012	780.56	474.07	260.48	46.01
2013	856.70	516.90	289.30	50.50
2014	898.15	536.49	302.70	58.96

附表 1—7 1995—2014 年科研机构 R&D 经费不同来源情况（现价）   单位：亿元

年份	总经费	来源于政府	来源于企业	其他
1995	146.40	123.10	5.29	18.01
1996	172.90	145.38	6.25	21.27
1997	206.40	173.55	7.46	25.39
1998	234.29	197.00	8.47	28.82
1999	260.50	219.03	9.42	32.05
2000	258.00	216.93	9.33	31.74
2001	288.50	242.58	10.43	35.49
2002	351.30	295.38	12.70	43.22
2003	398.99	320.33	20.81	57.85
2004	431.75	344.30	22.40	65.05
2005	513.10	424.70	17.60	70.80
2006	567.30	481.20	17.30	68.80
2007	687.90	592.90	26.20	68.80
2008	811.30	699.70	28.20	83.40
2009	996.00	849.50	29.80	116.70
2010	1186.40	1036.50	34.20	115.70
2011	1306.74	1106.12	39.88	160.74
2012	1548.93	1292.71	47.41	208.81
2013	1781.40	1481.23	60.95	239.22
2014	1926.18	1581.05	62.09	283.04

附表 1—8 1995—2014 年企业 R&D 经费不同来源情况（现价）   单位：亿元

年份	总经费	来源于政府	来源于企业	其他
1995	159.99	6.40	152.46	1.13
1996	183.78	7.35	175.41	1.02
1997	217.41	8.70	207.62	1.09

附录一 全国R&D支出纳入GDP核算基础数据（深圳方法）

续表

年份	总经费	来源于政府	来源于企业	其他
1998	259.52	10.38	247.01	2.13
1999	354.91	14.20	334.11	6.60
2000	560.96	22.44	518.75	19.77
2001	651.59	26.06	602.03	23.50
2002	805.84	32.23	644.30	129.31
2003	978.34	39.13	855.38	83.83
2004	1333.64	53.35	1211.47	68.82
2005	1694.57	67.78	1555.77	71.02
2006	2158.99	86.36	1978.20	94.43
2007	2707.64	108.31	2509.08	90.25
2008	3414.52	136.58	3175.58	102.36
2009	4337.91	173.52	4034.27	130.12
2010	5278.88	211.16	4920.23	147.49
2011	6691.42	267.66	6241.89	181.87
2012	7968.92	318.76	7452.98	197.18
2013	9208.50	368.34	8621.56	218.60
2014	9254.26	376.29	8741.64	136.33

附表1—9　　1995—2014年高等院校R&D经费不同来源情况（不变价）　　单位：亿元

年份	来源于政府	来源于企业	其他
1995	24.28	14.90	3.12
1996	25.78	15.82	3.31
1997	30.66	18.82	3.93
1998	30.72	18.85	3.94
1999	34.48	21.16	4.42
2000	40.82	25.05	5.24
2001	53.40	32.77	6.85

续表

年份	来源于政府	来源于企业	其他
2002	67.65	41.52	8.68
2003	82.01	50.33	10.52
2004	89.59	61.37	14.46
2005	105.45	70.45	16.04
2006	115.62	77.24	18.37
2007	125.98	78.20	18.92
2008	148.32	88.75	19.64
2009	173.55	113.65	22.70
2010	222.73	123.21	24.80
2011	233.26	139.85	23.48
2012	267.61	147.04	25.97
2013	286.90	160.57	28.03
2014	288.17	162.59	31.67

注：选用 GDP 平减价格指数（1995 年 = 100）作为 R&D 支出价格指数的替代指标。

附表 1—10　1995—2014 年科研机构 R&D 经费不同来源情况（不变价）　　　单位：亿元

年份	来源于政府	来源于企业	其他
1995	123.10	5.29	18.01
1996	136.60	5.87	19.99
1997	160.63	6.91	23.50
1998	183.98	7.91	26.92
1999	207.19	8.91	30.31
2000	201.11	8.65	29.43
2001	220.37	9.48	32.24
2002	266.73	11.47	39.03
2003	281.96	18.32	50.92
2004	283.43	18.44	53.55

续表

年份	来源于政府	来源于企业	其他
2005	336.43	13.94	56.08
2006	367.20	13.20	52.50
2007	420.34	18.57	48.78
2008	460.32	18.55	54.87
2009	562.27	19.72	77.24
2010	643.34	21.23	71.81
2011	636.85	22.96	92.55
2012	729.72	26.76	117.87
2013	822.13	33.83	132.78
2014	849.25	33.35	152.03

注：选用GDP平减价格指数（1995年=100）作为R&D支出价格指数的替代指标。

附表1—11 1995—2014年企业R&D经费不同来源情况（不变价） 单位：亿元

年份	来源于政府	来源于企业	其他
1995	6.40	152.46	1.13
1996	6.91	164.81	0.96
1997	8.05	192.17	1.01
1998	9.69	230.68	1.99
1999	13.43	316.04	6.25
2000	20.80	480.92	18.33
2001	23.68	546.90	21.35
2002	29.11	581.81	116.77
2003	34.45	752.93	73.79
2004	43.91	997.29	56.65
2005	53.69	1232.40	56.26
2006	65.90	1509.56	72.06
2007	76.78	1778.82	63.98

续表

年份	来源于政府	来源于企业	其他
2008	89.85	2089.14	67.34
2009	114.85	2670.24	86.12
2010	131.06	3053.91	91.54
2011	154.10	3593.76	104.71
2012	179.93	4207.10	111.31
2013	204.44	4785.25	121.33
2014	202.12	4695.51	73.23

注：选用 GDP 平减价格指数（1995 年 = 100）作为 R&D 支出价格指数的替代指标。

附表 1—12　1995—2014 年基于不同来源高等院校 R&D 资本存量（Goldsmith 方法）　　单位：亿元

年份	来源于政府	来源于企业	其他
1995	104.36	65.61	14.39
1996	119.71	74.87	16.26
1997	138.40	86.20	18.57
1998	155.28	96.43	20.65
1999	174.23	107.95	23.01
2000	197.63	122.20	25.95
2001	231.26	142.76	30.20
2002	275.78	170.00	35.86
2003	330.22	203.33	42.80
2004	386.78	244.37	52.97
2005	453.56	290.38	63.72
2006	523.82	338.58	75.71
2007	597.42	382.93	87.06
2008	686.00	433.38	97.99
2009	790.95	503.69	110.90
2010	934.58	576.53	124.60

续表

年份	来源于政府	来源于企业	其他
2011	1074.38	658.73	135.62
2012	1234.55	739.90	148.03
2013	1397.99	826.48	161.26
2014	1546.37	906.42	176.80

附表 1—13   1995—2014 年基于不同来源科研机构 R&D 资本存量（Goldsmith 方法）   单位：亿元

年份	来源于政府	来源于企业	其他
1995	646.58	28.17	91.94
1996	718.52	31.22	102.74
1997	807.30	35.01	115.96
1998	910.55	39.42	131.29
1999	1026.69	44.39	148.47
2000	1125.13	48.59	163.05
2001	1232.98	53.21	178.99
2002	1376.42	59.36	200.12
2003	1520.74	71.74	231.03
2004	1652.09	83.01	261.47
2005	1823.31	88.65	291.41
2006	2008.18	92.98	314.77
2007	2227.70	102.26	332.07
2008	2465.25	110.59	353.73
2009	2781.00	119.25	395.60
2010	3146.24	128.55	427.85
2011	3468.46	138.66	477.61
2012	3851.33	151.56	547.72
2013	4288.33	170.23	625.72
2014	4708.75	186.56	715.18

附表 1—14　　1995—2014 年基于不同来源企业 R&D 资本存量（Goldsmith 方法）　　单位：亿元

年份	来源于政府	来源于企业	其他
1995	22.12	529.91	2.42
1996	26.82	641.73	3.14
1997	32.19	769.72	3.83
1998	38.66	923.43	5.44
1999	48.22	1147.13	11.14
2000	64.20	1513.34	28.36
2001	81.46	1908.91	46.87
2002	102.42	2299.82	158.95
2003	126.63	2822.77	216.84
2004	157.88	3537.79	251.81
2005	195.78	4416.41	282.89
2006	242.11	5484.33	326.66
2007	294.68	6714.72	357.98
2008	355.06	8132.38	389.52
2009	434.41	9989.38	436.69
2010	522.03	12044.35	484.57
2011	623.93	14433.68	540.82
2012	741.47	17197.41	598.05
2013	871.76	20262.92	659.57
2014	1040.42	23308.15	740.43

附表 1—15　　1996—2014 年基于不同来源不同执行部门 R&D 资本形成额（Goldsmith 方法）　　单位：亿元

年份	高等院校 来源于政府	高等院校 来源于企业	高等院校 其他	科研机构 来源于政府	科研机构 来源于企业	科研机构 其他	企业 来源于政府	企业 来源于企业	企业 其他
1996	15.35	9.26	1.87	71.94	3.06	10.79	4.69	111.82	0.72
1997	18.69	11.33	2.31	88.78	3.78	13.23	5.37	127.99	0.69

附录一　全国R&D支出纳入GDP核算基础数据（深圳方法）

续表

年份	高等院校 来源于政府	高等院校 来源于企业	高等院校 其他	科研机构 来源于政府	科研机构 来源于企业	科研机构 其他	企业 来源于政府	企业 来源于企业	企业 其他
1998	16.88	10.23	2.08	103.25	4.41	15.32	6.48	153.71	1.60
1999	18.95	11.52	2.36	116.13	4.97	17.19	9.56	223.70	5.70
2000	23.40	14.26	2.94	98.44	4.21	14.58	15.98	366.21	17.22
2001	33.64	20.55	4.26	107.85	4.62	15.94	17.26	395.57	18.51
2002	44.52	27.24	5.66	143.43	6.15	21.13	20.96	390.91	112.08
2003	54.43	33.33	6.94	144.32	12.38	30.91	24.20	522.95	57.89
2004	56.57	41.04	10.18	131.36	11.27	30.45	31.25	715.01	34.97
2005	66.77	46.01	10.74	171.22	5.64	29.94	37.91	878.62	31.08
2006	70.27	48.20	12.00	184.87	4.34	23.36	46.32	1067.92	43.77
2007	73.60	44.35	11.35	219.52	9.28	17.30	52.57	1230.39	31.32
2008	88.58	50.45	10.93	237.55	8.33	21.66	60.39	1417.67	31.54
2009	104.95	70.31	12.90	315.75	8.67	41.87	79.34	1857.00	47.17
2010	143.63	72.84	13.71	365.24	9.30	32.25	87.62	2054.97	47.88
2011	139.81	82.20	11.02	322.22	10.11	49.76	101.90	2389.32	56.25
2012	160.17	81.16	12.41	382.87	12.90	70.11	117.54	2763.74	57.22
2013	163.44	86.58	13.23	437.00	18.67	78.00	130.29	3065.51	61.53
2014	148.37	79.95	15.54	420.42	16.33	89.46	168.66	3045.22	80.86

附表1—16　1995—2014年基于不同来源高等院校R&D资本存量（Griliches方法）　　　单位：亿元

年份	来源于政府	来源于企业	其他
1995	98.29	61.79	13.56
1996	112.74	70.51	15.32
1997	127.25	79.28	17.09
1998	145.19	90.17	19.32
1999	161.38	100.01	21.32
2000	179.73	111.17	23.62

续表

年份	来源于政府	来源于企业	其他
2001	202.57	125.10	26.49
2002	235.72	145.36	30.69
2003	279.79	172.34	36.30
2004	333.82	205.44	43.19
2005	390.03	246.27	53.33
2006	456.48	292.09	64.04
2007	526.45	340.12	76.00
2008	599.79	384.31	87.32
2009	688.13	434.63	98.23
2010	792.86	504.81	111.11
2011	936.30	577.54	124.79
2012	1075.94	659.64	135.79
2013	1235.95	740.72	148.19
2014	1399.25	827.22	161.40

附表 1—17　1995—2014 年基于不同来源科研机构 R&D 资本存量（Griliches 方法）　　单位：亿元

年份	来源于政府	来源于企业	其他
1995	582.67	25.38	82.86
1996	647.50	28.14	92.58
1997	719.35	31.20	103.31
1998	808.04	34.98	116.48
1999	911.22	39.40	131.75
2000	1027.29	44.37	148.89
2001	1125.67	48.58	163.43
2002	1233.47	53.20	179.33
2003	1376.85	59.35	200.42
2004	1521.13	71.73	231.30

续表

年份	来源于政府	来源于企业	其他
2005	1652.45	83.00	261.72
2006	1823.63	88.64	291.63
2007	2008.47	92.98	314.97
2008	2227.96	102.25	332.25
2009	2465.48	110.58	353.89
2010	2781.21	119.25	395.74
2011	3146.42	128.55	427.98
2012	3468.63	138.65	477.73
2013	3851.48	151.55	547.83
2014	4288.47	170.23	625.82

附表1—18　1995—2014年基于不同来源企业R&D资本存量（Griliches方法）　　单位：亿元

年份	来源于政府	来源于企业	其他
1995	20.50	490.20	2.84
1996	24.85	593.64	3.69
1997	29.27	699.09	4.28
1998	34.39	821.35	4.86
1999	40.65	969.89	6.36
2000	50.01	1188.95	11.97
2001	65.81	1550.97	29.10
2002	82.91	1942.78	47.54
2003	103.72	2330.31	159.56
2004	127.80	2850.21	217.39
2005	158.93	3562.48	252.30
2006	196.73	4438.63	283.33
2007	242.96	5504.33	327.06
2008	295.45	6732.72	358.33

续表

年份	来源于政府	来源于企业	其他
2009	355.76	8148.58	389.84
2010	435.03	10003.97	436.98
2011	522.59	12057.48	484.83
2012	624.43	14445.49	541.06
2013	741.92	17208.04	598.26
2014	872.17	20272.49	659.76

附表1—19　1996—2014年基于不同来源不同执行部门 R&D资本形成额（Griliches方法）　　单位：亿元

年份	高等院校 来源于政府	高等院校 来源于企业	高等院校 其他	科研机构 来源于政府	科研机构 来源于企业	科研机构 其他	企业 来源于政府	企业 来源于企业	企业 其他
1996	14.45	8.72	1.76	64.83	2.76	9.73	4.35	103.44	0.84
1997	14.51	8.77	1.78	71.85	3.06	10.73	4.42	105.45	0.59
1998	17.93	10.89	2.22	88.70	3.79	13.17	5.12	122.26	0.58
1999	16.20	9.84	2.01	103.17	4.41	15.27	6.26	148.54	1.50
2000	18.34	11.16	2.29	116.07	4.97	17.14	9.36	219.05	5.61
2001	22.85	13.93	2.88	98.38	4.21	14.54	15.80	362.03	17.13
2002	33.14	20.26	4.20	107.80	4.62	15.90	17.10	391.81	18.44
2003	44.08	26.98	5.61	143.38	6.15	21.09	20.82	387.53	112.02
2004	54.03	33.10	6.89	144.28	12.38	30.88	24.07	519.90	57.83
2005	56.21	40.83	10.14	131.32	11.27	30.42	31.13	712.27	34.91
2006	66.45	45.82	10.71	171.38	5.64	29.91	37.80	876.15	31.03
2007	69.98	48.03	11.96	184.84	4.34	23.34	46.23	1065.70	43.73
2008	73.34	44.19	11.32	219.49	9.28	17.28	52.49	1228.39	31.28
2009	88.34	50.32	10.91	237.52	8.33	21.64	60.31	1415.87	31.51
2010	104.73	70.18	12.88	315.73	8.67	41.85	79.27	1855.38	47.14
2011	143.44	72.73	13.69	365.22	9.30	32.24	87.56	2053.51	47.85
2012	139.63	82.10	11.00	322.20	10.11	49.75	101.84	2388.01	56.23

续表

年份	高等院校 来源于政府	高等院校 来源于企业	高等院校 其他	科研机构 来源于政府	科研机构 来源于企业	科研机构 其他	企业 来源于政府	企业 来源于企业	企业 其他
2013	160.01	81.07	12.39	382.85	12.90	70.10	117.49	2762.55	57.20
2014	163.30	86.50	13.21	436.98	18.67	77.99	130.25	3064.45	61.50

附表1—20　1995—2014年基于不同来源高等院校R&D资本存量（BEA方法）　　单位：亿元

年份	来源于政府	来源于企业	其他
1995	99.15	62.33	13.67
1996	113.72	71.13	15.45
1997	131.48	81.89	17.64
1998	147.51	91.61	19.62
1999	165.52	102.55	21.86
2000	187.74	116.09	24.65
2001	219.70	135.62	28.69
2002	261.99	161.50	34.07
2003	313.70	193.16	40.66
2004	367.44	232.15	50.32
2005	430.88	275.86	60.53
2006	497.63	321.65	71.93
2007	567.55	363.78	82.71
2008	651.70	411.71	93.09
2009	751.40	478.50	105.35
2010	887.85	547.70	118.37
2011	1020.67	625.80	128.84
2012	1172.82	702.90	140.63
2013	1328.09	785.15	153.20
2014	1469.05	861.10	167.96

附表1—21　　1995—2014年基于不同来源科研机构
R&D资本存量（BEA方法）　　　　单位：亿元

年份	来源于政府	来源于企业	其他
1995	614.25	26.76	87.35
1996	682.60	29.66	97.60
1997	766.94	33.26	110.17
1998	865.02	37.45	124.72
1999	975.35	42.17	141.05
2000	1068.87	46.16	154.90
2001	1171.33	50.55	170.04
2002	1307.60	56.39	190.11
2003	1444.70	68.15	219.47
2004	1569.49	78.86	248.40
2005	1732.15	84.22	276.84
2006	1907.77	88.34	299.03
2007	2116.32	97.15	315.47
2008	2341.99	105.06	336.04
2009	2641.95	113.29	375.82
2010	2988.92	122.13	406.46
2011	3295.04	131.73	453.73
2012	3658.76	143.98	520.34
2013	4073.91	161.72	594.44
2014	4473.31	177.23	679.43

附表1—22　　1995—2014年基于不同来源企业
R&D资本存量（BEA方法）　　　　单位：亿元

年份	来源于政府	来源于企业	其他
1995	21.02	503.41	2.30
1996	25.48	609.64	2.98
1997	30.58	731.24	3.64

附录一 全国 R&D 支出纳入 GDP 核算基础数据（深圳方法）   249

续表

年份	来源于政府	来源于企业	其他
1998	36.73	877.26	5.17
1999	45.81	1089.77	10.58
2000	60.99	1437.67	26.94
2001	77.39	1813.46	44.53
2002	97.30	2184.83	151.00
2003	120.29	2681.63	206.00
2004	149.98	3360.90	239.22
2005	186.00	4195.59	268.74
2006	230.00	5210.11	310.33
2007	279.95	6378.98	340.08
2008	337.31	7725.76	370.04
2009	412.69	9489.92	414.86
2010	495.93	11442.14	460.34
2011	592.73	13711.99	513.78
2012	704.39	16337.54	568.14
2013	828.17	19249.78	626.59
2014	937.37	21785.54	633.50

附表 1—23 1996—2014 年基于不同来源不同执行部门 R&D 资本形成额（BEA 方法）   单位：亿元

年份	高等院校 来源于政府	高等院校 来源于企业	高等院校 其他	科研机构 来源于政府	科研机构 来源于企业	科研机构 其他	企业 来源于政府	企业 来源于企业	企业 其他
1996	14.58	8.80	1.77	68.34	2.90	10.25	4.46	106.23	0.68
1997	17.75	10.76	2.19	84.34	3.60	12.57	5.10	121.59	0.66
1998	16.03	9.72	1.98	98.09	4.19	14.56	6.15	146.02	1.52
1999	18.01	10.94	2.24	110.33	4.72	16.33	9.08	212.52	5.42
2000	22.23	13.54	2.79	93.52	4.00	13.85	15.18	347.90	16.36
2001	31.96	19.52	4.04	102.46	4.39	15.14	16.39	375.79	17.59

续表

年份	高等院校 来源于政府	高等院校 来源于企业	高等院校 其他	科研机构 来源于政府	科研机构 来源于企业	科研机构 其他	企业 来源于政府	企业 来源于企业	企业 其他
2002	42.30	25.88	5.38	136.26	5.84	20.07	19.91	371.37	106.48
2003	51.71	31.66	6.59	137.11	11.76	29.36	22.99	496.80	55.00
2004	53.74	38.99	9.67	124.79	10.70	28.92	29.69	679.26	33.22
2005	63.43	43.71	10.21	162.66	5.36	28.44	36.01	834.69	29.52
2006	66.76	45.79	11.40	175.63	4.12	22.19	44.01	1014.52	41.58
2007	69.92	42.13	10.78	208.54	8.81	16.43	49.94	1168.87	29.75
2008	84.15	47.93	10.38	225.67	7.91	20.58	57.37	1346.78	29.97
2009	99.70	66.79	12.26	299.96	8.23	39.78	75.37	1764.15	44.81
2010	136.45	69.20	13.02	346.98	8.84	30.64	83.24	1952.22	45.48
2011	132.82	78.09	10.47	306.11	9.60	47.27	96.81	2269.86	53.44
2012	152.16	77.11	11.79	363.73	12.25	66.60	111.66	2625.55	54.36
2013	155.27	82.25	12.56	415.15	17.74	74.10	123.78	2912.24	58.45
2014	140.95	75.95	14.77	399.37	15.51	84.99	109.20	2535.76	6.71

附表 1—24　　1995—2014 年基于不同来源高等院校 R&D 资本存量（组合方法）　　单位：亿元

年份	来源于政府	来源于企业	其他
1995	100.60	63.24	13.87
1996	115.39	72.17	15.68
1997	132.38	82.46	17.77
1998	149.32	92.74	19.86
1999	167.04	103.50	22.07
2000	188.37	116.49	24.74
2001	217.85	134.49	28.46
2002	257.83	158.95	33.54
2003	307.90	189.61	39.92
2004	362.68	227.32	48.83

续表

年份	来源于政府	来源于企业	其他
2005	424.82	270.83	59.19
2006	492.65	317.44	70.56
2007	563.81	362.27	81.92
2008	645.83	409.80	92.80
2009	743.49	472.27	104.83
2010	871.76	543.02	118.03
2011	1010.45	620.69	129.75
2012	1161.10	700.81	141.49
2013	1320.68	784.12	154.21
2014	1471.55	864.91	168.72

附表1—25　　1995—2014年基于不同来源科研机构R&D资本存量（组合方法）　　单位：亿元

年份	来源于政府	来源于企业	其他
1995	614.50	26.77	87.38
1996	682.87	29.67	97.64
1997	764.53	33.15	109.81
1998	861.21	37.28	124.16
1999	971.09	41.98	140.42
2000	1073.76	46.38	155.61
2001	1176.66	50.78	170.82
2002	1305.83	56.32	189.85
2003	1447.43	66.41	216.97
2004	1580.91	77.86	247.06
2005	1735.97	85.29	276.66
2006	1913.20	89.99	301.81
2007	2117.50	97.46	320.83
2008	2345.06	105.97	340.67

续表

年份	来源于政府	来源于企业	其他
2009	2629.48	114.37	375.10
2010	2972.12	123.31	410.02
2011	3303.31	132.98	453.11
2012	3659.57	144.73	515.26
2013	4071.24	161.17	589.33
2014	4490.17	178.00	673.48

附表1—26　　1995—2014年基于不同来源企业R&D资本存量（组合方法）　　单位：亿元

年份	来源于政府	来源于企业	其他
1995	21.21	507.84	2.52
1996	25.71	615.00	3.27
1997	30.68	733.35	3.92
1998	36.59	874.01	5.15
1999	44.89	1068.93	9.36
2000	58.40	1379.99	22.42
2001	74.89	1757.78	40.17
2002	94.21	2142.48	119.16
2003	116.88	2611.57	194.13
2004	145.22	3249.63	236.14
2005	180.24	4058.16	267.98
2006	222.95	5044.36	306.77
2007	272.53	6199.34	341.70
2008	329.28	7530.29	372.63
2009	400.95	9209.29	413.80
2010	484.33	11163.49	460.63
2011	579.75	13401.05	513.14
2012	690.10	15993.48	569.08

续表

年份	来源于政府	来源于企业	其他
2013	813.95	18906.91	628.14
2014	949.99	21788.73	677.90

附表1—27　1996—2014年基于不同来源不同执行部门 R&D资本形成额（组合方法）　　单位：亿元

年份	高等院校 来源于政府	高等院校 来源于企业	高等院校 其他	科研机构 来源于政府	科研机构 来源于企业	科研机构 其他	企业 来源于政府	企业 来源于企业	企业 其他
1996	14.79	8.93	1.80	68.37	2.91	10.26	4.50	107.17	0.75
1997	16.98	10.29	2.09	81.66	3.48	12.17	4.96	118.34	0.65
1998	16.95	10.28	2.10	96.68	4.13	14.35	5.92	140.66	1.24
1999	17.72	10.77	2.20	109.88	4.70	16.26	8.30	194.92	4.21
2000	21.32	12.99	2.67	102.68	4.39	15.19	13.51	311.05	13.06
2001	29.48	18.00	3.72	102.90	4.40	15.20	16.48	377.80	17.74
2002	39.99	24.46	5.08	129.16	5.54	19.03	19.32	384.70	79.00
2003	50.07	30.66	6.38	141.60	10.10	27.12	22.67	469.09	74.97
2004	54.78	37.71	8.91	133.47	11.45	30.08	28.34	638.06	42.01
2005	62.14	43.51	10.36	155.06	7.42	29.60	35.02	808.53	31.84
2006	67.82	46.61	11.37	177.23	4.70	25.15	42.71	986.20	38.79
2007	71.16	44.84	11.37	204.30	7.48	19.02	49.58	1154.98	34.93
2008	82.02	47.53	10.88	227.57	8.50	19.84	56.75	1330.95	30.93
2009	97.66	62.47	12.02	284.41	8.41	34.43	71.68	1679.01	41.16
2010	128.27	70.74	13.20	342.65	8.94	34.92	83.38	1954.19	46.83
2011	138.69	77.67	11.72	331.18	9.67	43.09	95.42	2237.56	52.51
2012	150.65	80.12	11.73	356.27	11.75	62.15	110.35	2592.43	55.94
2013	159.57	83.30	12.73	411.67	16.44	74.07	123.85	2913.43	59.06
2014	150.88	80.80	14.51	418.93	16.84	84.15	136.04	2881.81	49.76

附表1—28　1996—2014年基于不同方法R&D私人收益额　　单位：亿元

年份	Goldsmith方法	Griliches方法	BEA方法	组合方法
1996	247.17	224.69	234.81	235.56
1997	276.37	251.28	262.55	263.40
1998	312.29	280.07	296.68	296.34
1999	351.86	315.62	334.27	333.92
2000	396.36	354.86	376.54	375.92
2001	437.40	399.06	415.53	417.33
2002	485.99	439.83	461.69	462.50
2003	550.51	488.17	522.98	520.56
2004	623.92	552.47	592.72	589.70
2005	696.94	625.68	662.09	661.57
2006	782.83	698.53	743.69	741.68
2007	872.02	784.26	828.42	828.23
2008	969.63	873.31	921.14	921.36
2009	1078.18	970.79	1024.27	1024.41
2010	1222.34	1079.22	1161.22	1154.26
2011	1387.95	1223.28	1318.55	1309.93
2012	1547.88	1388.80	1470.49	1469.06
2013	1734.99	1548.64	1648.24	1643.96
2014	1795.64	1633.46	1708.24	1712.45

附录二 美国 BEA 的 R&D 卫星账户的相关表格

附表 2—1.1　　调整前的 GDP 和 R&D 作为投资的 GDP

年份				
1. GDP（来自 NIPAs）				
2. 调整的 GDP（R&D 作为投资）				
3. 投入成本指数				
4. 总产出价格指数				

附表 2—1.2　　调整前的 GDI 和 R&D 作为投资的 GDI

年份				
1. GDI（来自 NIPAs）				
2. 调整的 GDI（R&D 作为投资）				
3. 投入成本指数				
4. 总产出价格指数				

附表 2—1.3　　调整前的国民储蓄和 R&D 作为投资的国民储蓄

年份				
1. 总储蓄（来自 NIPAs）				
2. 调整的国民储蓄（R&D 作为投资）				
3. 总产出价格指数				

附表 2—1.4　　　　　　R&D 资本的收益

年份				
1. 非营利服务机构				
净收益				
折旧				
2. 政府部门				
净收益				
折旧				

附表 2—2.1　　　　　　R&D 投资的来源

年份				
R&D 总投资				
私人部门				
行业				
化学				
交通运输				
计算机和电子产品				
其他行业				
高等院校				
其他非营利服务机构				
政府部门				
联邦政府内部的				
联邦政府外部的				
州和地方政府				
高等院校				

附表 2—2.2　　　　　　实际 R&D 投资的类型来源

年份				
R&D 总投资				
私人部门				
行业				
化学				
交通运输				
计算机和电子产品				
其他行业				
高等院校				
其他非营利服务机构				
政府部门				
联邦政府内部的				
联邦政府外部的				
州和地方政府				
高等院校				

附表 2—2.3　按照当前成本计算的 R&D 净资产存量来源

年份				
R&D 净资产存量				
私人部门				
行业				
化学				
交通运输				
计算机和电子产品				
其他行业				
高等院校				
其他非营利服务机构				
政府部门				
联邦政府内部的				
联邦政府外部的				
州和地方政府				
高等院校				

附表 2—2.4　实际 R&D 净资产存量来源

年份				
R&D 净资产存量				
私人部门				
行业				
化学				
交通运输				
计算机和电子产品				
其他行业				
高等院校				
其他非营利服务机构				
政府部门				
联邦政府内部的				
联邦政府外部的				
州和地方政府				
高等院校				

附表 2—2.5　　按照当前成本计算的 R&D 资产折旧来源

年份				
R&D 资产折旧总量				
私人部门				
行业				
化学				
交通运输				
计算机和电子产品				
其他行业				
高等院校				
其他非营利服务机构				
政府部门				
联邦政府内部的				
联邦政府外部的				
州和地方政府				
高等院校				

附表 2—2.6　　实际 R&D 资产折旧来源

年份				
R&D 资产折旧总量				
私人部门				
行业				
化学				
交通运输				
计算机和电子产品				
其他行业				
高等院校				
其他非营利服务机构				
政府部门				
联邦政府内部的				
联邦政府外部的				
州和地方政府				
高等院校				

附表 2—3.1　　国内 R&D 总产出（按执行者分类）

年份				
R&D 执行				
私人部门				
行业				
化学				
交通运输				
计算机和电子产品				
其他行业				
高等院校				
其他非营利服务机构				
政府部门				
联邦政府内部的				
联邦政府外部的				
州和地方政府				
高等院校				

附表 2—3.2　　实际国内 R&D 总产出（按执行者分类）

年份				
R&D 执行				
私人部门				
行业				
化学				
交通运输				
计算机和电子产品				
其他行业				
高等院校				
其他非营利服务机构				
政府部门				
联邦政府内部的				
联邦政府外部的				
州和地方政府				
高等院校				

附表 2—4.1　　　　R&D 投资的总产出价格指数

年份				
R&D 总投资				
联邦单位以外的				
联邦内部的				
非联邦国内				
总 R&D 执行				
私人部门				
企业				
高等院校				
其他为居民服务的非营利机构				
联邦政府资助的研发中心				
企业				
高等院校				
其他为居民服务的非营利机构				
公众				
联邦政府				
州和地方政府				
高等院校				
联邦政府资助的研发中心				
高等院校				

附表 2—4.2　　　　R&D 投资的替代价格指数

年份				
总产出价格指数				
投入价格指数				

附表 2—5.1　　　　行业内部的 R&D 投资

北美行业分类				
行业总计				
自我生产				
购买的 R&D				

续表

北美行业分类			
所有的营利行业			
化学制造			
自我生产			
购买的 R&D			
医药和医药制造业			
自我生产			
购买的 R&D			
计算机和电子产品制造业			
自我生产			
购买的 R&D			
……			
所有的非营利行业			
自我生产			
购买的 R&D			
政府部门			
自我生产			
购买的 R&D			
联邦政府			
自我生产			
购买的 R&D			
州和地方政府			
自我生产			
购买的 R&D			

附表 2—5.2　　　　行业内部的实际 R&D 投资

北美行业分类			
行业总计			
自我生产			
购买的 R&D			
所有的营利行业			

续表

北美行业分类				
化学制造				
自我生产				
购买的 R&D				
医药和医药制造业				
自我生产				
购买的 R&D				
计算机和电子产品制造业				
自我生产				
购买的 R&D				
……				
所有的非营利行业				
自我生产				
购买的 R&D				
政府部门				
自我生产				
购买的 R&D				
联邦政府				
自我生产				
购买的 R&D				
州和地方政府				
自我生产				
购买的 R&D				

附表 2—6.1　私人产业增加值和 R&D 作为投资的私人产业增加值

年份				
现价增加值				
未经调整的 R&D 投资				
经调整的 R&D 投资				
增加值变化的百分比				
来自年度利率合约期的变化百分比				

续表

年份				
未经调整的 R&D 投资				
经调整的 R&D 投资				

附表 2—6.2　R&D 作为投资对国内总产出、中间投入、增加值的水平及增长率的平均年效应

北美行业分类				
医药和医药制造业				
名义的				
投入价格指数				
总产出价格指数				
计算机及外围设备制造业				
名义的				
投入价格指数				
总产出价格指数				
……				
非营利机构				
名义的				
投入价格指数				
总产出价格指数				
联邦政府				
名义的				
投入价格指数				
总产出价格指数				
州和地方政府				
名义的				
投入价格指数				
总产出价格指数				

附表 2—7.1　　R&D 作为投资的行业内部的总产出

北美行业分类				
行业				
所有的营利行业				
化学制造				
医药和医药制造业				
……				
计算机和电子产品制造业				
计算机及外围设备制造业				
……				
所有的非营利行业				
政府部门				
联邦政府				
州和地方政府				

附表 2—7.2　　R&D 作为投资的经过行业调整的国内总产出

北美行业分类				
行业				
所有的营利行业				
化学制造				
医药和医药制造业				
……				
计算机和电子产品制造业				
计算机及外围设备制造业				
……				
所有的非营利行业				
政府部门				
联邦政府				
州和地方政府				

附录二 美国 BEA 的 R&D 卫星账户的相关表格　265

附表 2—7.3　**R&D 作为投资的行业增加值**

北美行业分类				
行业				
国内生产总值				
所有的营利行业				
化学制造				
医药和医药制造业				
……				
计算机和电子产品制造业				
计算机及外围设备制造业				
……				
所有的非盈营利行业				
政府部门				
联邦政府				
州和地方政府				

附表 2—7.4　**R&D 作为投资的经过行业调整的行业增加值**

北美行业分类				
行业				
国内生产总值				
所有的营利行业				
化学制造				
医药和医药制造业				
……				
计算机和电子产品制造业				
计算机及外围设备制造业				
……				
所有的非营利行业				
政府部门				
联邦政府				
州和地方政府				

附录三 2009—2014年中国各地R&D转化比例调整系数测算

附表3—1　　2009年中国各地区R&D转化比例调整系数的测算过程

地区	R&D经费	日常性支出	#人员劳务费	#其他日常性支出	资产性支出	#仪器和设备	增长率(%)	R&D人员劳务费权重	R&D资本性权重	R&D其他日常性支出权重	CPI消费指数	设备指数	购进价格指数	合成指数
安徽	1359535	1112970	251154	861816	246565	205083	—	18.47	18.14	63.39	100.00	100.00	100.00	100.00
北京	6686351	5367567	1674560	3693007	1318784	974321	—	25.04	19.72	55.23	100.00	100.00	100.00	100.00
福建	1353819	1096674	364757	731917	257145	246703	—	26.94	18.99	54.06	100.00	100.00	100.00	100.00
甘肃	372612	304218	91575	212643	68395	52431	—	24.58	18.36	57.07	100.00	100.00	100.00	100.00
广东	6529820	5783323	2438676	3344647	746498	637586	—	37.35	11.43	51.22	100.00	100.00	100.00	100.00
广西	472028	398911	114710	284201	73116	65877	—	24.30	15.49	60.21	100.00	100.00	100.00	100.00
贵州	264134	224918	53911	171007	39216	36400	—	20.41	14.85	64.74	100.00	100.00	100.00	100.00
海南	57806	46747	18307	28440	11059	10295	—	31.67	19.13	49.20	100.00	100.00	100.00	100.00
河北	1348446	1097007	277054	819953	251439	218800	—	20.55	18.65	60.81	100.00	100.00	100.00	100.00
河南	1747599	1407047	365155	1041891	340553	289187	—	20.89	19.49	59.62	100.00	100.00	100.00	100.00
黑龙江	1091704	896141	221512	674629	195563	125719	—	20.29	17.91	61.80	100.00	100.00	100.00	100.00
湖北	2134490	1771399	449057	1322342	363091	272942	—	21.04	17.01	61.95	100.00	100.00	100.00	100.00

附录三 2009—2014 年中国各地 R&D 转化比例调整系数测算

续表

地区	R&D 经费	日常性支出	#人员劳务费	#其他日常性支出	资产性支出	#仪器和设备	增长率(%)	R&D 人员劳务费权重	R&D 资本性权重	R&D 其他日常性支出权重	CPI 消费指数	设备指数	购进价格指数	合成指数
湖南	1534995	1323326	355477	967849	211669	176668	—	23.16	13.79	63.05	100.00	100.00	100.00	100.00
吉林	813602	705576	152934	552642	108026	93159	—	18.80	13.28	67.93	100.00	100.00	100.00	100.00
江苏	7019529	6172378	1736001	4436378	847151	645012	—	24.73	12.07	63.20	100.00	100.00	100.00	100.00
江西	758936	616200	136893	479307	142737	98718	—	18.04	18.81	63.16	100.00	100.00	100.00	100.00
辽宁	2323687	2028380	395789	1632591	295307	262446	—	17.03	12.71	70.26	100.00	100.00	100.00	100.00
内蒙古	520726	422149	105012	317137	98577	81209	—	20.17	18.93	60.90	100.00	100.00	100.00	100.00
宁夏	104422	85112	25564	59549	19310	18494	—	24.48	18.49	57.03	100.00	100.00	100.00	100.00
青海	75938	64709	24082	40626	11229	10219	—	31.71	14.79	53.50	100.00	100.00	100.00	100.00
山东	5195920	4365000	1008618	3356382	830920	772496	—	19.41	15.99	64.60	100.00	100.00	100.00	100.00
山西	808563	645164	159283	485881	163399	141886	—	19.70	20.21	60.09	100.00	100.00	100.00	100.00
陕西	1895063	1491059	305453	1185606	404004	231013	—	16.12	21.32	62.56	100.00	100.00	100.00	100.00
上海	4233774	3555593	1261208	2294385	678182	557392	—	29.79	16.02	54.19	100.00	100.00	100.00	100.00
四川	2144590	1755258	527437	1227821	389332	211410	—	24.59	18.15	57.25	100.00	100.00	100.00	100.00
天津	1784661	1446838	320884	1125954	337824	275948	—	17.98	18.93	63.09	100.00	100.00	100.00	100.00
西藏	14385	12270	4327	7943	2115	1855	—	30.08	14.70	55.22	100.00	100.00	100.00	100.00
新疆	218043	176974	67607	109367	41069	36372	—	31.01	18.84	50.16	100.00	100.00	100.00	100.00

续表

地区	R&D经费	日常性支出	#人员劳务费	#其他日常性支出	资产性支出	#仪器和设备	增长率（%）	R&D人员劳务费权重	R&D资本性权重	R&D其他日常性支出权重	CPI消费指数	设备指数	购进价格指数	合成指数
云南	372304	279932	80223	199709	92373	64443	—	21.55	24.81	53.64	100.00	100.00	100.00	100.00
浙江	3988367	3428616	1153854	2274761	559751	528732	—	28.93	14.03	57.03	100.00	100.00	100.00	100.00
重庆	794599	605928	173388	432540	188671	140906	—	21.82	23.74	54.43	100.00	100.00	100.00	100.00

附表3—2　　2010年中国各地区R&D转化比例调整系数的测算过程

地区	R&D经费	日常性支出	#人员劳务费	#其他日常性支出	资产性支出	#仪器和设备	增长率（%）	R&D人员劳务费权重	R&D资本性权重	R&D其他日常性支出权重	CPI消费指数	设备指数	购进价格指数	合成指数
安徽	1637219	1340932	332036	1008897	296290	233047	20.42	20.28	18.10	61.62	103.10	101.20	109.00	106.39
北京	8218234	6559340	1891119	4668221	1658893	1187882	22.91	23.01	20.19	56.80	102.40	99.10	102.20	101.62
福建	1708982	1377018	427112	949906	331964	321024	26.23	24.99	19.42	55.58	103.20	99.80	103.20	102.54
甘肃	419385	358839	98338	260501	60545	51243	12.55	23.45	14.44	62.12	104.10	100.80	115.00	110.39
广东	8087478	6957660	2864269	4093390	1129817	1032952	23.85	35.42	13.97	50.61	103.10	99.80	103.20	102.69
广西	628696	526983	150319	376664	101710	88868	33.19	23.91	16.18	59.91	103.00	101.20	112.00	108.10
贵州	299665	267772	60945	206827	31895	25181	13.45	20.34	10.64	69.02	102.90	100.10	104.70	103.85

附录三 2009—2014年中国各地R&D转化比例调整系数测算　　269

续表

地区	R&D经费	日常性支出	#人员劳务费	#其他日常性支出	资产性支出	#仪器和设备	增长率(%)	R&D人员劳务费权重	R&D资本性权重	R&D其他日常性支出权重	CPI消费指数	设备指数	购进价格指数	合成指数
海南	70204	53253	17340	35913	16952	11013	21.45	24.70	24.15	51.16	104.80	100.30	107.70	105.20
河北	1554492	1251688	300663	951025	302804	224358	15.28	19.34	19.48	61.18	103.10	101.20	109.00	106.34
河南	2111675	1739846	443403	1296443	371829	327883	20.83	21.00	17.61	61.39	103.50	100.50	107.80	105.61
黑龙江	1230434	1041582	257457	784125	188849	164521	12.71	20.92	15.35	63.73	103.90	100.40	115.00	110.44
湖北	2641180	2254809	499213	1755597	386369	312494	23.74	18.90	14.63	66.47	102.90	99.80	104.90	103.78
湖南	1865584	1628550	404237	1224313	237037	210382	21.54	21.67	12.71	65.63	103.10	101.70	106.90	105.42
吉林	758005	668322	143672	524649	89681	72894	(6.83)	18.95	11.83	69.21	103.70	99.90	105.20	104.29
江苏	8579491	7292419	1846520	5445900	1287075	1130353	22.22	21.52	15.00	63.48	103.80	101.70	107.30	105.71
江西	871527	697914	174080	523834	173617	155503	14.84	19.97	19.92	60.11	103.00	102.00	115.30	110.19
辽宁	2874703	2512699	471477	2041222	362005	303856	23.71	16.40	12.59	71.01	103.00	100.30	107.40	105.78
内蒙古	637205	541394	120693	420701	95811	91703	22.37	18.94	15.04	66.02	103.20	100.10	106.70	105.04
宁夏	115101	92956	27897	65059	22146	21429	10.23	24.24	19.24	56.52	104.10	100.20	109.10	106.18
青海	99438	81709	20932	60777	17729	15394	30.95	21.05	17.83	61.12	105.40	101.50	109.30	107.09
山东	6720045	5807270	1351814	4455456	912779	805258	29.33	20.12	13.58	66.30	102.90	100.20	107.20	105.38
山西	898835	744856	182636	562220	153980	137689	11.16	20.32	17.13	62.55	103.00	100.30	109.50	106.60
陕西	2175042	1723741	338000	1385742	451300	327552	14.77	15.54	20.75	63.71	104.00	100.40	108.70	106.25

附表 3—3　2011 年中国各地区 R&D 转化比例调整系数的测算过程

地区	R&D经费	日常性支出	#人员劳务费	#其他日常性支出	资产性支出	#仪器和设备	增长率(%)	R&D人员劳务费权重	R&D资本性权重	R&D其他日常性支出权重	CPI消费指数	设备指数	购进价格指数	合成指数
上海	4817031	4204858	1391191	2813666	612172	508563	13.78	28.88	12.71	58.41	103.10	98.60	102.30	102.06
四川	2642695	1973478	561041	1412437	669219	350832	23.23	21.23	25.32	53.45	103.20	100.80	105.00	103.55
天津	2295644	1853558	443444	1410114	442084	349635	28.63	19.32	19.26	61.43	103.50	100.20	105.10	103.85
西藏	14599	12225	3753	8472	2375	2206	1.49	25.71	16.27	58.03	102.20	100.40	105.80	104.00
新疆	266545	233523	73389	160134	33023	30863	22.24	27.53	12.39	60.08	104.30	100.40	125.30	116.43
云南	441672	351001	98619	252382	90673	73865	18.63	22.33	20.53	57.14	103.70	100.40	108.80	105.94
浙江	4942349	4323623	1456286	2867337	618723	587852	23.92	29.47	12.52	58.02	103.80	101.30	106.20	104.88
重庆	1002663	778744	218186	560558	223920	191782	26.18	21.76	22.33	55.91	103.20	99.60	103.10	102.34
安徽	2146439	1743101	469539	1273562	403344	335209	31.10	21.88	18.79	59.33	108.87	103.12	118.05	113.24
北京	9366439	7678573	2373410	5305163	1687868	1228386	13.97	25.34	18.02	56.64	108.13	98.01	104.55	104.28
福建	2215151	1729453	547625	1181828	485701	470061	29.62	24.72	21.93	53.35	108.67	100.60	107.22	106.13
甘肃	485261	392574	114290	278284	92686	65583	15.71	23.55	19.10	57.35	110.24	99.79	127.65	118.23
广东	10454872	9033006	3666826	5366180	1421865	1272849	29.27	35.07	13.60	51.33	108.56	100.30	107.02	106.65
广西	810205	667288	194040	473248	142915	130585	28.87	23.95	17.64	58.41	109.08	102.21	121.52	115.13
贵州	363089	326471	71750	254721	36619	32315	21.17	19.76	10.09	70.15	108.15	101.00	110.35	108.97

附录三 2009—2014年中国各地R&D转化比例调整系数测算　271

续表

地区	R&D经费	日常性支出	#人员劳务费	#其他日常性支出	资产性支出	#仪器和设备	增长率（%）	R&D人员劳务费权重	R&D资本性权重	R&D其他日常性支出权重	CPI消费指数	设备指数	购进价格指数	合成指数
海南	103717	85875	25726	60149	17844	11217	47.74	24.80	17.20	57.99	111.19	101.40	117.18	112.98
河北	2013377	1710348	437208	1273140	303029	270145	29.52	21.72	15.05	63.23	108.98	102.82	117.39	113.37
河南	2644923	2198482	540314	1658168	446468	397746	25.25	20.43	16.88	62.69	109.30	102.81	115.56	112.13
黑龙江	1287788	1142789	283782	859007	145000	129400	4.66	22.04	11.26	66.70	109.93	101.50	128.80	121.57
湖北	3230129	2729448	630592	2098856	500681	411950	22.30	19.52	15.50	64.98	108.87	100.20	111.82	109.44
湖南	2332181	2036433	560266	1476167	295750	262125	25.01	24.02	12.68	63.30	108.77	104.45	115.99	112.79
吉林	891337	758087	171244	586843	133250	124981	17.59	19.21	14.95	65.84	109.09	100.80	110.88	109.03
江苏	10655109	8977597	2380992	6596605	1677509	1520221	24.19	22.35	15.74	61.91	109.30	102.92	113.95	111.18
江西	967529	816119	211353	604766	151409	136133	11.02	21.84	15.65	62.51	108.36	103.63	128.33	120.10
辽宁	3638348	3203779	559841	2643938	434571	391919	26.56	15.39	11.94	72.67	108.36	101.90	114.38	111.96
内蒙古	851685	745949	173338	572611	105738	90245	33.66	20.35	12.42	67.23	108.98	102.00	115.02	112.18
宁夏	153183	124375	38095	86280	28807	27331	33.09	24.87	18.81	56.32	110.66	101.70	119.46	113.93
青海	125756	105500	22093	83407	20257	17877	26.47	17.57	16.11	66.32	111.83	103.02	117.39	114.10
山东	8443667	7252714	1750657	5502057	1190955	1087520	25.65	20.73	14.10	65.16	108.05	102.00	113.63	110.83
山西	1133926	941263	214324	726939	192667	160901	26.16	18.90	16.99	64.11	108.36	101.40	117.71	113.17
陕西	2493548	1976517	441325	1535192	517027	392565	14.64	17.70	20.73	61.57	109.93	101.20	116.53	112.18

续表

地区	R&D经费	日常性支出	#人员劳务费	#其他日常性支出	资产性支出	#仪器设备和设备	增长率（%）	R&D人员劳务费权重	R&D资本性权重	R&D其他日常性支出权重	CPI消费指数	设备指数	购进价格指数	合成指数
上海	5977131	5200556	1645689	3554867	776580	648863	24.08	27.53	12.99	59.47	108.46	98.30	105.27	105.24
四川	2941009	2371221	709893	1661328	569790	352725	11.29	24.14	19.37	56.49	108.67	102.72	112.67	109.77
天津	2977580	2388932	581208	1807724	588648	472557	29.71	19.52	19.77	60.71	108.57	100.00	109.09	107.19
西藏	11530	8904	3505	5399	2626	2609	(21.03)	30.40	22.78	46.83	107.31	98.79	110.35	106.79
新疆	330031	286963	84231	202732	43069	39915	23.82	25.52	13.05	61.43	110.45	98.79	143.84	129.44
云南	560797	459591	127036	332555	101203	81705	26.97	22.65	18.05	59.30	108.78	101.60	113.91	110.53
浙江	5980824	5224555	1748609	3475946	756266	721342	21.01	29.24	12.64	58.12	109.41	102.92	111.51	109.81
重庆	1283560	1037141	265470	771671	246419	217047	28.02	20.68	19.20	60.12	108.67	100.70	107.02	106.15

附表 3—4 2012 年中国各地区 R&D 转化比例调整系数的测算过程

地区	R&D经费	日常性支出	#人员劳务费	#其他日常性支出	资产性支出	#仪器设备和设备	增长率（%）	R&D人员劳务费权重	R&D资本性权重	R&D其他日常性支出权重	CPI消费指数	设备指数	购进价格指数	合成指数
安徽	2817953	2284073	668806	1615267	533880	402769	31.29	23.73	18.95	57.32	111.38	102.30	116.04	112.33
北京	10633640	8967244	2806947	6160297	1666396	1239551	13.53	26.40	15.67	57.93	111.70	95.46	102.88	104.05

附录三 2009—2014年中国各地R&D转化比例调整系数测算 273

续表

地区	R&D经费	日常性支出	#人员劳务费	#其他日常性支出	资产性支出	#仪器和设备	增长率(%)	R&D人员劳务费权重	R&D资本性权重	R&D其他日常性支出权重	CPI消费指数	设备指数	购进价格指数	合成指数
福建	2709891	2260912	739167	1521745	448979	428056	22.33	27.28	16.57	56.16	111.28	99.49	105.83	106.27
甘肃	604762	500554	137918	362636	104208	83438	24.63	22.81	17.23	59.96	113.22	100.09	123.57	117.16
广东	12361501	10917145	4739988	6177157	1444356	1320122	18.24	38.34	11.68	49.97	111.60	99.00	106.48	107.57
广西	971539	820223	228590	591633	151316	138183	19.91	23.53	15.57	60.90	112.57	101.50	118.85	114.67
贵州	417261	368420	91860	276560	48841	34974	14.92	22.02	11.71	66.28	111.07	100.09	111.46	110.04
海南	137244	116642	36683	79959	20601	17627	32.32	26.73	15.01	58.26	114.75	100.29	118.12	114.54
河北	2457670	2125273	609296	1515978	332397	295180	22.07	24.79	13.52	61.68	111.81	102.00	111.17	110.09
河南	3107802	2638544	706720	1931824	469258	436285	17.50	22.74	15.10	62.16	112.03	102.50	114.87	112.36
黑龙江	1459588	1293518	354607	938911	166070	135897	13.34	24.30	11.38	64.33	113.44	100.79	128.80	121.88
湖北	3845239	3273191	840458	2432734	572048	460911	19.04	21.86	14.88	63.27	112.03	99.90	112.16	110.31
湖南	2876780	2548642	670019	1878623	328138	283867	23.35	23.29	11.41	65.30	110.95	104.03	114.94	112.77
吉林	1098010	921819	222892	698927	176192	145245	23.19	20.30	16.05	63.65	111.82	99.79	109.88	108.66
江苏	12878616	10938039	3256354	7681685	1940577	1771635	20.87	25.28	15.07	59.65	112.14	101.07	110.65	109.58
江西	1136552	955967	238035	717932	180585	155890	17.47	20.94	15.89	63.17	111.28	102.39	123.84	117.80
辽宁	3908680	3382490	654196	2728295	526189	483059	7.43	16.74	13.46	69.80	111.39	101.19	114.27	112.02
内蒙古	1014468	893259	195857	697403	121209	110282	19.11	19.31	11.95	68.75	112.36	105.16	115.25	113.49

续表

地区	R&D经费	日常性支出	#人员劳务费	#其他日常性支出	资产性支出	#仪器和设备	增长率（%）	R&D人员劳务费权重	R&D资本性权重	R&D其他日常性支出权重	CPI消费指数	设备指数	购进价格指数	合成指数
宁夏	182304	153480	47635	105845	28824	27373	19.01	26.13	15.81	58.06	112.87	101.50	116.36	113.10
青海	131228	88562	21608	66955	42666	41087	4.35	16.47	32.51	51.02	115.30	102.20	113.75	110.25
山东	10203266	8929540	2223323	6706218	1273725	1151940	20.84	21.79	12.48	65.73	110.31	101.19	111.81	110.16
山西	1323458	1135112	266598	868514	188345	161845	16.71	20.14	14.23	65.62	111.06	100.29	111.24	109.64
陕西	2872035	2382904	487681	1895223	489131	297824	15.18	16.98	17.03	65.99	113.01	100.29	117.34	113.70
上海	6794636	5748230	1872706	3875524	1046406	873760	13.68	27.56	15.40	57.04	111.50	96.93	103.58	104.74
四川	3508589	2747195	752292	1994903	761394	409894	19.30	21.44	21.70	56.86	111.39	101.89	111.09	109.16
天津	3604866	2987912	764356	2223557	616953	471889	21.07	21.20	17.11	61.68	111.50	98.30	105.82	105.74
西藏	17839	15301	8176	7125	2538	2393	54.71	45.83	14.22	39.94	111.07	96.13	110.02	108.52
新疆	397289	349534	95822	253712	47755	44264	20.38	24.12	12.02	63.86	114.65	96.13	139.39	128.22
云南	687548	583664	152696	430969	103884	87770	22.60	22.21	15.11	62.68	111.72	100.89	111.52	109.96
浙江	7225867	6427536	2191804	4235732	798332	755861	20.82	30.33	11.05	58.62	111.81	101.38	108.50	108.72
重庆	1597973	1316849	362091	954758	281125	231793	24.50	22.66	17.59	59.75	111.50	99.79	106.91	106.70

附录三 2009—2014 年中国各地 R&D 转化比例调整系数测算

附表 3—5　2013 年中国各地区 R&D 转化比例调整系数的测算过程

地区	R&D 经费	日常性支出	#人员劳务费	#其他日常性支出	资产性支出	#仪器和设备	增长率(%)	R&D 人员劳务费权重	R&D 资本性权重	R&D 其他日常性支出权重	CPI消费指数	设备指数	购进价格指数	合成指数
安徽	3520833	2934654	865982	2068671	586179	435427	24.94	24.60	16.65	58.76	114.05	101.27	113.95	111.87
北京	11850469	10020407	3222578	6797829	1830062	1340780	11.44	27.19	15.44	57.36	115.39	93.27	100.20	103.26
福建	3140589	2652805	903171	1749634	487784	464009	15.89	28.76	15.53	55.71	114.06	98.40	104.14	106.10
甘肃	669194	565229	169377	395852	103965	87543	10.65	25.31	15.54	59.15	116.84	97.19	119.73	115.50
广东	14434527	12800248	5545608	7254640	1634279	1466158	16.77	38.42	11.32	50.26	114.39	98.10	105.21	107.93
广西	1076790	864559	283417	581142	212230	199199	10.83	26.32	19.71	53.97	115.04	101.09	116.71	113.19
贵州	471850	399301	109830	289471	72548	51185	13.08	23.28	15.38	61.35	113.84	99.29	108.56	108.36
海南	148357	132400	41553	90847	15958	14699	8.10	28.01	10.76	61.24	117.96	99.28	117.52	115.69
河北	2818551	2423975	650692	1773282	394576	353694	14.68	23.09	14.00	62.91	115.16	101.08	107.39	108.30
河南	3553246	3036171	866067	2170104	517075	488665	14.33	24.37	14.55	61.07	115.28	102.20	113.15	112.07
黑龙江	1647838	1417165	358159	1059007	230673	177586	12.90	21.74	14.00	64.27	115.94	99.48	126.22	120.25
湖北	4462043	3896737	1022411	2874325	565306	480432	16.04	22.91	12.67	64.42	115.16	98.90	111.26	110.59
湖南	3270253	2886525	805105	2081420	383728	344479	13.68	24.62	11.73	63.65	113.72	103.61	113.22	112.21
吉林	1196882	1011925	271402	740524	184957	139293	9.00	22.68	15.45	61.87	115.06	98.89	108.45	108.48
江苏	14874466	12703099	4065334	8637765	2171366	2022447	15.50	27.33	14.60	58.07	114.72	99.86	108.44	108.90

续表

地区	R&D经费	日常性支出	#人员劳务费	#其他日常性支出	资产性支出	#仪器和设备	增长率(%)	R&D人员劳务费权重	R&D资本性权重	R&D其他日常性支出权重	CPI消费指数	设备指数	购进价格指数	合成指数
江西	1354972	1135530	300161	835369	219442	196280	19.22	22.15	16.20	61.65	114.06	101.36	121.98	116.89
辽宁	4459322	4060808	750737	3310071	398514	312133	14.09	16.84	8.94	74.23	114.06	100.38	113.12	112.14
内蒙古	1171877	1033339	258739	774600	138539	120903	15.52	22.08	11.82	66.10	115.95	104.11	111.80	111.80
宁夏	209042	169150	53706	115444	39893	39430	14.67	25.69	19.08	55.23	116.71	100.59	111.70	110.87
青海	137541	91522	18984	72538	46019	41961	4.81	13.80	33.46	52.74	119.79	101.18	110.34	108.58
山东	11758027	10251492	2591477	7660015	1506534	1376942	15.24	22.04	12.81	65.15	112.74	100.48	110.02	109.40
山西	1549799	1314543	286451	1028092	235256	192171	17.10	18.48	15.18	66.34	114.51	99.28	100.89	103.17
陕西	3427454	2830302	601018	2229283	597153	377732	19.34	17.54	17.42	65.04	116.40	99.79	114.17	112.06
上海	7767847	6725971	2389533	4336438	1041876	866876	14.32	30.76	13.41	55.83	114.06	95.47	101.72	104.68
四川	3999702	3133297	873670	2259628	866405	632693	14.00	21.84	21.66	56.49	114.51	101.38	109.64	108.92
天津	4280921	3428356	922354	2506002	852565	628933	18.75	21.55	19.92	58.54	114.96	97.12	102.65	104.20
西藏	23033	17997	8471	9525	5036	3189	29.12	36.78	21.86	41.36	115.06	95.65	109.80	108.64
新疆	454598	388700	98479	290221	65898	63986	14.42	21.66	14.50	63.84	119.12	95.65	134.51	125.54
云南	798371	688491	178088	510403	109881	88432	16.12	22.31	13.76	63.93	115.18	100.19	108.73	109.00
浙江	8172675	7274870	2583069	4691801	897805	830440	13.10	31.61	10.99	57.41	114.38	100.06	106.55	108.31
重庆	1764911	1448575	478775	969800	316336	274124	10.45	27.13	17.92	54.95	114.51	98.49	104.77	106.29

附录三 2009—2014 年中国各地 R&D 转化比例调整系数测算　277

附表 3—6　2014 年中国各地区 R&D 转化比例调整系数的测算过程

地区	R&D经费	日常性支出	#人员劳务费	#其他日常性支出	资产性支出	#仪器和设备	增长率(%)	R&D人员劳务费权重	R&D资本性权重	R&D其他日常性支出权重	CPI消费指数	设备指数	购进价格指数	合成指数
安徽	3936070	3211958	1061643	2150314	724112	612553	11.79	26.97	18.40	54.63	115.88	100.87	110.99	110.45
北京	12687953	10738643	3535287	7203357	1949310	1356112	7.07	27.86	15.36	56.77	117.24	92.71	99.30	103.29
福建	3550325	3029684	1053921	1975763	520641	497680	13.05	29.69	14.66	55.65	116.34	98.10	102.68	106.06
甘肃	768739	642873	192990	449883	125866	94717	14.88	25.10	16.37	58.52	119.30	96.31	115.78	113.48
广东	16054458	14403385	6100221	8303164	1651073	1514145	11.22	38.00	10.28	51.72	117.03	97.81	104.05	108.34
广西	1119033	946395	313399	632997	172637	158426	3.92	28.01	15.43	56.57	117.46	101.49	114.84	113.51
贵州	554795	471326	141034	330293	83468	63321	17.58	25.42	15.04	59.53	116.58	98.60	106.71	108.00
海南	169151	141467	46564	94903	27683	21359	14.02	27.53	16.37	56.11	120.80	98.99	114.70	113.81
河北	3130881	2668550	775885	1892665	462332	415438	11.08	24.78	14.77	60.45	117.12	100.57	102.24	105.68
河南	4000099	3396244	983381	2412863	603855	572396	12.58	24.58	15.10	60.32	117.47	101.58	111.00	111.17
黑龙江	1613469	1357655	362752	994903	255814	185782	(2.09)	22.48	15.85	61.66	117.68	99.19	122.56	117.76
湖北	5108973	4412551	1094147	3318405	696422	583888	14.50	21.42	13.63	64.95	117.47	98.41	109.48	109.68
湖南	3679345	3315716	955126	2360591	363629	333029	12.51	25.96	9.88	64.16	115.88	103.61	111.41	111.80
吉林	1307243	1173817	272517	901300	133426	111058	9.22	20.85	10.21	68.95	117.36	98.60	107.48	108.63
江苏	16528208	14118426	4633883	9484543	2409782	2211671	11.12	28.04	14.58	57.38	117.25	99.46	106.59	108.54

续表

地区	R&D经费	日常性支出	#人员劳务费	#其他日常性支出	资产性支出	#仪器和设备	增长率(%)	R&D人员劳务费权重	R&D资本性权重	R&D其他日常性支出权重	CPI消费指数	设备指数	购进价格指数	合成指数
江西	1531114	1260402	330099	930303	270713	257849	13.00	21.56	17.68	60.76	116.69	100.96	119.30	115.49
辽宁	4351851	3939443	909774	3029669	412408	343021	(2.41)	20.91	9.48	69.62	116.00	99.98	111.09	111.06
内蒙古	1221346	1081703	268353	813351	139643	132514	4.22	21.97	11.43	66.59	117.81	103.80	108.78	110.19
宁夏	238580	199613	63290	136323	38968	38509	14.13	26.53	16.33	57.14	118.93	100.18	107.57	109.38
青海	143235	105239	28985	76253	37997	30022	4.14	20.24	26.53	53.24	123.15	100.57	106.03	108.05
山东	13040695	11316519	2854472	8462047	1724176	1588001	10.91	21.89	13.22	64.89	114.88	100.38	108.26	108.67
山西	1521871	1305263	284978	1020285	216607	180568	(1.80)	18.73	14.23	67.04	116.45	98.99	92.22	97.72
陕西	3667730	3073673	637069	2436604	594057	395441	7.01	17.37	16.20	66.43	118.26	99.69	110.86	110.34
上海	8619549	7499007	2599985	4899022	1120542	885802	10.96	30.16	13.00	56.84	117.14	95.00	100.60	104.86
四川	4493285	3577596	976146	2601451	915689	738027	12.34	21.72	20.38	57.90	116.34	101.28	108.22	108.57
天津	4646868	3727256	1113280	2613976	919612	643375	8.55	23.96	19.79	56.25	117.14	96.44	98.85	102.75
西藏	23519	21613	9207	12406	1906	1733	2.11	39.15	8.10	52.75	118.40	94.98	108.70	111.39
新疆	491587	431476	115046	316430	60112	57437	8.14	23.40	12.23	64.37	121.62	94.98	129.40	123.37
云南	859297	736746	194357	542389	122550	90522	7.63	22.62	14.26	63.12	117.95	99.59	106.34	108.00
浙江	9078500	8166172	2988536	5177636	912328	833228	11.08	32.92	10.05	57.03	116.79	99.56	105.27	108.49
重庆	2018528	1650418	567723	1082695	368110	330489	14.37	28.13	18.24	53.64	116.57	98.20	102.99	105.94

参考文献

[1] "SNA 的修订与中国国民经济核算体系改革"课题组：《SNA 关于生产资产的修订及对中国国民经济核算影响的研究》，《统计研究》2012 年第 12 期。

[2] 陈梦根：《SNA 2008 实施与国家统计发展战略》，《统计研究》2012 年第 3 期。

[3] 陈新、王科欣：《世界各国科技研发投入的分析与思考——科技研发投入分析之一》，《广东统计报告》2014 年第 9 期。

[4] 戴亦一：《社会资本存量估算中永续盘存法的应用——基于社会资本估算的国民核算视角》，《厦门大学学报》2009 年第 2 期。

[5] 董雪兵、王争：《R&D 风险、创新环境与软件最优专利期限研究》，《经济研究》2007 年第 9 期。

[6] 高敏雪：《美国国民核算体系及其卫星账户应用》，经济科学出版社 2001 年版。

[7] 何平、陈丹丹：《R&D 支出资本化可行性研究》，《统计研究》2014 年第 3 期。

[8] 核算司 GDP 生产核算处：《将研发支出纳入 GDP 核算的思考》，《中国统计》2014 年第 2 期。

[9] 李小平：《自主 R&D、技术引进和生产率增长》，《数量经济技术经济研究》2007 年第 7 期。

[10] 李剑：《研发效率、技术外溢与社会收益率度量》，《山西财经大学学报》2011 年第 7 期。

[11] 联合国等：《2008 国民账户体系》，中国国家统计局国民经济核算司、中国人民大学国民经济核算研究所译，中国统计出版社 2012 年版。

[12] 孟凡鹏：《我国制造业 R&D 资本折旧率估计研究》，硕士学位论文，浙江工商大学，2012 年。

[13] 倪红福、张士运、谢慧颖：《资本化 R&D 支出及其对 GDP 和经济增长的影响分析》，《统计研究》2014 年第 3 期。

[14] 唐杰、孟亚强：《效率改善、经济发展和地区差异》，《数量经济技术经济》2008 年第 3 期。

[15] 《统计局：中国将于明后年推行 GDP 新核算体系 总量将增加》，《南方都市报》2013 年第 11、17 期。

[16] 吴延兵：《R&D 存量、知识函数与生产效率》，《经济学（季刊）》2006 年第 7 期。

[17] 王孟欣：《我国区域 R&D 资本存量的测算》，《江苏大学学报》（社会科学版）2011 年第 1 期。

[18] 王孟欣：《美国 R&D 资本存量测算及对我国的启示》，《统计研究》2011 年第 6 期。

[19] 王科欣、陈新：《广东 R&D 投入情况分析——科技研发投入分析之二》，《广东统计报告》2014 年第 9 期。

[20] 魏和清：《SNA 2008 关于 R&D 核算变革带来的影响及面临的问题》，《统计研究》2012 年第 11 期。

[21] 向蓉美、叶樊妮：《永续盘存法核算资本存量的两种途径及其比较》，《统计与信息论坛》2011 年第 3 期。

[22] 许宪春：《关于我国国民经济核算体系的修订》，《全球化》2014 年第 1 期。

[23] 许宪春：《国际标准的修订与中国国民经济核算体系改革研究》，北京大学出版社 2014 年版。

[24] 袁卫、赵路、钟卫等：《中国 R&D 理论、方法及应用研究》，中国人民大学出版社 2009 年版。

[25] 杨仲山：《SNA 的历史：历次版本和修订过程》，《财经问题研究》2008 年第 12 期。

[26] 柳剑平、程时雄：《中国 R&D 投入对生产率增长的技术溢出效应》，《数量经济技术经济研究》2011 年第 11 期。

[27] 杨林涛：《一种可供选择的产业集聚测度新方法——来自已有测度方法比较的启示》，《上海经济研究》2014 年第 4 期。

[28] 杨林涛、韩兆洲、王科欣：《SNA 2008 下 R&D 支出纳入 GDP 的估计与影响度研究》，《统计研究》2015 年第 11 期。

[29] 杨林涛、韩兆洲、王昭颖：《多视角下 RD 资本化测算方法比较与应用》，《数量经济技术经济研究》2015 年第 12 期。

[30] 张军、吴桂英、张吉鹏:《中国省际物质资本存量估算:1952—2000》,《经济研究》2004年第10期。

[31] 张军、章元:《对中国资本存量K的再估计》,《经济研究》2003年第7期。

[32] 张芳:《研发支出在会计核算与国民经济核算中的比较研究》,《财会研究》2011年第2期。

[33] 张茉楠:《顺应全球新趋势全面改革中国国民核算体系》,《金融与经济》2014年第9期。

[34] 朱发仓:《工业R&D价格指数估计研究》,《商业经济与管理》2014年第1期。

[35] BEA美国商务经济分析局网站: http://www.bea.gov/。

[36] OECD经济合作发展组织网站: http://www.oecd.org/。

[37] Barbara M. Fraumeni, Sumiye Okubo, "R&D in the National Income and Product Accounts – A First Look at Its Effect on GDP", In Carol Corrado, John Haltiwanger, Dan Sichel, *Measuring Capital in the New Economy*, Chicago: University of Chicago Press, 2005.

[38] Bosworth, D. and M. Rogers, "Market Value, R&D and Intellectual Property: An Empirical Analysis of Large Australian Firms", *The Economic Record*, No. 77, 2001.

[39] Brian K. Sliker, *Bureau of Economic Analysis/National Science Foundation R&D Satelite Account Background Paper*, December 2007, http://www.bea.gov.

[40] Brain K. Sliker, "2007 R&D Satellite Account Methodologies: R&D Capital Stocks and Net Rates of Return", *Bureau of Economic Analysis/National Science Foundation R&D Satellite Account Background Paper*, Vol. 12, 2007.

[41] Bronwyn H. Hall, "Measuring the returns to R&D: The depreciation problem", *NBER working paper series*, 2007, NBER working Paper No. 13473.

[42] Chan, L. K. C., J. Lakonishok, and T. Sougiannis, "The Stock Market Valuation of Research and Development Expenditures", *Journal of Finance*, No. 56, 2001.

[43] Chow G. C., "Capital Formation and Economic Growth in China",

Quarterly Journal of Economics, Vol. 114, 1993.
[44] Commission of the European Communities; International Monetary Fund; Organization for Economic Co-operation and Development, United Nations; World Bank: System of National Accounts, 2008.
[45] *European system of accounts ESA* 2010.
[46] Ekeland, L, J. J. Heckman, and L. P. Nesheim, "Identification and Estimation of Hedonic Models", *NBER Working Paper* NO. 9910, No. 8, 2013.
[47] Fraumeni, Barbara M., and Sumiye Okubo, "R&D in the National Accounts: A First Look at Its Effect on GDP", *Measuring Catiital in the New Economy*, 2005.
[48] Goto Akira, Kazuyuki Suzuki, "R&D Capital, Rate of Return on R&D Investment and Spillover of R&D in Japanese Manufacturing Industries", *Review of Economics and Statistics*, Vol. 71, No. 4, 1989.
[49] Griliches, Zvi., Lichtenbegr Frank, "Interindustry Technology Flows and Productivity Growth: A Reexamination", *Review of Economics Statistics*, Vol. 66, No. 2, 1984.
[50] Griliches, Z., "Research Costs and Social Returns: Hybrid Corn and Related Innovations", *Journal of Political Economy*, No. 5, 1958.
[51] Griliches, Zvi., "Productivity R&D and Basic Research at the Firm Level in the 1970s'", *American Economic Review*, Vol. 76, No. 6, 1980.
[52] Griliches, Zvi., "R&D and the Productivity Slowdown", *American Economic Review*, Vol. 70, No. 2, 1980.
[53] Griliches, Zvi., *R&D and Productivity*, Chicago: University of Chicago Press, 1998.
[54] Griliches, Z. R&D, *Education and Productivity: A Retrospective*, Cambridge, MA: harvard University Press.
[55] Hall, B. H., and R. Oriani, "Does the market Value R&D Investment by European Firms? Evidence from a Panel of Manufacturing Firms in France, Germany, and Italy", *International Journal of Industrial Organization*, No. 24, 2006.
[56] Jennifer Lee, Andrew G. Schmidt, "Research and Development

Satellite Account Update Estimates for 1959 – 2007", *Survey of Current Business*, Vol. 90, No. 12, 2010.

[57] Marissa et al., "Measuring R&D in the National Economic Accounting System", *Survey of Current Business*, No. 11, 2014.

[58] Mansfield, E., "Rates of Return from Industrial R&D", *American Economic Review*, No. 55, 1965.

[59] Mcculla S., Holdren A., Smith S., "Improved Estimates of the National Income and Product Accounts: Results of the *2013* Comprehensive Revision", *Survey of Current Business*, No. 9, 2013.

[60] Mead, C., "R&D Depreciation Rates in the 2007 R&D Satellite Account. Bureau of Economic Analysis/National Science Foundation", *2007 R&D Satellite Account Background Paper*, 2007.

[61] OECD, *Experience of OECD countries in implementing the SNA 2008*, 7th Meeting of the Advisory Expert Groupon National Accounts, New York, 2012.

[62] OECD, *Handbook on Deriving Capital Measures of Intellectual Property Products*, Paris: OECD publishing, 2010.

[63] OECD, *Frascati Manual: Proposed Standard Practice for Surveys on Research and Experimental Development* (6th Edition), Paris: OECD publishing, 2002.

[64] Pakes Ariel, Schankerman Mark., "The Rate of Obsolescence of Knowledge, Research Gestation Lags, and the Private Rate of Return to Research Resources", *NBER Working Paper*, Vol. 346, 1979.

[65] Perkins, D. H., "Reforming China's Economic System", *Journal of Economic Literature*, Vol. 26, No. 2, 1998.

[66] Raymond W. Goldsmith, "A Perpetual Inventory of National Wealth", *Conference on Research in Income and Wealth*, Studies in Income and Wealth, NBER, 1951.

[67] Wendy C. Y. Li, *Depreciation of Business R&D Capital. Bureau of Economic Analysis/National Science Foundation*, 2007 R&D Satellite Account Background Paper, 2012.

[68] Young, Alwyn, Gold into Base Metals, "Productivity Growth in the People's Republic of China during the Reform Period", *NBER Working Paper Series*, Vol. 7856, 2000.

R&D 纳入 GDP 源于核算方法的破冰（代后记）

六月同。

这是我在 2018 年的南国盛夏，六月履新广东省统计局，月之粤、同为统之意。从深圳出来，唯一不变的是改革创新之魂之根。

而基于改革创新的 R&D 纳入 GDP，源于核算方法的破冰，落地深圳 2014 年试点试算。历经三年，获得中国统计于 2017 年的统一核算方法纳入，成为最能反映引领经济增长的重要因素与经济总量构。

R&D 是英文 Research and Development 的缩写，是国际通用的科技术语，在我国译为"研究与发展"，简称"研发"。R&D 经费投入与 GDP 之比，也就是研发经费投入强度，是国际上通用的衡量一个国家或地区在科技创新方面努力程度的重要指标之一。

而要把 R&D 纳入 GDP 是一项十分严谨而又复杂的科学考量。当然有美国核算方法的借鉴与接轨，也有中国统计基础数据来源的可行性与可操作性。这些都倍增研究难度与深度，稍微有点退缩，可能困难就像弹簧一样，把这项工作弹回原地。

R&D 投入是科技进步的物质基础和重要前提，是直接推动科技进步的主要动力，是经济增长不可或缺的重要因素之一。R&D 经费占 GDP 的比重是一个国家或城市创新实力和潜力的标志。我国幅员辽阔，人口众多，各区域自然资源、要素禀赋、基础设施建设以及产业政策不同，使得各地区 R&D 投入相差较大，对经济增长的影响也各不相同。江苏、广东、北京、山东、浙江、上海六省（市）是我国科技资源集中的地区，经济发展水平也在全国前列，属于经济科技大省。六省（市）R&D 经费支出占全国总量近六成。

显然，如何考量 R&D 纳入 GDP 意义非同寻常。

2018 年 2 月 14 日，是西方情人节，也是中国面临春节。我在深圳统计官微，发了一篇被媒体称为有深意的《新春洪福，走近走进解读解构深圳 GDP》一文，用"走近走进"的姿态，解读社会对深圳 GDP 因 R&D 纳入呈现创新增长背后统计数据的种种疑问。

新媒体称，深圳统计这种回应速度蛮拼的，也挺赞的！

我以为，深圳 GDP 因 R&D 纳入呈现创新增长，总量已过 2 万亿重山，2017 年达 22438.39 亿元，居位大中城市第三，引人注目，让有识之士走近走进解读解构深圳 GDP，无不是一件令人辛苦感动敬重而高兴的事儿。走近走进 GDP，解读解构深圳 GDP，准确全面核算 GDP 是个世界性难题，需要在制度性与规则性统计框架下去认识、解读与使用。不仅需要热情走近，更需要用专业技术、现行制度与全面辩证思维去走进每一个指标与核算逻辑。

尽管深圳把 R&D 纳入 GDP 引发关注，但我们看到与感受到了科学统计核算方法率先在深圳"试水"的进步，成为中国统计改革创新的许多深圳样本之一。在实现这一过程中，要特别感谢国家统计局宁吉喆局长、原副局长许宪春先生、暨南大学韩兆洲教授等领导、专家、教授的大力支持，也要向青年才俊王科欣、李树生等致敬。

春华秋实，转眼之间已至 2018 年 12 月 22 日。在这立冬之际，写下这些，代为后记。

杨新洪

2018 年 12 月 22 日